COLLECTION
FOLIO ESSAIS

Marc Jimenez

La querelle de l'art contemporain

Gallimard

Marc Jimenez est professeur à l'Université de Paris-I (Panthéon-Sorbonne).

Il enseigne l'esthétique à l'UFR d'Arts plastiques et sciences de l'art, où il dirige le Laboratoire d'esthétique théorique et appliquée.

Il est également directeur de la « Collection d'Esthétique » aux Éditions Klincksieck.

Il participe à de nombreux colloques en France et à l'étranger et collabore régulièrement à des revues d'art.

À la mémoire de Rainer Rochlitz

AVANT-PROPOS

> [...] La question que pose, en balayant l'ate-
> lier, la femme de ménage de l'artiste, est le com-
> mencement même de toute esthétique. La femme
> de ménage du sculpteur du paléolithique supé-
> rieur constate que l'épouse de l'artiste est une
> grande belle fille aux seins bien accrochés, au
> ventre musclé et plat de chasseresse, et que la sta-
> tue qu'il façonne fait surgir une énorme génitrice
> aux seins énormément gonflés de lait, au ventre
> énormément fécondé de vie, au sexe dispropor-
> tionné, aux fesses gigantesques. «Où est-ce qu'il
> va chercher tout ça ?» se demande-t-elle.

CLAUDE ROY,
L'art à la source, t. II.

À *l'origine de la crise*

«Y a-t-il encore des critères d'appréciation
esthétique ?» Au seuil de la dernière décennie
du XXe siècle, cette question déclenche de façon
spectaculaire et inattendue, notamment en

France, ce qu'il est maintenant convenu d'appeler « la crise de l'art contemporain »[1]. Durant une dizaine d'années, des controverses, des polémiques et des débats virulents opposent les défenseurs et les détracteurs de la création artistique actuelle.

S'interroger sur les normes d'évaluation et d'appréciation esthétiques qui permettent de porter un jugement sur les œuvres d'art n'a pourtant en soi rien de scandaleux. La question est même pertinente car elle rejoint les réactions du grand public, souvent perplexe et désorienté devant des œuvres qu'il ne comprend pas.

Citons quelques exemples.

En dépit de la notoriété nationale et internationale de Daniel Buren, artiste reconnu auprès des institutions publiques, étiqueté « artiste officiel », le contentieux qui l'oppose à ses fort nombreux spectateurs n'est toujours pas réglé[2]. Qui sait d'ailleurs si l'on ne compte pas plus de vindicatifs « burenophobes » que d'enthousiastes « burenolâtres » ! Pour qui ignore son travail *in situ* et les propriétés spécifiques qu'il attribue à son « outil visuel » — les fameuses bandes verticales de 8,7 cm —, les colonnes de la cour du Palais-Royal à Paris ne font guère l'unanimité. On trouverait aussi des connaisseurs qui n'apprécient guère ce type d'installation. Certains détracteurs vont peut-être jusqu'à regretter le temps où l'espace était naguère visuellement pollué par des dizaines de véhicules en stationnement.

Les sculptures corporelles d'Orlan[3], et notamment les interventions chirurgicales «esthétiques» qui remodèlent son visage afin de dénoncer les stéréotypes largement médiatisés de la beauté féminine, suscitent, aujourd'hui encore, leur part d'incompréhension, voire de répulsion.

Le *ready-made*, cet objet tout fait «inventé» par Marcel Duchamp en 1913[4], inassimilable, selon le propre aveu de l'artiste, à une œuvre d'art, et pourtant largement présent, jusqu'à aujourd'hui, dans l'art contemporain, surprend toujours plus d'un spectateur par son incongruité.

Le semi-remorque que Jean-Marc Bustamante[5] envisage d'installer, en 1995, dans une chapelle désaffectée de la ville de Carpentras est contraint de faire, si l'on peut dire, demi-tour sur injonction du maire, échaudé par les vives réactions de ses administrés. On a parlé, à ce propos, d'acte de censure. C'en est un, sans aucun doute. Il est probable, toutefois, que cette installation spectaculaire n'eût pas été du goût de tous les concitoyens.

Arrêtons une liste qui serait interminable. D'autres exemples interviendront, de toute façon, par la suite.

Hormis l'enthousiasme qu'il suscite auprès de ses promoteurs, ce type d'art provoque très fréquemment des impressions et des sentiments contrastés : curiosité, étonnement, incompréhension, irritation, réprobation, scandale, exécration, ou, pire, indifférence. En somme, il atteint le plus souvent son objectif. Mais il est alors parfaitement légitime de s'interroger sur l'existence de critères esthétiques qui président au choix des artistes et de leurs œuvres par les institutions publiques et privées – musées, instituts d'art, galeries.

Cette question est évidemment sournoise car elle recèle indirectement, dans sa formulation même, la réponse. La poser signifie soit que les critères sont devenus inopérants, soit qu'ils ont purement et simplement disparu.

Que les critères artistiques des XVIIIe et XIXe siècles ne soient plus valides n'a rien d'étonnant. La modernité artistique du XXe siècle s'est chargée de disqualifier les catégories esthétiques traditionnelles. En revanche, l'hypothèse d'une disparition pure et simple est plus surprenante. Elle rend particulièrement incompréhensible la sollicitude dont l'art contemporain est par ailleurs l'objet de la part des professionnels de l'art et de la culture. En effet, en dépit de la perplexité fréquente du public devant des manifestations dont le sens lui échappe, l'art contemporain bénéficie largement, depuis plus

de deux décennies, des subventions accordées
par l'État, du moins en France. Et l'on peut bien
penser que les pouvoirs publics qui financent les
projets, ou passent commande auprès des
artistes, disposent de normes garantissant une
sélection rigoureuse et non aléatoire quant à la
qualité et à la valeur des œuvres subventionnées.

Quoi qu'il en soit, pour le moment, de cette
obsolescence ou de cette disparition, c'est sur
le thème de la décadence de l'art contemporain
que se centre initialement la polémique. À qui
la faute? Une pléthore de coupables potentiels
sont très rapidement mis en cause : l'État qui,
par le biais des Drac et des Frac (Direction régio-
nale des Affaires culturelles et Fonds régional
d'Art contemporain[6]), subventionne un art
«officiel» pourtant rebelle, en principe, aux
normes et aux valeurs sociales communes; les
artistes accusés d'opportunisme, qui briguent
une cote avantageuse sur le marché de l'art; les
critiques d'art complaisants et timorés; le
renoncement au métier, à la technique et au
savoir-faire; les médias à l'affût du sensationnel
et, inévitablement, Marcel Duchamp, l'icono-
claste, grand initiateur du «n'importe quoi» et
de la décadence dans le domaine des arts depuis
le début du siècle dernier!

Une querelle paradoxale

Cette crise de l'art contemporain est, en fait, à plusieurs titres, paradoxale. Son déclenchement est inattendu et pour le moins tardif. Après le cubisme, l'abstraction, les avant-gardes, le *pop art*, le minimalisme, l'art brut, les *happenings*, les installations, etc., on pouvait croire le monde artistique blasé par la succession effrénée des provocations. Les fameux *ready-made*, tels la roue de bicyclette, le porte-bouteilles, la pelle à neige, l'urinoir, promus par Marcel Duchamp «à la dignité d'objets d'art», n'étaient-ils pas censés avoir immunisé la sphère artistique contre tout type de fièvre intempestive ? Une telle dispute sur des critères esthétiques déclarés obsolètes depuis tant de décennies ne revêt-elle pas un aspect anachronique au regard des bouleversements intervenus dans l'art occidental depuis l'impressionnisme ?

Un autre paradoxe réside dans la nature même d'un débat portant sur une question susceptible, *a priori*, d'intéresser — nous l'avons dit — le public non spécialisé. Nous reviendrons plus loin sur les péripéties et sur les enjeux de la crise mais notons, dès à présent, quelques étrangetés. Les controverses sur l'art contemporain ont lieu en l'absence des artistes, parfois directement concernés. Leurs œuvres proprement dites sont rarement citées et encore moins analysées. Les protagonistes se limitent à quelques critiques d'art, à des commissaires d'exposition et à des historiens d'art français qui ferraillent — verbalement! — au sujet de la situation de l'art contemporain en France. Celle-ci, il est vrai, n'est guère brillante. À l'époque, on note avec amertume que le musée Guggenheim de Bilbao ouvre grand ses portes à de nombreux artistes de réputation internationale et se contente de réserver la portion congrue aux créateurs français.

Comment comprendre ces paradoxes? L'histoire de l'art occidental n'est-elle pas jalonnée par des disputes incessantes et des querelles récurrentes dont les plaies mal refermées influent encore sur notre perception et sur notre compréhension des formes de créations actuelles? En quoi la querelle d'aujourd'hui est-elle différente des précédentes?

Étymologiquement, une querelle signifie « plainte en justice ». On imagine fort bien, au temps jadis, le procès que les juges garants du beau, de l'harmonie et de la ressemblance pouvaient intenter contre des œuvres considérées comme scandaleuses ou hérétiques. Mais quel tribunal serait censé, de nos jours, recevoir les plaignants, sinon celui de l'histoire, autrement dit du temps qui choisit inéluctablement, et presque infailliblement, entre les œuvres inoubliables et celles dont il convient de ne pas se souvenir ? Et s'il fallait aujourd'hui faire un bilan, certes provisoire, on constaterait probablement que les œuvres ont toujours été gagnantes, du moins celles qui ont échappé aux oubliettes de l'histoire. On verrait aussi que l'art a toujours su affirmer la liberté de création contre toutes les formes de coercitions, de dogmes, de conventions, de traditions, de tutelles diverses, religieuses, politiques, idéologiques, économiques qui, en permanence, s'opposent à la volonté de transformer le monde, ou du moins la vision qu'on a de lui.

Est-ce bien ce raisonnement que l'on peut tenir aujourd'hui ? Rien n'est moins sûr.

On connaît des querelles célèbres : celle de la *mimèsis*, récurrente depuis l'Antiquité — pour ou contre l'imitation et le trompe-l'œil — la querelle opposant la Contre-Réforme à l'iconoclastie luthérienne et calviniste, réédition déjà « moderne » des querelles byzantines. On se souvient de la querelle des Anciens et des Modernes, sur fond de stratégie politique, de la querelle du coloris contre le dessin, avec en arrière-plan l'ébranlement du rationalisme cartésien, la querelle des Bouffons — faut-il vraiment choisir entre la France et l'Italie ? demandait Voltaire —, etc.

Toutefois, la modernité modifie profondément le sens des affrontements. L'expulsion de la tradition devient de plus en plus radicale et le rejet de l'« ancien » s'effectue de façon beaucoup plus systématique. L'expérience du nouveau infiltre tous les aspects de la vie quotidienne. Elle transforme la représentation de la « vie moderne » avant même que celle-ci ne donne lieu à des réalisations concrètes. Dès le premier tiers du XIXᵉ siècle, le philosophe Hegel pressent l'émergence de l'art moderne alors qu'il n'a sous les yeux et dans les oreilles aucun exemple de « modernité » artistique. Critique acerbe et avisé, et sans illusion sur l'avenir, Baudelaire se fait néanmoins, à l'aube de la révolution industrielle, le chantre de la modernité. Transgressions, scandales, provocations se succèdent à un rythme rapide et sapent peu à peu l'autorité, certes déclinante, mais encore bien affirmée jusqu'à la fin du siècle, de l'académisme et du conservatisme. Au seuil du XXᵉ siècle, le cri de Gauguin exprime fort justement l'enthousiasme d'une génération qui, en quelques décennies, s'apprête à passer du néo-classicisme à l'abstraction : « Voilà une lutte de quinze ans qui arrive à nous libérer de l'École, de tout ce fatras de recettes hors desquelles il n'y avait point de salut, d'honneur, d'argent. Dessin, couleur, composition, sincérité devant la nature, que sais-je : hier encore, quelques mathématiciens nous imposaient (découvertes de Charles

Henri) des lumières, des couleurs immuables. Le danger est passé. Oui nous sommes libres[7] ! »

Cependant, hormis quelques « accidents » célèbres au retentissement tardif et prolongé — tels le *ready-made* duchampien et le *Carré blanc sur fond blanc* de Malevitch (1918), ou bien l'*Oiseau dans l'espace* (1923) du sculpteur Brancusi, considéré non comme une œuvre d'art mais comme un objet utilitaire par les douaniers new-yorkais[8] —, cette liberté n'outrepasse que temporairement les frontières de l'art. Elle oblige surtout les institutions, y compris à l'apogée des mouvements d'avant-garde pendant l'entre-deux-guerres, à en reculer les limites. Ces institutions, ainsi que le monde de l'art, finissent le plus souvent, bon gré mal gré, par accepter et intégrer ces débordements. Et il en va de même du public qui, au bout d'un temps plus ou moins long, assimile, voire encense des œuvres ignorées ou rejetées au temps de leur création.

Sachant que l'élargissement du cadre institutionnel et l'expansion continue de la sphère artistique sont des traits spécifiques à l'art occidental, peut-on considérer que l'art contemporain répond à ce processus ? Il ne le semble pas tant la querelle de l'art dit « contemporain » apparaît d'une tout autre nature que celle des disputes et des controverses du passé.

La crise des beaux-arts traditionnels — qui

commence dès l'impressionnisme ―, la naissance de l'abstraction, les avant-gardes, l'irruption d'objets industrialisés dans le champ
artistique, en bref, la modernité, rendent
compte imparfaitement du malaise actuel.
Contrairement à une idée reçue, l'art moderne
n'explique pas l'art contemporain. Pour le dire
autrement, on ne peut souscrire à la thèse,
maintes fois reprise dans les controverses
récentes, qui établit une relation de cause à
effet entre les bouleversements provoqués par
la modernité et la prétendue déliquescence de
la création artistique depuis une trentaine
d'années.

La fin de l'unité des beaux-arts : les arts plastiques

Il est vrai que le dénommé « art contemporain » naît effectivement sur un terrain préparé
de longue date par la désagrégation des systèmes de référence, telles l'imitation, la fidélité
à la nature, l'idée de beauté, l'harmonie, etc.,
et par la dissolution des critères classiques.

Du glorieux édifice des beaux-arts, fondé,
dès le XVIIᵉ siècle, sur les bases de l'Académie
royale de Peinture et de Sculpture, et institutionnalisé, au tout début du XIXᵉ siècle, sous le
nom précisément d'Académie des Beaux-Arts,

ne subsistent que des vestiges. Les avant-gardes et l'art moderne, jusqu'à son apogée dans les années 60, ont largement contribué à cet ébranlement dû, en partie, à l'effrangement des arts, aux mélanges et aux hybridations des pratiques et des matériaux. L'unité des beaux-arts — dessin, peinture, sculpture, architecture — qui légitima, pendant deux siècles, l'élaboration de savantes classifications par les historiens et les philosophes de l'art, se brise ; s'ouvre alors un vaste domaine d'innovations, d'expérimentations, de correspondances inédites et de polyvalences en quête d'une nouvelle cohérence.

Toutefois, à la différence de l'art moderne, victime de la « frénésie » du nouveau, soucieux de rompre avec les canons académiques et les valeurs artistiques traditionnelles, l'art contemporain change profondément la signification de la transgression. Il ne s'agit plus, comme au temps de la modernité, de franchir les bornes de l'académisme ou celles, par exemple, des conventions bourgeoises dans l'espoir de rapprocher l'art et la vie. Le *ready-made*, devenu pratique courante, et ses nombreux *remake* depuis Duchamp estompent la frontière entre l'art et le non-art, c'est-à-dire entre l'art et la réalité quotidienne. À l'heure où l'artiste jouit d'une prétendue liberté totale, la transgression et la provocation, cyniques ou désabusées, deviennent des sortes de jeux obligés, des modes destinées à séduire momentanément le marché ou bien des postures délibérées réservées à une minorité d'initiés. En fait, la question que pose l'art depuis une trentaine d'années n'est plus tant celle des frontières ou des limites assignables à la création que celle de l'inadéquation des concepts traditionnels — art, œuvre, artiste, etc. — à des réalités qui, apparemment, ne leur correspondent plus.

L'institutionnalisation des « arts plastiques » — la création, en France, d'un département spécifique au ministère de la Culture et d'une UFR d'Arts plastiques à l'Université date des années 70 — prend acte de cette évolution. La formation du futur « artiste plasticien » ne se fait plus uniquement dans les écoles des Beaux-Arts, nationales et régionales, traditionnellement considérées, le plus souvent à tort, comme les gardiennes conservatrices du temple du Beau, de l'Art et de la Création. La notion d'« arts plastiques » est remarquablement extensible. Elle permet de saisir sous un même vocable tout un ensemble hétérogène de pratiques artistiques, de la xylographie à l'infographie, en passant par les *ready-made*, les performances, les *happenings*, les installations, le *body art*, etc. Ce sont ces pratiques, difficiles à circonscrire en raison de la diversité de leurs supports, de leurs matériaux, de leurs procédures techniques et de la multiplicité de leurs modes d'expression, qui délimitent, du moins au travers des œuvres reconnues, le champ assez flou d'« art contemporain ».

L'expression générique « arts plastiques » désacralise en outre le concept classique d'Art. Il le prive, notamment, de ses connotations idéalistes et romantiques héritées des XVIIIe et XIXe siècles. Apprendre les « arts plastiques » à l'école ou à l'université, et non plus le traditionnel « dessin », s'inscrit dans le projet plus vaste, officiellement reconnu par les pouvoirs publics, de favoriser démocratiquement l'accès à la culture au plus grand nombre. Cette démocratisation, concrétisée par l'ouverture de classes d'enseignement à projet culturel et artistique (classes à PAC), vise à sensibiliser les jeunes générations à l'art actuel[9], et donc un public aussi élargi que possible. Mais le chemin est encore long qui conduit à une reconnaissance effective du domaine contemporain, dès lors qu'ont disparu les codes traditionnels de la représentation ou de la perception. Les pratiques dites « contemporaines » suscitent encore majoritairement des réticences et des rejets, qu'il s'agisse des arts plastiques proprement dits ou bien de la musique, de la danse, du cinéma ou de l'architecture. On pourrait affirmer, de façon abrupte, que l'art contemporain devient curieusement de plus en plus étranger au public qui lui est, précisément, contemporain.

La récente querelle a révélé combien les désormais classiques théories de l'art et la critique d'art, encore valides pour rendre compte de l'art moderne, constituent le plus souvent de piètres recours pour analyser, expliquer ou légitimer les formes souvent déconcertantes de la création actuelle. Ce qui valait pour la sphère des beaux-arts dans le système kantien, à savoir que tout objet considéré comme de l'art est placé *ipso facto* sous le régime de la beauté, ne convient plus dès lors que l'unité des beaux-arts est en faillite et que les normes et les critères traditionnels d'évaluation sont bouleversés.

Cette situation particulière, inédite dans l'histoire de l'art occidental, correspond à ce que le théoricien et critique d'art américain Harold Rosenberg (1907-1978) nomme fort justement une « dé-définition de l'art[10] », c'est-à-dire une perte de sens qui affecte aussi bien la notion d'art à proprement parler que celle d'œuvre d'art, concept menacé de désuétude. La multiplication des textes sur l'art au cours de la dernière décennie témoigne d'une volonté de retrouver quelques repères fiables dans une conjoncture de déboussolement. Les essais sur l'art, de fait, fleurissent, surtout depuis une dizaine d'années, à côté des critiques spécialisées, des catalogues d'exposition, des écrits théoriques, philosophiques, sociologiques et esthétiques. Il s'agit moins d'interroger les œuvres particulières, elles-mêmes devenues problématiques, et dont certaines refusent la catégorie d'œuvres d'art, que de légitimer l'ouverture vers de nouvelles expériences esthétiques, voire, dans le meilleur des cas, de créer un nouveau regard sur le monde. Mais on ne saurait surestimer l'influence des écrits rédigés par les spécialistes sur le public. Il n'est point besoin d'être sociologue averti pour constater que l'art et ce type de réflexion sur l'art ne marchent plus du même pas. Le public, qui se presse dans les musées d'Art moderne, boude dans l'ensemble les centres et les instituts d'art contemporain. Peu concerné par les débats d'experts, victime du *décept*[11], il déserte aussi bien les lieux d'exposition que le théâtre restreint des controverses et des polémiques. S'il soupçonne que l'art contemporain obéit malgré tout à des conventions plus précises qu'il n'y paraît, il ignore les règles du jeu, propriété exclusive d'un réseau d'experts et de décideurs institutionnels ou privés, soumis aux impératifs du marché de l'art, de la promotion médiatique et de la consommation culturelle. Cette absence de références et de clés d'interprétation renforce assurément le sentiment que l'art contemporain pourrait bien être ce n'importe quoi que stigmatisent ses détracteurs. Il est difficile, en ce cas, de convaincre les visiteurs des instituts et centres d'art que le prétendu « n'importe quoi » ne se fait pas n'importe où, n'importe quand et n'importe comment !

La critique d'art dans l'impasse

Est-il possible de redéfinir les conditions d'exercice du jugement esthétique vis-à-vis des œuvres contemporaines ? À supposer même que celles-ci soient « n'importe quoi », peut-on tenir sur elles un discours argumenté et critique ?

Bien que la question des critères de jugement ait été à l'origine du déclenchement de la querelle de l'art contemporain, celle-ci n'a guère apporté de réponse à ces deux interrogations pourtant cruciales. Le problème est ardu. Comment juger de la qualité artistique d'objets et de pratiques dès lors qu'il n'existe plus de critères ni de normes à quoi se référer ? S'il est vrai, comme nous l'avons dit plus haut, que le problème de l'appréciation des pratiques artistiques actuelles intéresse le public, reconnaissons que les conditions d'exercice du jugement esthétique ont été profondément modifiées au cours des dernières décennies. On peut même parler d'un changement radical du statut de la critique d'art, dans la mesure où la notion d'art elle-même est remise en cause.

L'apparition de la critique d'art sous sa

forme moderne remonte au XVIIIᵉ siècle. Sa
genèse et son développement participent du
même mouvement d'émancipation — les
Lumières — qui voit naître l'histoire de l'art,
l'esthétique philosophique, l'espace public, la
presse, et le marché de l'art. À la fois genre littéraire, auquel Diderot a donné ses lettres de
noblesse, et métier, elle participe à l'autonomi-
sation du jugement de goût critique, évaluatif
et à prétentions universalistes. Elle s'exerce à
l'intérieur du système reconnu des beaux-arts
et à l'aide de catégories parfaitement définies,
telle la beauté. À cette époque, la question ne
se pose pas de savoir s'il convient de percevoir
une sculpture de Coysevox, un tableau de
Chardin ou une symphonie de Mozart *comme*
des œuvres d'art. *Ce sont* indubitablement des
œuvres d'art, qu'on les apprécie ou non, qu'elles
soient jugées belles ou médiocres, c'est-à-dire
indépendamment du jugement de goût. Il en
va différemment lorsqu'il s'agit non plus d'évaluer les qualités esthétiques d'une sculpture,
d'un tableau ou d'une symphonie, mais de savoir
si un objet, une action, un geste relèvent de
l'art. Là non plus, le jugement de goût n'a pas,
apparemment, à intervenir. Cependant, pour
savoir si une pratique quelconque ou une chose
relèvent de l'art, il faut déjà savoir ce qu'est l'art
ou bien disposer d'une définition, même vague,
de l'art. Or, le paradoxe de la situation créée

par l'art contemporain réside non seulement dans une *indéfinition* de l'art, mais aussi dans le fait que le mot « art » implique, malgré tout, en dépit de son indétermination, un jugement de valeur. Certes, on ne se préoccupe plus de la beauté de tel ou tel objet, mais reconnaître celui-ci comme de l'art, c'est le singulariser et le ranger dans une catégorie qui n'est pas celle des objets banals. On en arrive ainsi à valoriser, c'est-à-dire, concrètement, à exposer dans des musées ou dans des galeries des objets ou des pratiques dépourvus de qualités artistiques spécifiques et dont rien ne justifie, en principe, la présence en de tels lieux. À l'inverse, la dimension évaluative du mot « art » se révèle également, et de façon indirecte, dans les appréciations négatives que nous portons sur des objets auxquels nous refusons toute prétention artistique. La référence au beau ou au laid n'étant plus aujourd'hui pertinente, il nous suffit de déclarer, beaucoup plus facilement que par le passé, à propos d'une chose qui heurte notre goût : « C'est tout ce qu'on veut, sauf de l'art ! »

On conçoit donc aisément le désarroi d'une critique d'art dont le rôle ne serait plus d'analyser ni d'interpréter les œuvres mais se limiterait à établir une ligne de partage entre l'art et le non-art. La question des critères ne serait évidemment pas résolue. Une telle démarcation supposerait, en effet, l'application d'une règle, d'un canon ou d'une norme. Or, ce genre de critères n'existe plus. En outre, le jugement esthétique à prétention objective, acceptable par le plus grand nombre, serait impossible, tout un chacun pouvant librement décider de ce qui doit entrer ou non dans la catégorie « art » en fonction de ses goûts, de son éducation, voire de ses humeurs. En somme, l'esthétique, deux siècles et demi après avoir vu le jour comme théorie de l'art, se retrouverait dans une position identique à celle que le philosophe Emmanuel Kant entendait dépasser, c'est-à-dire laissée au libre choix de quiconque selon l'adage bien connu : « Des goûts et des couleurs, on ne saurait disputer. »

La situation actuelle peut être vue sous cet angle. Diderot ou Baudelaire critiques d'art s'intéressaient plus particulièrement à la peinture et à la sculpture. De nos jours, l'artiste contemporain ne se limite plus à un seul médium. Peintre ou sculpteur, il peut aussi cumuler les fonctions de performeur, d'installateur, de cinéaste, de musicien, etc. La fin de l'unité des beaux-arts se caractérise effectivement par la dissémination des modes de création à partir de formes, de matériaux, d'objets ou d'actions hétérogènes que l'expression « art contemporain » définit imparfaitement. Cette dissémination répond à l'extrême diversité des expériences sensibles, proprement esthétiques et fortement individualisées, qu'offre désormais la multiplicité des pratiques culturelles. À cette surabondance d'expériences esthétiques diversifiées le public, ou plutôt, les publics tendent à réagir de manière particulière où chacun s'estime en droit de juger ce qui est bon pour soi. Mais plus encore qu'à une subjectivisation du goût, on assiste, aujourd'hui, à une forte individualisation des attitudes vis-à-vis de l'art et de la culture, du moins pour ceux qui y ont aisément accès. Toutefois, ce comportement que d'aucuns n'ont pas hésité à qualifier de « zapping culturel [12] », par analogie avec la posture versatile du téléspectateur, est paradoxal. Il se manifeste, en effet, dans un contexte spécifique marqué par la forte pression des industries culturelles qui s'exerce massivement sur les individus. Peut-on vraiment qualifier de spontanée, libre et autonome une telle attitude, dès lors qu'on la sait puissamment conditionnée par le système de gestion, de programmation, de massification et de médiatisation chargé de promouvoir le culturel ? Certes, ce système assume, pour une part, un rôle de démocratisation de la culture. Mais face à l'abondance de ses prestations, et parfois devant son laxisme, la critique d'art voit sa tâche simplifiée à l'extrême. De l'analyse et de l'interprétation — élogieuses ou non — des œuvres particulières, elle tend à s'orienter vers la promotion indifférenciée de biens culturels. Cet assoupissement d'une critique d'art, qui renonce en fait à toute critique, fut maintes fois évoqué lors du débat sur la crise de l'art contemporain. Certains ont stigmatisé le caractère consensuel d'une critique démissionnaire, qui se contente de promouvoir les bienfaits de l'industrie culturelle dans son ensemble, et se révèle cependant incapable d'aider à la formation du jugement portant sur la qualité des œuvres. D'autres ont dénoncé ce paradoxal individualisme de masse qui répond finalement, de façon adéquate, à un système fonctionnant sur le mode de l'hypermarché. Le « client » remplit son « caddy » artistique, bien que son choix prétendument personnel s'effectue parmi une gamme de produits massivement présélectionnés par les « centrales d'achat » — institutions publiques, musées, galeries, collectionneurs, etc. — sur le marché de l'art contemporain.

Changement de paradigmes

Il est certain que la théorie esthétique traditionnelle, préoccupée par la qualité des œuvres, peut difficilement rendre compte des nouveaux rapports existant entre l'art, l'institution, l'œuvre et le public. Soucieuse de faire valoir la nécessité du jugement, et persuadée que l'art et les œuvres exercent une fonction critique — sociale, politique ou idéologique —, cette théorie, héritière du xviii⁰ siècle, semble obsolète. C'est un fait qu'elle apparaît décalée par rapport à un contexte culturel dans lequel tout — y compris le fameux n'importe quoi — semble permis, au point que l'État lui-même subventionne des pratiques et des œuvres au mérite parfois discutable.

Comment interpréter, dès lors, ce que nous avons appelé l'« indéfinition » de l'art ? Peut-on expliquer cette mise hors jeu des instances critiques et évaluatives ? Quelles en sont les conséquences ? Est-il possible de mesurer les rôles respectifs que jouent désormais les institutions et le public dans la promotion artistique, parfois inattendue et sidérante, de choses *a priori* sans intérêt ?

Ce sont ces questions auxquelles des spéculations philosophiques et esthétiques, apparues dans le contexte de crise de l'art contemporain, ont notamment tenté de répondre. Face à une situation inédite, ces théories entendent renouveler les modes d'interprétation traditionnels et proposent de nouveaux paradigmes. Ainsi, plutôt que de s'interroger vainement sur ce qu'est l'art et adapter tant bien que mal sa définition à chaque irruption d'une chose apparemment incongrue, la philosophie analytique et pragmatique, anglo-saxonne en particulier, prend acte des profondes modifications affectant le statut de l'œuvre d'art et de l'artiste. Il n'est plus question de faire référence à une essence universelle et intemporelle de l'art. À la question « Qu'est-ce que l'art ? » — devenue aujourd'hui non pertinente —, le philosophe américain Nelson Goodman[13], dès les années '70, avait substitué cette autre interrogation : « Quand y a-t-il art ? » Il s'agissait ainsi de rechercher les facteurs qui permettent à un objet quelconque d'être perçu, ou de « fonctionner », comme œuvre d'art. Pour Goodman, la prétendue valeur intrinsèque de l'œuvre, ses qualités artistiques, sa capacité à susciter des sentiments, par exemple à émouvoir, sont déclarées non pertinentes pour une définition éventuelle de l'œuvre d'art. Mieux vaut prendre en considération le contexte philosophique et artistique dans lequel apparaît l'objet candidat au statut artistique. Il importe également de tenir compte de l'intention et du projet de l'artiste tels qu'ils peuvent être perçus dans un environnement artistique donné. Les ouvrages d'Arthur Danto, traduits et publiés en France dans les années 90, insistent ainsi sur le rôle décisif du « monde de l'art »[14]. Ce « monde de l'art » (*Artworld*) désigne une communauté constituée de spécialistes — historiens de l'art, critiques, artistes, commissaires d'expositions, galeristes, amateurs éclairés, bons connaisseurs du climat esthétique ambiant, etc. — habilités à apprécier l'authenticité de l'intention artistique et à ériger éventuellement l'objet banal en objet d'art.

Il est indéniable que ces conceptions rendent compte assez justement du mode de fonctionnement de l'art contemporain. Rares sont les artistes à pouvoir s'imposer auprès du public sans bénéficier, préalablement, d'une reconnaissance institutionnelle et sans qu'ils soient acceptés, authentifiés précisément comme « artistes » par leurs pairs. Il est vrai, aussi, que les institutions, privées ou publiques, jouent un rôle prédominant dans la promotion de l'art contemporain. Mais qu'en est-il, alors, du délicat problème, déjà évoqué, des réactions d'un public dépossédé des critères d'appréciation désormais propriété exclusive des experts ?

À cette question la philosophie analytique, en raison même de ses présupposés, n'apporte guère de réponse. Elle considère que l'art assume essentiellement une fonction de connaissance, expression d'un monde qu'il contribue à construire — à « faire », selon l'expression de Nelson Goodman — indépendamment des jugements de valeur, des émotions, des évaluations critiques qu'il peut susciter. Cette position, qui tend purement et simplement à priver la réflexion sur l'art de sa dimension critique et appréciative, autrement dit à la neutraliser, est également partagée, sous des formes diverses, par nombre de théoriciens français. Certains insistent sur le caractère obsolète d'une esthétique héritée de Kant, soucieuse de juger les œuvres en fonction de leur qualité et de communiquer l'expérience esthétique avec le plus grand nombre. L'esthétique, dont on prédit la fin prochaine, ne serait plus qu'une branche de l'anthropologie, à vocation essentiellement descriptive et analytique. D'autres adoptent une position résolument subjectiviste, manière de revenir au fameux adage sur les goûts et les couleurs !

Ce relativisme convient parfaitement au pluralisme culturel qui caractérise, de nos jours, la société occidentale, réputée démocratique et libérale. La culture bourgeoise, considérée comme élitiste et vilipendée dans les années 60 et 70 par la contre-culture contestataire, a laissé la place à un système qui offre à tous, en principe, des possibilités considérables d'accès à l'art, au divertissement et à la culture. Libre à chacun de puiser son plaisir où bon lui semble, ou bien de s'adonner aux joies du tourisme et du consumérisme culturels. Le *zapping* culturel engendre un nouvel hédonisme. Le plaisir est à portée de main dès lors que les nouvelles technologies suppriment le stress du choix, les contraintes de l'éducation, et permettent de trouver partout, à tout moment, matière à satisfaction. En somme, la prodigalité du culturel semble immuniser celui-ci contre toute mise en cause de sa légitimité. Et l'on comprend mieux, dans ce contexte, la mise hors jeu d'une esthétique fondée sur le jugement, la valeur et la qualité des œuvres, ainsi que la discrétion d'une critique d'art souvent cantonnée dans un rôle purement promotionnel. Notons, cependant, le décalage frappant entre les propos de nombreux artistes contemporains, convaincus du caractère polémique, rebelle, scandaleux, voire subversif, de leurs œuvres, et le discours culturel dominant qui s'empresse de tirer bénéfice de la prétendue provocation artistique, au besoin à coups de subventions.

Les enjeux réels de la querelle

Le débat sur l'art contemporain s'est rapidement conclu, en France, par un huis clos entre initiés. Il apparaît, à cet égard, symptomatique d'une véritable distorsion entre la légitimation institutionnelle dont bénéficie cet art et sa reconnaissance publique plutôt modeste. Cette distorsion traduit aussi, et surtout, le fossé grandissant entre le monde de l'art, les experts de l'art contemporain et des spectateurs réduits à l'état de laissés-pour-compte vis-à-vis des véritables enjeux que doivent affronter les formes actuelles de la création artistique.

Au-delà de la situation française, la querelle de l'art contemporain révèle les insuffisances et les limites d'un système culturel largement fondé sur la gestion institutionnelle et économique de la création artistique. Le renoncement à l'argumentation esthétique et au jugement critique va de pair avec le sentiment que l'art occidental en aurait terminé, en quelque sorte, avec son histoire, ressassant indéfiniment les formes et les styles du passé, condamné à la répétition pour avoir épuisé en quelques siècles la gamme des possibilités expressives. Que faire après le *ready-made* de Marcel Duchamp et les boîtes Brillo[15] d'Andy Warhol dès lors que les frontières de l'art qui le séparent de la banalité quotidienne sont abolies ?

Cette vision désabusée de l'art contemporain et de son avenir — si elle est communément partagée — ne vaut toutefois que pour l'art occidental. Elle relève d'une conception clairement ethnocentrique, pour autant que la contemporanéité artistique demeure, semble-t-il, le privilège de la «vieille culture occidentale», au détriment d'autres formes d'expressions artistiques considérées comme traditionnelles, exotiques ou folkloriques et, néanmoins, pleinement contemporaines elles aussi. La «logique culturelle», à laquelle obéit aujourd'hui l'art contemporain[16], résulte de la combinaison des nouvelles techniques, des médias et du marché de masse.

Elle parvient à concilier l'individualisme de masse et la participation collective au système de gestion des biens culturels. De ce fait, l'art contemporain, même le plus provocant ou extravagant, ne semble plus en mesure d'adopter de position critique, véritablement distanciée, vis-à-vis de ce système. Toutefois, cette idée d'un art et d'une culture devenus consensuels, non critiques, affranchis de toute implication dans les affaires du monde est erronée car cette même logique laisse entrevoir de nouvelles perspectives. Les frontières de l'art n'en finissent pas de s'élargir sous le double effet de l'évolution technologique : virtuel, images numériques, CD-Rom, 3 D, programmes hypermédia, etc., et du cosmopolitisme artistique et culturel : métissages et hybridations de styles, de formes, de pratiques, et de matériaux.

L'art « en train de se faire » suscitera probablement à l'avenir d'autres querelles. Sans doute la question de la définition de l'art et de ses limites deviendra-t-elle récurrente, comme elle l'a d'ailleurs toujours été dans le passé. Mais le véritable intérêt des débats futurs dépendra certainement de la volonté dont témoigneront les différents acteurs du monde de l'art occidental pour refuser que la création artistique se réduise à n'être que l'écho fidèle de ce que la société attend d'elle.

PREMIÈRE PARTIE

DE L'ART MODERNE
À L'ART CONTEMPORAIN

Ah ! Et alors ? On s'est bien moqué de Chateaubriand et de Wagner. Ils n'en sont pas morts. Et pour ne pas vous inspirer trop d'orgueil, je vous dirai que ces hommes sont des modèles et que vous, Manet, vous n'êtes que le premier dans la décrépitude de votre art.

CHARLES BAUDELAIRE
à Édouard Manet
(lettre du 11 mai 1865).

UN ART STERCORAIRE[1]

Les aversions de Thomas Bernhard

En 1985, les lecteurs de l'ouvrage publié par Thomas Bernhard[2], *Alte Meister Komödie,* traduit sous le titre *Maîtres anciens,* apprirent que l'art, à de rares exceptions près, n'était — *dixit* l'auteur — que « de la merde ». Et s'il leur sembla, un temps, que la misanthropie rageuse et cynique de Bernhard pouvait se limiter géographiquement à l'Autriche et, temporellement, à une époque révolue, il leur apparut très vite que notre époque tout entière, par-delà les frontières, était visée. Il s'agissait bien de la création artistique dans son ensemble, des compositeurs, des peintres, des sculpteurs, des écrivains et des poètes, condamnés désormais, en cette fin de XXᵉ siècle, à ne produire que des choses nauséabondes. Pour Bernhard, même le souvenir des grands maîtres du passé — Léonard de Vinci, Michel-Ange, Titien et Goya — ne peut compenser cette impression de décrépitude ni sauver de la déchéance ce qui n'était plus, de nos jours, qu'un « art de survie ». Les artistes d'aujourd'hui sont tout aussi menteurs dans leur vie qu'ils sont menteurs dans leurs prétendues œuvres, fait dire à Reger — héros acariâtre et désabusé — un Thomas Bernhard qui, du coup, pour être crédible, se doit d'échapper momentanément à l'opprobre qu'il inflige à ses collègues écrivains.

L'Autriche, si souvent victime de la hargne de Thomas Bernhard, n'est donc pas seule en cause. Ce que l'auteur nomme la « comédie » exprime une profonde amertume ; elle enregistre les désillusions de l'époque, celle des années 80, décennie de transition entre l'ère moderne et celle qui s'annonce sous le nom de postmoderne. Les maîtres anciens, si grands soient-ils, n'ont guère changé l'histoire — semble dire Bernhard — et leurs œuvres, aussi riches et fascinantes soient-elles, ne suscitent désormais que nostalgie et amertume. Les artistes actuels sont ainsi condamnés à la même impuissance, mais sans la qualité ni la valeur de leurs aînés. En d'autres termes, ils sont contraints à la médiocrité, pour ne pas dire à la nullité : « Pour ce qui est du soi-disant *art ancien*, il est ranci et lessivé et liquidé et depuis longtemps il ne mérite plus du tout d'attirer notre attention, vous le savez aussi bien que moi, mais en ce qui concerne le soi-disant *art contemporain*, il ne vaut, comme on dit, *pas tripette*[3]. »

Cloaques...

Les connotations excrémentielles et scatologiques associées à l'art contemporain sont devenues, depuis quelques décennies, monnaie courante. Qualifier globalement la création artistique actuelle, ou bien telle œuvre particulière, de pure et simple déjection résout, il est vrai, avec une grande économie de moyens et en un temps record — celui de l'élocution du mot de Cambronne — le difficile problème de l'évaluation et de l'interprétation esthétiques. On ne peut nier que nombre de pratiques et d'actions à visées artistiques constituent de véritables provocations auxquelles le public réagit par de vives réprobations et des rejets parfois violents. Dès le début du XXe siècle, le geste de Marcel Duchamp ouvre, si l'on peut dire, une boîte de Pandore qui continue de se déverser. Cette manne inépuisable finit malgré tout, passé l'instant de surprise, d'indignation ou de dégoût, par rejoindre sagement les collections muséales, dûment cotées sur le marché de l'art contemporain. Parmi les actions spectaculaires du même ordre, rappelons le sort, plutôt enviable, réservé aux *Merda d'artista* réalisées par Piero Manzoni en 1961. Ces « Merdes d'artiste », soigneusement conditionnées « au naturel » dans des boîtes de conserve d'un contenu de 30 g chacune, *made in Italy*, furent vendues à prix d'or... littéralement, par référence à la cotation journalière du métal jaune !

Dans le genre à la fois scatologique et nombriliste, une vidéaste suisse, Pipilotti Rist (née en 1962), place une caméra à rayons infrarouges sous une cuvette de WC transparente. L'occupant des lieux a tout loisir de contempler (!) sur un écran plasma placé devant lui le déroulement d'opérations généralement réservées à la plus stricte intimité (*Closet Circuit*, 2000).

Obsédé par les origines de la peinture et ses rituels, Gérard Gasiorowski (1930-1986) adopte une démarche singulière. L'artiste s'invente le personnage de Kiga, nom formé à partir des dernière et première syllabes de son patronyme. Kiga mélange sa merde à des plantes aromatiques, obtenant ainsi un produit qui lui permet de réaliser des compositions à la manière de Cézanne (*Les Tourtes*, 1977). Le jus des Tourtes est ensuite recueilli avec les doigts et utilisé par Gasiorowski pour peindre son univers quotidien (série des *Jus*).

1 500 euros, c'est la somme que l'artiste Wim Delvoye (1965) [4] invite à débourser pour devenir propriétaire d'un étron concocté par *Cloaca*. Cette machine automate, conçue de façon ingé-

nieuse avec l'aide de médecins et de scientifiques, reproduit artificiellement le système
digestif humain. L'installation, assez volumi-
neuse, d'apparence très hygiénique, composée
de tubes et de bocaux transparents, est gour-
mande : elle mange trois fois par jour de la nour-
riture spécialement préparée à son intention,
digère pendant six heures, puis... défèque. Le
« produit » final, en tout point identique à son
homologue humain, arrive délicatement sous
cloche. *Cloaca* a été exposée au musée d'Art
contemporain de Lyon en 2003. Plusieurs
grands chefs de la gastronomie française ont
accepté de composer des mets spéciaux pour
satisfaire leur client cybernétique[5].

Il est impossible de dresser la liste des actions
diverses, performances et exhibitions parfois peu
ragoûtantes, accomplies au nom de l'art et qui,
aujourd'hui encore, prétendent à une reconnaissance artistique et, très souvent, l'obtien-
nent. Dire qu'il s'agit là de cas limites, heurtant
profondément le goût et la bienséance, n'a
guère de sens. Le terme même de « limite » est
inapproprié dans la mesure où toute frontière
constitue un appel à la transgression. Les
quelques exemples, *happenings* ou performances
que nous citons ici, et qui relèvent de l'extrême
connu à ce jour, sont désormais officiellement
inclus dans l'histoire de l'art des époques
moderne et contemporaine.

Lorsque Michel Journiac[6] célèbre une *Messe pour un corps* en 1969, il présente une hostie découpée dans du boudin fabriqué avec son propre sang. À l'époque, les « communiants » ignorent probablement la composition exacte de l'aliment christique : 90 cm^3 de sang humain liquide, 90 g de gras animal, 90 g d'oignons crus, un boyau salé ramolli à l'eau froide, puis épongé, 8 g de « quatre épices », 2 g d'aromates et de sucre en poudre, etc.

En 1993, à Nîmes, Pierre Pinoncelli, peintre de l'école de Nice, « utilise » de façon très prosaïque ladite *Fontaine* de Duchamp, puis ébrèche la fameuse cuvette à coups de marteau afin de renvoyer l'objet *manu militari* à son statut d'urinoir. Insensible à ses arguments et au fait que le *ready-made* n'était qu'une réplique de fabrication récente en raison de la disparition de l'original, le tribunal le condamne, en novembre 1998, à près de 300 000 francs d'amende. C'est le même artiste qui, publiquement, se sectionne à la hache une phalange de l'auriculaire gauche pour protester contre la séquestration d'Ingrid Bétancourt par les Forces armées révolutionnaires de Colombie (FARC) ou bien s'exhibe en tenue d'Adam rue de la République à Lyon, Diogène des temps modernes[7].

C'est un chantier de démolition qu'expose en 1999, sous forme de *happening*, le peintre Nato, rassemblant dans une galerie ce qui apparaît, à l'énoncé, comme un véritable inventaire à la Prévert : scie circulaire, aspirateur, échelle, micro, piano, appareil photo, tronçonneuse, panneau de chantier, établi, fil électrique, caméra, ampli, marteau, tournevis, téléviseur, bille de bois, étais, mais aussi des hommes et des femmes totalement nus. L'artiste, qui lui-même vit et travaille nu, entouré de femmes en tenue d'Ève, consacre la totalité de son œuvre — *happenings* et performances — au sexe, déclarant : « Plus rien n'échappe à l'art. Voici l'osmose devenue chair, jusqu'au plus obscène de l'âme. »

Adepte de performances le conduisant à payer de sa propre personne, Philippe Meste (1966) se plaît à répandre ses fluides corporels intimes sur des photos de *top models* extraites de catalogues de mode[8]. En 2003, la galerie parisienne Jousse Entreprise voit défiler, lors de ses vernissages consacrés à la création contemporaine, un public jeune et « branché ». Les visiteurs contemplent les œuvres de Meste : des miroirs leur renvoient l'image de leur visage souillé de taches de sperme. Ces images, dégradantes et avilissantes, qui prennent le public au dépourvu, à son insu, entendent détourner les codes de la société du spectacle régie par la publicité et la consommation.

*Les cadavres exquis
de Günther von Hagens*

Depuis quelques années, Günther von Hagens, anatomiste allemand, expose dans plusieurs grandes capitales sa collection de « plastinats ». Les plastinats se présentent comme des écorchés de cadavres humains exhibant avec finesse et précision le squelette, les viscères, les muscles, parfois un fœtus dans le corps de sa défunte mère enceinte de huit mois. Les corps ainsi figés sont retravaillés au scalpel. Le chef-d'œuvre — le clou du spectacle à l'exposition de Bruxelles — est un *Cheval se cabrant avec son cavalier.*

Le nombre des futurs candidats à la plastination, généreux donateurs de leur corps à la science, augmente, paraît-il, quotidiennement.

La plastination est une technique de conservation du corps par injection dans le cadavre d'un matériau plastique qui remplace l'eau contenue dans les cellules. Les manifestations intitulées « *Körperwelten* » (« Les mondes du corps ») ont accueilli plusieurs millions de visiteurs entre le Japon, Mannheim en 1998, Vienne en 1999 et Berlin en 2001 ; les plastinats ont ensuite été exposés en Suisse, en Belgique, à Singapour, à Hambourg, à Londres, à Séoul et à Pékin — liste non exhaustive. Günther von

Hagens, dont le look vestimentaire rappelle celui de Joseph Beuys, déclare volontiers qu'il n'est pas artiste et qu'il ne cherche à créer ni du beau ni de l'esthétique. Il qualifie néanmoins ses expositions d'« art anatomique » et reconnaît que la finalité esthétique de son travail a une importance égale à l'objectif purement péda-gogique et scientifique. Visée esthétique confir-mée par les références à l'histoire de l'art que peuvent suggérer les corps disséqués aux yeux des amateurs d'art.

Mais nous ne sommes pas dans l'atelier de Rembrandt. La *Leçon d'anatomie* du docteur Nicolae Tulp (1632) est bien loin. Rien à voir non plus avec les *Têtes de suppliciés* de Géricault, les photographies de Joel Peter Witkin[9] ou les *Autoportraits* de David Nebreda[10]. Peu de points communs avec les mystérieux et étonnants squelettes, œuvres du prince et docteur alchi-miste Raimondo de Sangro, visibles dans la cha-pelle Sansevero de Naples[11]. Chef d'entreprise et homme d'affaires avisé, Günther von Hagens maîtrise visiblement les réseaux administratif, financier et médiatique qui assurent le succès colossal de ses manifestations, allant parfois jus-qu'à feindre l'étonnement devant l'engoue-ment des milieux artistiques pour une œuvre dont il s'efforce de défendre le caractère pure-ment scientifique.

L'« *apôtre du laid* » : *Gustave Courbet*

Sans entrer dans les délicats problèmes
d'antériorité, souvenons-nous qu'à la fin du
XIXᵉ siècle, à l'heure où triomphe encore pour
quelque temps un académisme bien-pensant et
moralisateur, il plaît aux artistes de peindre —
comme le disait Gustave Courbet (1819-1877) —
des choses bien réelles et existantes plutôt que
des anges ou autres séraphins.

Courbet, justement. En 1866, son *Origine du
monde* aurait, dit-on, fait scandale. « Dégradant »,
« obscène », « pornographique », ainsi le tableau
fut-il jugé par les rares contemporains qui
purent le voir. Exposé au musée d'Orsay depuis
1995, il est aujourd'hui encore considéré par
certains comme provocant. Et, sans aucun doute
Gustave Courbet, l'« apôtre du laid », le démo-
lisseur de la colonne Vendôme en 1871, a-t-il
peint, en toute connaissance de cause, sans rien
farder et avec un réalisme cru, ce plan rappro-
ché de l'intimité d'une femme offerte et impu-
dique. Si le sujet est « osé », le prétendu scandale
provient surtout du tableau lui-même en tant
que tableau, c'est-à-dire en tant que peinture,
art majeur dans la conception traditionnelle des
beaux-arts. Le crime ès beaux-arts est patent
l'atteinte est dirigée contre cette sphère particulière, celle de l'idéalisation, voire de l'idéal,

là où l'érotisme, le désir et les pulsions les plus vives ont certes le droit de s'exprimer ; là aussi où ils peuvent être représentés pourvu qu'ils soient sublimés en sollicitant la même aptitude à la sublimation de la part des spectateurs. Mais l'offense perpétrée par Courbet n'a duré qu'un temps. Le tableau a rejoint — tardivement, il est vrai — une prestigieuse institution muséale, tout comme les *ready-made* de Duchamp ont participé — avec retard également — à l'inauguration, en 1977, du Centre Georges-Pompidou.

Quel est donc le rapport entre Courbet et Duchamp ? Pourquoi ce rapprochement entre ces deux artistes et le peintre Nato, Piero Manzoni, Michel Journiac, Pierre Pinoncelli, Philippe Meste et Günther von Hagens ? Hormis l'exhibitionnisme auquel ceux-ci nous invitent et les lieux surprenants et parfois peu fréquentables où ils nous conduisent — et sur lesquels d'ailleurs nous reviendrons —, cette proximité n'est pas due au hasard. Avant Courbet, une peinture était appréciée et jugée selon sa conformité aux normes et aux conventions en vigueur. Les critères esthétiques étaient indissociables des règles sociales, morales, voire religieuses, constituant une sorte de pacte intangible entre l'artiste et le public — le « monde de l'art » de l'époque.

L'Origine du monde brise ce pacte. Un tel tableau ose l'affrontement, non pas avec la représentation — ici figurative et réaliste —

mais avec les règles qui, jusqu'alors, détermi-
naient les critères d'évaluation. Manet déjà s'y
était risqué avec *Olympia* et *Le Déjeuner sur
l'herbe*. Courbet transgresse de façon irréversible le dernier tabou. Au-delà de la fascination
qu'exercent les hanches et le sein de la femme
tronquée, sans tête, ni bras, ni jambe, ce sont
bien les normes qui se trouvent mises en cause,
celles-là mêmes qui autorisent la mise au jour
d'un tableau que leur stricte observance aurait
dû normalement interdire.

Défié mais malgré tout sauvegardé par Courbet, le mode traditionnel de la représentation
est délibérément ignoré par Marcel Duchamp.
Il ne s'agit plus seulement de transgresser les
règles, ni de violer un quelconque tabou, mais
de se situer délibérément au-delà de l'idée
même de représentation. Et Duchamp de
« faire », ou plutôt de sélectionner trente ou
trente-cinq objets, au hasard, qui ont pour seul
point commun d'être tous manufacturés. L'action de l'artiste est d'autant plus radicale qu'elle
est sans intention particulière, sinon celle
— selon ses propres termes — de se débarras-
ser de ses propres pensées et de l'apparence de
l'œuvre d'art. Le *ready-made*, pure et simple fantaisie, tel un caprice d'artiste qui veut « en finir
avec l'envie de créer des œuvres d'art », est fait
dans l'indifférence. Duchamp précise : « indifférence au goût : ni goût dans le sens de la

représentation photographique, ni goût dans le sens de la matière bien faite ».

Le paradoxe de *Fountain*[12], de cette « pisso-tière », choisie elle aussi dans l'indifférence — du moins si l'on en croit l'auteur —, est sans doute d'avoir rejoint le champ de l'art alors qu'elle entendait précisément en sortir.

Toutefois, on peut penser aussi que son éton-nante destinée et le sort finalement plutôt enviable que lui a réservé l'histoire récente de l'art résultent d'une juste appréhension de la portée du geste de Duchamp, insignifiant et banal pour lui mais redoutablement icono-claste pour le monde de l'art.

Et c'est bien cet iconoclasme — au sens pré-cis du terme dans ce monde des images que sont les arts plastiques — qui résonne jusqu'à aujourd'hui, à l'époque de l'art contemporain.

Les actions contemporaines que nous avons évoquées — celles de Piero Manzoni, du peintre Nato, de Philippe Meste, de Michel Journiac, de Pierre Pinoncelli et de Günther von Hagens — n'interrogent ni les règles ni les normes artis-tiques qui déterminent les critères d'évaluation, pas plus qu'elles ne remettent en cause, une nouvelle fois, le mode traditionnel de la repré-sentation picturale. Autrement dit, elles ont lieu désormais dans l'indifférence vis-à-vis des contraintes, qu'il s'agisse des critères ou des conventions qui régissent tel type de représen-

tation, précisément parce que les limites imposées ont été franchies. Mais on peut penser que
ces œuvres ou ces actions marquent chaque
fois, depuis le tableau de Courbet, un degré de
plus dans la transgression, jusqu'au point où la
transgression elle-même n'a plus de signification.

Plutôt qu'indécentes ou inconvenantes, elles
apparaissent étymologiquement obscènes, c'est-
à-dire « de mauvais augure », pour ceux qui persistent à évaluer et à juger certaines formes de
l'art actuel, et notamment les plus extrêmes,
voire les plus extrémistes, à l'aune de principes
qui n'ont plus cours aujourd'hui.

Les « anartistes » de Serge Rezvani

Dans un roman justement intitulé *L'origine
du monde*[13], le peintre et écrivain Serge Rezvani
perçoit ainsi une filiation funeste entre l'auteur
du fameux tableau, le créateur des *ready-made* et
l'anatomiste allemand. Dans un musée imaginaire du XXIe siècle, Bergamme, le héros du
livre, rêve de s'emparer du tableau de Courbet.
Bergamme n'est ni un collectionneur dévoyé ni
un revendeur escroc mais un individu exalté et
fantasque, qu'obsède et révulse le spectacle de
la femme aux cuisses écartées : « Par cette frag-
mentation provocatrice, par cette volonté d'iso-

ler ce sexe de l'ensemble du corps humain, Courbet a réussi à permuter d'une manière radicale Origine en Fin du monde, ouvrant innocemment la voie à toute la peinture chirurgicale qui caractérise notre époque — oui, ce siècle épouvantable au cours duquel le corps humain, au préalable désacralisé par ses artistes, a été l'objet de toutes les mutilations, de toutes les expériences. »

Les musées regorgent de chefs-d'œuvre, embaumés certes mais souffrant d'une lente décrépitude. Ils recèlent surtout les preuves tangibles d'un siècle qui s'est attaché à désacraliser, dans l'histoire réelle et dans l'art, le corps humain — notamment celui de la femme — morcelé, défiguré, déchiqueté, mutilé, dépiauté, expression caricaturale d'une époque incapable de surmonter le traumatisme causé par les génocides du siècle précédent. Courbet, en peignant l'un des tableaux « les plus destructeurs de toute l'histoire de la peinture », aurait donc engendré la lignée des Egon Schiele, Edvard Munch, Pablo Picasso, Francis Bacon, ouvrant la voie aux « anartistes » d'hier — les modernes — et d'aujourd'hui — les contemporains — qui se complaisent dans une mise en scène affligeante de l'humanité. Un siècle de dislocation du corps humain est donc, selon Rezvani, un « mauvais présage » et fait sombrer l'art dans cette obscénité que nous évoquions plus haut, comme si l'humanité était devenue laide « au point de ne plus pouvoir supporter son rêve de beauté ».

En frappant d'un même opprobre Courbet, Duchamp et von Hagens, la position radicale de Rezvani semble condamner, de façon globale, l'aventure de l'art au XXᵉ siècle au nom d'une conception humaniste de la création artistique qui verrait en celle-ci un remède contre le désenchantement du monde : « Que "la pisso-tière" de Marcel Duchamp serve de paradigme aux manifestations "anartistiques" d'aujour-d'hui montre tout simplement que les jeunes "artistes" sont devenus les pions des petites stra-tégies de leurs pygmalions que sont devenus les commissaires "muséeux". Il faut qu'ils sachent que Courbet en peignant *L'Origine du Monde* a brisé a lui seul tous les tabous. Grâce à lui, les "anartistes" d'aujourd'hui peuvent comme cela s'est fait en Allemagne ou en Chine exposer des œuvres composées de cadavres humains. »

Rezvani emprunte le néologisme éloquent d'« anartiste » à Hélène Parmelin, auteur, dès 1969, d'un pamphlet vigoureux, *L'art et les anar-tistes,* dans lequel elle vilipende les pseudo-créa-tions avant-gardistes ainsi que la complaisance coupable de la critique d'art à leur égard.

Si la nostalgie à l'égard de l'art passé est compréhensible, une telle mise en cause de l'art actuel court le risque d'une simplification

extrême. Elle repose sur des amalgames injusti-
fiés qui renforcent le discrédit affectant, souvent
sans nuance, la totalité de la création contemporaine. Or, à travers ses excès et ses provocations, l'art, jusque dans ses sous-produits *trash*,
underground ou *raw*, n'est pas un « reflet » de la
réalité, même s'il lui arrive de livrer une image
à la fois complaisante et caricaturale d'un réel
dont il semble se rendre complice.

Cependant, la mise en cause de Rezvani
porte essentiellement sur la consécration institutionnelle — allusion aux « commissaires
muséeux » — d'œuvres jugées « scandaleuses ».
L'indignation exprimée de façon véhémente
concerne le fonctionnement du milieu de l'art
— musées, galeries, marché — doté d'une
remarquable capacité d'absorption selon des
procédures qui échappent au profane mais qui,
dans les cas cités, ne laissent pas le public insensible. Plus d'un visiteur du musée d'Orsay, en
contemplation devant *L'Origine du monde*[14], est
prêt à se découvrir une âme de Bergamme. Personne ne conteste que *Fountain* compte parmi
les œuvres les plus emblématiques de l'art du
XXe siècle. Quant aux fameux plastinats, bien
que non répertoriés officiellement parmi les
chefs-d'œuvre de l'art contemporain, ils attirent
des millions de visiteurs fascinés, révulsés ou
tout simplement curieux.

II

ART CONTEMPORAIN :
UNE « LOCUTION INCENDIAIRE »

Le monochrome blanc du peintre Antrios

Les arguments utilisés par les adversaires de l'art contemporain rejoignent sur bien des points les jugements sévères formulés par Thomas Bernhard et Serge Rezvani. Les accusations de nullité, de médiocrité, de charlatanisme et d'imposture, réitérées à l'envi tels des *leitmotive*, ont contribué à faire de l'expression même *art contemporain* une « locution incendiaire », comme le remarque le philosophe Arthur Danto.

En 1998, Danto, observateur attentif et expert de la vie artistique américaine et européenne, rédige un compte rendu de la pièce de théâtre *Art* de Yasmina Reza, une comédie qu'il considère, à juste titre, comme une allégorie de l'art contemporain. Trois amis, Serge, Marc et Yvan, se chamaillent à propos d'un monochrome blanc que l'un d'eux, Serge, vient d'ac-

quérir auprès d'un peintre renommé, Antrios.
Ce n'est pas tant l'importance de la somme
déboursée qui irrite les copains que le rapport
qualité/prix. Pour Marc, ce tableau peint par
un artiste fort bien coté n'est qu'une croûte qui
ne représente rien : « Mon ami Serge a acheté
un tableau. C'est une toile d'environ un mètre
soixante sur un mètre vingt, peinte en blanc.
Le fond est blanc et si on cligne des yeux, on
peut apercevoir de fins liserés blancs transver-
saux. » Le verdict sous forme interrogative ne
tarde pas : « Tu as acheté cette merde deux cent
mille francs ? » La justification esthétique de
Serge est pertinente puisque celui-ci oppose à
bon droit le jugement de goût, subjectif, à l'évaluation selon des critères objectifs : « "Cette
merde" par rapport à quoi ? Quand on dit telle
chose est une merde, c'est qu'on a un critère de
valeur pour estimer cette chose. On peut dire, je
ne vois pas, je ne saisis pas, on ne peut pas dire
"c'est une merde". » L'argument ne convainc
pas. La dispute s'exaspère jusqu'à ce que Marc,
en mal de figuration, gribouille au feutre bleu,
à même la toile, un petit skieur glissant sur une
pente « enneigée ». L'œuvre est dès lors vanda-
lisée. Toutefois, malgré cette atteinte à l'inté-
grité du tableau — défiguration d'une œuvre
non figurative ! —, la réconciliation est proche
Laissons aux futurs spectateurs le soin de
découvrir la chute.

Cette pièce de théâtre, au succès mondial, est
le prétexte à quelques réflexions pertinentes de
la part de Danto. Le philosophe note combien,
vu des États-Unis, là où le soutien de l'État aux
artistes est quasi inexistant, le débat français sur
la création artistique actuelle apparaît comme
une véritable aberration. Il relève la situation
particulière de ce mécénat sur fonds publics
où les experts chargés d'enrichir le patrimoine
national en sélectionnant des œuvres de qualité
sont, dans le même temps, incapables de justifier publiquement les raisons de leur choix.
Paradoxe d'autant plus patent que ces derniers
se partagent en deux camps. Le camp des partisans, ardents défenseurs d'un art hermétique
et peu attractif pour le grand public, est naturellement soucieux de continuer à bénéficier
des subventions gouvernementales. Celui des
adversaires, également spécialistes, n'a de cesse
de dénoncer une politique culturelle inutilement dispendieuse en faveur d'œuvres jugées
sans intérêt, médiocres ou totalement nulles.
Une telle confrontation est tout bonnement
inconcevable aux États-Unis qui, selon Danto,
ont bien compris, dès 1913 à New York — date
de la grande exposition d'art moderne et de la
présentation du *Nu descendant un escalier* de
Duchamp —, que l'artiste n'est somme toute
qu'un « timbré qui fait de l'art timbré mais
inoffensif ».

Il en va différemment en France, où « la question de savoir ce qui est de l'art, au lieu d'être réservée aux pages exemptes de passion des revues philosophiques, est descendue dans la rue, où l'on reproche à l'*art contemporain* de ne pas être de l'art — mais de la *merde* ». Le recours, là aussi, à Cambronne n'intervient qu'en référence aux paroles proférées par Marc dans *Art.*

Traduite en une quarantaine de langues, la pièce de Yasmina Reza joue avec bonheur sur une situation comique qui dépasse assurément les frontières hexagonales. Et parce qu'un « blanc suprématiste infini » à la manière de Malevitch, près d'un siècle après le *Carré blanc sur fond blanc*, n'est pas véritablement une œuvre typique de l'art du xxie siècle, la querelle esthétique qui oppose les trois protagonistes apparaît quelque peu désuète, « classique » et, de ce fait, intemporelle.

Toutefois, Danto conclut son article en se demandant quelle a pu être la réaction des Français face à une telle attaque dirigée contre une œuvre d'art. Difficile à savoir ! Mais il n'est pas improbable que le jugement vertement exprimé par Marc ait recueilli quelque approbation silencieuse de la part de certains spectateurs. Il n'est même pas impossible que son geste sacrilège, sans susciter une franche adhésion, ait bénéficié d'une certaine indulgence.

En somme, hormis les aspects nécessairement caricaturaux qui permettent à un spectacle d'être distrayant, *Art* expose en partie les éléments potentiellement conflictuels qui renvoient, à l'époque où la pièce fut écrite, à la réalité du débat sur l'art contemporain : qui décide qu'une œuvre est ratée ou réussie ? qui possède les critères permettant d'affirmer qu'un tableau est une croûte ou un chef-d'œuvre ? si les critères n'existent plus, comment justifier de telles appréciations ? sous quelles conditions peut-il y avoir compatibilité entre l'objectivité de critères indubitables et le goût individuel ? Dès lors que le public, dans sa majorité — les deux tiers dans la pièce ! —, exprime un jugement négatif sur l'œuvre, on peut se demander à qui l'artiste, ici le fameux Antrios, doit sa célébrité et sa cote sur le marché de l'art. Au galeriste, au musée, au snobisme du petit milieu fortuné de l'art — celui, par exemple, que fréquente Serge —, à l'institution en général ?

La littérature citée ici — les romans de Thomas Bernhard et de Serge Rezvani, la pièce de théâtre de Yasmina Reza — reflète ainsi, parfois de façon distrayante, et souvent de façon pertinente, le climat artistique et culturel des années 90. Cependant, elle se fait l'écho des lieux communs et des préjugés les plus répandus concernant l'art contemporain ; elle n'a pas pour but d'entrer dans le détail des enjeux esthétiques, culturels, économiques, voire sociaux ou politiques, qui concernent la création artistique à l'époque postmoderne. Au demeurant, il est évident que la production artistique contemporaine ne se limite pas aux œuvres prises pour cibles par Yasmina Reza ou par Serge Rezvani. *L'Origine du monde* n'est pas la seule œuvre de Courbet, Marcel Duchamp ne s'est pas contenté d'exposer des porte-bouteilles ou des urinoirs. Les exemples donnés ici, à connotation scatologique, pornographique ou nécropsique, ne sont pas représentatifs de l'ensemble de l'art contemporain. Les œuvres littéraires ont du moins l'avantage d'évoquer, pour un public plus large que celui du monde de l'art, à quel point l'art actuel provoque des réactions passionnées et très contradictoires. Si certains l'admirent, le célèbrent, l'encensent et trouvent légitime qu'il soit l'objet d'une active spéculation sur le marché international, d'autres le répudient, le haïssent, l'exècrent ou, pire, ignorent ou affectent d'ignorer tout bonnement son existence.

En somme, si l'on schématise en une typologie grossière les différentes attitudes vis-à-vis de la création artistique actuelle, on pourra parler des adeptes, partisans souvent inconditionnels, des détracteurs, adversaires parfois systématiques, et des indifférents, fréquemment par méconnaissance. Il n'y a là rien de très original qui n'ait pu se dire à toute époque, sinon qu'il s'agit d'une forme particulière d'un art baptisé « contemporain », sans que quiconque soit apparemment en mesure de justifier ce nom de baptême.

Essayons d'y voir un peu plus clair.

III

UNE QUESTION
DE CHRONOLOGIE

La fin de l'académisme

Le public et parfois les spécialistes eux-mêmes s'interrogent sur les dates de naissance et de mort des grandes périodes artistiques : quand finit l'art classique, ou bien l'art moderne ? à quel moment commence précisément l'art contemporain ? Toutefois, en dépit ou à cause de leur formulation simpliste, ces questions sont en réalité quasiment insolubles. Les raisons sont nombreuses, en effet, qui interdisent de concevoir l'évolution de l'art occidental sous la forme d'une succession de périodes parfaitement délimitées, si ce n'est en adoptant le classique découpage par siècles, totalement artificiel, en usage par pure commodité.

Imaginons que l'on veuille déterminer de façon précise le début de la modernité artistique occidentale. Pour certains historiens, les temps dits « modernes » désignent la période post-révolutionnaire, celle des Lumières, déjà vacillantes au seuil du préromantisme. Et il est parfaitement légitime de penser que l'abolition de l'Ancien Régime, la montée en puissance de la bourgeoisie, les prémices de l'industrialisation ou encore l'instauration de l'espace public et la reconnaissance de l'esprit critique inaugurent une ère nouvelle, sans équivalent dans le passé.

Mais l'histoire de l'art s'appuie en général sur des références plus tardives, telle la révolution industrielle du milieu du xixe siècle qui marque la fin de l'âge romantique. La figure de Charles Baudelaire apparaît souvent emblématique de la modernité artistique et culturelle. Son œuvre ne traduit-elle pas les tensions et les paradoxes d'une époque partagée entre la tradition et le moderne, l'archaïsme et la nouveauté, l'éternité et l'éphémère ? Pourtant Baudelaire, considéré jusqu'à nos jours comme le précurseur de la sensibilité moderne, contemporain des tableaux pré-impressionnistes d'Édouard Manet, *Olympia, Le déjeuner sur l'herbe,* ne sait rien, et pour cause, du choc que provoque, au Salon des Refusés, sept ans après sa mort, le fameux tableau de Monet, *Impression soleil levant.* Le vœu qu'il avait émis, celui de voir « des prairies peintes en rouge et des arbres peints en bleu », Delacroix ne l'avait pas exaucé, Monet le réalise.

Trois dates, 1789, 1863 et 1874, semblent ainsi rythmer la genèse du concept « moderne » de

la modernité. Il s'agit là d'une bien longue ges-
tation puisque près d'un siècle sépare la Révolution française de l'impressionnisme, avant
que celui-ci ne s'impose et n'inaugure la succession effrénée des « -ismes » et des avant-gardes.

On pourrait tout aussi bien contester ce
schéma historique et réduire le rôle de l'impressionnisme à celui de simple précurseur des
grandes ruptures qu'il laisse présager, certes,
mais sans vraiment les esquisser. On prendrait
alors pour référence — par exemple — l'année
1905, celle du Salon d'Automne, doublement
marquée par le triomphe de Matisse, le scandale
des Fauves et par la mort de William-Adolphe
Bouguereau. Avec la disparition du maître du
style académique et de l'art pompier, les « bou-
guereautés » : nymphes, satyres, Cupidon, Vénus,
Psyché, Madone des Roses et autres « saintetés
au miel » — l'expression est de Zola — déser-
tent pour longtemps la peinture de chevalet et
chassent le « pommadé et l'élégance lustrée »
— Zola derechef — qui seyaient également
si bien à Jean-Léon Gérôme (1824-1904) et à
Alexandre Cabanel (1823-1889).

Si l'on en croit Kandinsky, l'un des initiateurs
de l'abstraction, 1912 marque la fin de l'impressionnisme. L'agonie du mouvement a certainement commencé quelques années auparavant,
notamment le jour où le fauvisme, puis le
cubisme et l'expressionnisme imposent l'idée

qu'une toile de Monet, de Renoir ou de Degas est finalement plus proche d'un tableau de Raphaël que des *Demoiselles d'Avignon* de Picasso.

On mesure les difficultés inhérentes à toute périodisation de la vie artistique, fondée sur des événements considérés comme remarquables et sur l'apparition d'œuvres emblématiques.

À dire vrai, insister sur la genèse et sur l'évolution de l'art moderne et de la modernité en général n'est pas, ici, notre propos. Ce qui nous importe, c'est d'analyser la façon dont s'effectue la transition entre l'art moderne et ce que nous appelons aujourd'hui l'art contemporain, tout en sachant que le passage d'une forme d'art à une autre s'effectue selon un processus d'une extrême complexité. Tracer une frontière nette entre l'art moderne et contemporain est, nous le verrons, illusoire. La question n'est pas, non plus, celle de savoir à quel moment précis l'expression « art contemporain » se substitue à celle d'« art moderne ». En revanche, appliquer à l'art moderne le diagnostic établi au début du xixe siècle par Hegel à propos de l'art romantique, et qui prédit la dissolution de l'art dans la philosophie et la théorie de l'art, n'est pas complètement absurde. Cela signifie que l'art continue de vivre sous des formes jusque-là inédites. Et l'idée d'une fin de l'art à l'époque contemporaine, une fin qui ne serait ni sa mort réelle ni sa disparition, mais plutôt sa dispersion sous la forme plus éthérée d'expériences esthétiques multiples, est effectivement au cœur de nombreuses problématiques actuelles.

Cette évolution ne s'est pas faite, comme l'on dit, « toute seule » et l'aventure de l'art à la fin du xxe siècle est plutôt tumultueuse. Arthur Danto parle, à ce propos, de l'histoire artistique complexe et diversifiée des années 60-80, et il ajoute : « [...] peut-être n'avait-on encore vu dans toute l'histoire de l'art autant d'artistes s'attelant à des programmes artistiques aussi différents les uns que les autres[1]. »

Au cours de cette période, ce qu'on appelait l'art moderne depuis le début du xxe siècle cesse peu à peu d'être représentatif de l'époque et les théories de la modernité perdent de leur pertinence. C'est cet épuisement du discours moderniste, son obsolescence progressive, mais peut-être pas totalement irréversible, qui nous intéresse ici.

Il ne s'agit aucunement d'une histoire abrégée ou condensée de l'art contemporain[2]. Simplement, les paragraphes ci-dessous remettent en mémoire quelques mouvements, courants et tendances de cette période. Parce qu'ils constituent aujourd'hui encore des références dans le discours sur l'art contemporain, il importait de les repérer par le nom qu'ils se sont eux-mêmes donné ou que les historiens, critiques et commentateurs leur ont attribué. Ils ne sont toutefois soumis à aucune classification ni ordonnancement strict. En effet, ces nouvelles avant-gardes ne se sont pas succédé à l'instar des premières avant-gardes historiques des années 30, où chacune entendait dépasser la précédente et progresser vers l'horizon quelque peu illusoire et utopique d'une modernité achevée. Cette conception linéaire de l'évolution de l'art occidental est précisément celle qui s'effondre peu à peu, incapable de résister à la fin de l'unité des beaux-arts, à la riche diversité des matériaux et des pratiques artistiques et surtout à leur extrême hétérogénéité.

Il était cependant difficile de supprimer toute chronologie dans la mesure où la querelle récente sur l'art contemporain ne pouvait avoir lieu, sous la forme qu'elle a prise, qu'à un certain moment de la création artistique récente. Cette querelle elle-même est l'une des conséquences des interférences, des entrecroisements et des hybridations qu'ont connus les mouvements de cette fin de siècle. L'art actuel est le produit de toutes ces tendances dont la plupart perdurent, parfois sous d'autres noms, coexistent, se mélangent aussi en des combinaisons improbables, dès lors que la matière libérée et la forme affranchie ne se rencontrent plus nécessairement dans ce qu'on appelait naguère une « œuvre d'art ».

L'art d'aujourd'hui est-il contemporain ?

Lorsque Catherine Millet pose à des conservateurs de musée la question : « Considérez-vous
que tout l'art produit aujourd'hui est "contemporain"? », la réponse la plus fréquente est « oui
et non ». « Oui » si l'on prend « contemporain »
dans un sens exclusivement chronologique, et
surtout si l'on ne craint ni le pléonasme ni la
tautologie : l'art d'aujourd'hui est par définition contemporain... d'aujourd'hui. « Non » si
l'on précise les conditions d'appartenance à la
contemporanéité : travail très pointu, utilisation des nouvelles technologies, mélange des
genres, des matériaux, exploration de nouvelles formes, expérimentation de nouveaux
champs artistiques, etc.

Qualifier toutes ces « nouveautés » oblige en
conséquence à fixer quelques règles de discri-
mination, en premier lieu négatives.

Est dit « contemporain » un type d'art qu'on
ne peut assimiler totalement à aucun des mouvements et courants antérieurs à la modernité,
ou aux avant-gardes de la fin des années 60, par
exemple à l'art conceptuel, au *pop art*, au *land
art*, ou au *body art*, etc.[3]. L'art qui s'impose, dans
les années 80, sous le qualificatif de « contemporain », tente de se définir sans référence explicite au passé. Il n'y parvient qu'imparfaitement.

Ses « œuvres » héritent en effet des époques antérieures. Elles perpétuent leurs démarches, utilisent des matériaux selon des procédures apparemment connues de longue date, ou bien intègrent des sujets, des formes et des styles déjà exploités par l'art moderne.

De façon plus positive, cette forme d'art, en raison même de sa diversité et de son hétéro-généité, contraint les institutions à réviser les classifications traditionnelles et à redéfinir la frontière entre l'art moderne et ce qu'elles doi-vent désormais admettre sous le label « contem-porain ». En 1992, la sociologue Raymonde Moulin notait déjà qu'il n'existait pas de défi-nition générique du terme « contemporain » appliqué au champ artistique[4]. Elle remarquait également que si le label « contemporain » avait constitué, dès la décennie 60-70, un enjeu important dans la compétition artistique inter-nationale, la fin de la modernité et des avant-gardes rendait cet enjeu ambigu car « un grand nombre de cellules de création, de micro-foyers affichant chacun sa spécialité, font coexister des styles ou des exercices artistiques d'origines his-toriques et géographiques diverses ».

Dès lors qu'il faut choisir, parmi la produc-tion des artistes vivants, les œuvres suffisamment méritoires pour mériter le label « contempo-rain », l'attribution de celui-ci devient l'affaire des experts et du monde de l'art. Cette tâche n'est pas des plus faciles. Donnons quelques exemples.

Pour de nombreux acteurs spécialisés du monde de l'art actuel, tels les responsables des départements d'art auprès des institutions publiques et privées, les commissaires-priseurs au service des grandes galeries, les conservateurs et les historiens d'art, la production artistique contemporaine constitue un élément essentiel dans l'élaboration d'une politique culturelle dans toutes ses dimensions économiques et patrimoniales, non seulement sur le plan national mais de plus en plus à l'échelle internationale.

Ainsi, en France, le Fonds national d'Art contemporain (Fnac) dispose actuellement de près de 80 000 œuvres, acquises grâce aux commandes et aux achats de l'État auprès des artistes en activité, de toutes nationalités, dans les différents domaines de l'expression artistique : arts visuels, *design*, arts décoratifs. Sur le total des œuvres acquises chaque année, un tiers provient d'artistes français[5]. Depuis 2001, des œuvres du vidéaste Pierre Huyghe[6], de l'aéroplasticienne Simone Decker[7] ou des designers Ronan et Erwan Bouroullec[8] côtoient les réalisations plus anciennes, telles celles de Marina Abramovic[9] ou de Daniel Buren.

Mentionner ces artistes, déjà très présents sur la scène internationale, ne permet guère, ici, de livrer une définition précise, qualitative, de l'art contemporain. La notoriété dont jouissent ces artistes, encore actifs aujourd'hui, leur est acquise au sein d'un monde de l'art composé d'experts, de conservateurs, de critiques et d'historiens d'art contemporain, de galeristes avertis, de collectionneurs attentifs et de journalistes spécialisés. Dans cet univers, relativement fermé, connaissance et compétence sont de rigueur. Si les critères de sélection échappent au profane, rien ne permet, *a priori*, de suspecter leur fiabilité ou bien leur capacité à choisir des œuvres de qualité. La reconnaissance internationale et l'insertion dans les circuits du marché de l'art semblent témoigner suffisamment de la qualité artistique des œuvres sans qu'il y ait besoin, *a posteriori*, de laborieuses discussions esthétiques sur la légitimité de cette reconnaissance. Mais là — nous le verrons — est bien le problème !

Plutôt que de répondre à une définition précise, l'art contemporain se caractérise, ici, par un certain nombre de paramètres, au demeurant variables et parfois de façon négative, par exclusion. Ainsi, comme on l'a dit, ne désigne-t-il pas la totalité des œuvres produites aujourd'hui, à l'heure où j'écris ces lignes. Tout l'art contemporain n'est donc pas contemporain. Les « chromos », les tableaux réalisés par les « peintres du dimanche » — figuratifs ou abstraits — n'entrent pas, par exemple, dans cette catégorie, indépendamment des émotions esthétiques que leur qualité plastique peut susciter auprès des spectateurs.

Modernes ou contemporains ?

Tous les artistes actuellement en activité ne sont pas non plus nécessairement considérés comme des artistes contemporains dès lors que leur œuvre entretient une relation formelle, stylistique ou technique avec le passé même récent.

Pierre Soulages (né en 1919), le peintre des tableaux monopigmentaires où domine le noir posé sur la toile à coups de brosse, de raclette ou de spatule, trouve place naturellement dans une rétrospective d'art moderne, par exemple, à côté de Malevitch ou Mondrian, mais pas dans une exposition d'art contemporain. On trouvera que ces œuvres picturales se rattachent, avec beaucoup ou trop d'évidence, à certains des grands courants d'art du xxe siècle : tachisme, expressionnisme abstrait, art informel, art minimal, monochrome, bien qu'elles ne se réduisent véritablement à aucun d'entre eux. En revanche, seront considérés comme relevant de l'art contemporain ses vitraux réalisés en 1994 dans l'abbatiale Sainte-Foy de Conques.

Pour d'autres artistes, la situation est peut-être encore plus délicate.

Roman Opalka (1931) poursuit depuis 1965 une œuvre rigoureuse et assez astreignante : sur des toiles blanches de format identique, 196 × 135 cm, il aligne au pinceau la série arithmétique des nombres, ajoutant chaque fois 1 % de blanc supplémentaire au noir initial. Il finira nécessairement — mais quand ? — par peindre blanc sur blanc. L'artiste situe lui-même ce travail original, et sans précurseur immédiatement repérable[10], dans le sillage de l'art minimal et donc de l'art moderne. Mais d'autres connotations modernistes sont possibles. Comment ne pas penser en effet, devant ce refus de toute figuration, au fameux *Carré blanc sur fond blanc* de Malevitch (1918), horizon monochrome vers lequel tend, asymptotiquement, la série des *Détails*[11] ?

Cependant, certaines caractéristiques soulignent le caractère contemporain de cette pratique plastique qui ne se limite pas à la peinture. L'investissement corporel, les photos du visage de l'artiste, l'usage de la voix qui, depuis 1968, dicte les nombres au fur et à mesure de leur inscription sur la toile, l'enregistrement magnétique, sont autant d'éléments qui permettent aussi de qualifier cette œuvre inachevée et inachevable de « performance » et de l'inscrire dans la contemporanéité artistique.

Le critère chronologique auquel il est fréquemment fait référence pour définir l'art

contemporain est donc peu fiable si on l'applique individuellement aux créateurs. Et il ne
viendrait à personne l'idée de supposer que,
par une sorte de prodige faustien, des artistes
tels Soulages et Opalka puissent « rajeunir » au
fil du temps, passant ainsi de l'âge moderne à
l'âge contemporain !

Ce critère peut paraître également faillible
sur le plan historique, tant les courants et mouvements artistiques interfèrent, défiant toute
périodisation stricte. Mais celle-ci, en dépit
de son caractère périlleux, se révèle vite indispensable pour comprendre la genèse de l'art
contemporain.

IV

LES ANNÉES 60 :
L'EXPLOSION ARTISTIQUE

Pour de nombreux spécialistes, l'art contemporain commence après la Seconde Guerre mondiale, en 1946. Non sans légitimité, on peut faire valoir l'essor économique et technique qui conduit en trois décennies à la société de consommation et exerce une indéniable influence sur l'art et la culture. L'économiste Jean Fourastié n'a-t-il pas qualifié de « glorieuses » les trente années de croissance qui permettent à la France, mais aussi à l'Europe des nations industrialisées, de passer de la « vie végétative traditionnelle » aux « genres de vie contemporains »[1] ?

Toutefois, un repérage plus précis de l'histoire des arts est nécessaire, et l'année 1960, suivie d'une décennie rythmée par l'apparition incessante et rapide de nouveaux courants, marque incontestablement une étape décisive dans la genèse de l'art contemporain.

Contre l'expressionnisme abstrait : un nouveau réalisme

L'année 1960, précisément, est celle des *Anthropométries* d'Yves Klein (1928-1962). Le 9 mars, à la Galerie internationale d'art contemporain de la rue Saint-Honoré à Paris, l'artiste célèbre une sorte de rituel au cours duquel trois jeunes femmes nues — des femmes-pinceaux — plaquent ou traînent leur corps enduit de peinture bleue sur de grandes feuilles blanches. Le 17 mars, le Museum of Modern Art (MoMA) propose à Jean Tinguely (1925-1991) de réaliser sa machine autodestructrice, *Hommage à New York*. Dans le jardin du musée, cinq cents personnes assistent à l'anéantissement d'une sculpture composée d'objets hétéroclites, poste de radio, chariots, roues de bicyclette, morceaux de ferraille et un piano que doivent scier par le milieu deux « métamatics ». Le 16 avril, à Milan, l'écrivain et critique d'art Pierre Restany publie le *Premier manifeste* du Nouveau Réalisme. Il écrit : « Nous assistons aujourd'hui à l'épuisement et à la sclérose de tous les vocabulaires établis, de tous les langages, de tous les styles. À cette carence [...] des moyens traditionnels, s'affrontent des aventures individuelles encore éparses en Europe et en Amérique, mais qui

tendent toutes [...] à définir les bases norma-
tives d'une nouvelle expressivité. »

Et Restany précise : « La peinture de chevalet
(comme n'importe quel autre moyen d'expression classique dans le domaine de la peinture ou
de la sculpture) a fait son temps. Elle vit en ce
moment les derniers instants, encore sublimes
parfois, d'un long monopole[2]. »

Le même argument est repris avec une radicalité et une virulence accrues dans le *Deuxième
manifeste* de mai 1961 : « Nous assistons aujour-
d'hui à un phénomène généralisé d'épuisement
et de sclérose de tous les vocabulaires établis :
pour quelques exceptions de plus en plus rares,
que de redites stylistiques et d'académismes
rédhibitoires. »

À la croyance en l'« éternelle immanence des
genres prétendus nobles et de la peinture » Restany oppose l'appropriation, par les artistes, de
la réalité quotidienne et fait référence explicitement aux œuvres des artistes qui le suivent dans
cette entreprise, Yves Klein, Jean Tinguely, Raymond Hains (1926), Arman (1928)[3], François
Dufrêne (1930) et Jacques Villeglé (1926) : « La
sociologie vient au secours de la conscience et
du hasard, que ce soit au niveau de la ferraille
compressée, du choix ou de la lacération de l'affiche, de l'allure d'un objet, d'une ordure de
ménage ou d'un déchet de salon, du déchaîne-

ment de l'activité mécanique, de la diffusion de la sensibilité[4]... »

L'action collective du groupe des Nouveaux Réalistes est brève — trois ans, reconnaît son fondateur — mais son influence sur le climat artistique des années 70, notamment en France, est considérable. En effet, si le Nouveau Réalisme exprime une réaction de rejet vis-à-vis de l'abstraction et de l'expressionnisme américain semblable à celle du *pop art* et de l'école de New York, il se démarque résolument du mouvement outre-Atlantique. Dès 1962, Restany insiste sur les différences — le « clivage » — entre New York et Paris. Tandis que les néo-dadaïstes américains prônent une sorte de « fétichisme moderne de l'objet », totémisent « la Buick, le Coca-Cola ou la boîte de conserve », les Nouveaux Réalistes assument plus directement l'appropriation brute de la réalité quotidienne. Les premiers sombrent dans l'exhibitionnisme et l'esthétisation du réel — Restany vise notamment Andy Warhol et Robert Rauschenberg —, les seconds ne cèdent pas à la magie de l'objet, ils ne célèbrent pas un nouveau culte. Ils revendiquent un besoin d'air, expriment la « fraîcheur du renouveau » dans l'ironie, l'humour ou la dérision, tels Daniel Spoerri avec ses « tableaux-pièges » — pétrification de restes de repas, assiettes, couverts, pain compris — avec

Arman et ses *Poubelles* ou Villeglé et ses affiches lacérées, les *Dessous*.

Marcel Duchamp « assassiné »

Le meurtre symbolique de Marcel Duchamp, perpétré en septembre 1965 par Gilles Aillaud (1928), Eduardo Arroyo (1937) et Antonio Recalcati (1938), trois peintres appartenant à la Nouvelle Figuration, apparaît comme une parenthèse dans la mise en cause du médium pictural traditionnel. Huit toiles exposées à Paris, intitulées *Vivre et laisser mourir, ou la fin tragique de Marcel Duchamp*, font scandale. Tel un scénario de bande dessinée, la première toile représente le fameux *Nu descendant un escalier*; puis Duchamp monte les marches d'un « vrai escalier »; on le voit ensuite malmené; le quatrième tableau montre l'urinoir; au sixième, Duchamp est jeté au bas des marches; dernier tableau : obsèques officielles !

La charge est forte contre celui — encore vivant — que les peintres considèrent comme l'un des défenseurs hypocrites de la culture bourgeoise et capitaliste. Baptisé « figuration narrative », en 1964, par le critique d'art Gérald Gassiot-Talabot, le groupe réunit également des artistes comme Valerio Adami (1935), Erró (1932), Gérard Fromanger (1939), Peter Klasen

(1935), Jacques Monory (1934), Bernard Ran-
cillac (1931) et Hervé Télémaque (1937). Ces
artistes n'hésitent pas à utiliser le tableau « classique » — toile et châssis — et à dessiner dans la
pure tradition iconographique. Il s'agit de
dénoncer ce qui est perçu comme une désas-
treuse fuite en avant — si l'on peut dire ! — des
avant-gardes, et de condamner les proclamations et les slogans en faveur d'un anti-art ou
d'un non-art trop bien accueillis l'un et l'autre
dans les lieux institutionnels. Certes, en 1962,
Duchamp avait cherché à se dédouaner, déclarant à Hans Richter : « Ce néo-Dada qui se
nomme maintenant Nouveau Réalisme, Pop'Art,
assemblage… est une distraction à bon marché
qui vit de ce que Dada a fait. Lorsque j'ai décou-
vert les *ready-made*, j'espérais décourager ce
carnaval d'esthétisme. Mais les néo-Dadaïstes
utilisent les *ready-made* pour leur découvrir une
valeur esthétique. Je leur ai jeté le porte-bouteilles et l'urinoir à la tête comme une provocation et voilà qu'ils en admirent la beauté. »
Il pouvait toutefois s'agir d'une ultime malice
de la part d'un habile stratège, passé maître,
comme il l'est devenu aux échecs, dans l'art
de troubler le jeu de l'adversaire. Quoi qu'en
dise Duchamp après coup, son tort n'avait-il
pas été d'apposer sa signature sur des objets
manufacturés, non pour se moquer ni pour
condamner le capitalisme bourgeois mais pour

célébrer la société de consommation en ajoutant au système des objets des choses banales
baptisées « œuvres d'art » ?

Revendiquer un changement du statut de
l'art dans la société marchande, sortir des galeries, renforcer le contact avec le public, dénoncer le marché de l'art, tels sont, à la même
époque, les intentions du Groupe de recherches
d'art visuel (GRAV), réunissant Horacio García-
Rossi (1929), Julio Le Parc (1928), François
Morellet (1926), Francisco Sobrino (1932), Joël
Stein (1926) et Jean-Pierre Yvaral (1934-2002).
Au mois d'avril 1966, le GRAV descend dans la
rue, interpelle les passants, leur demande de
manipuler, démonter et remonter divers objets,
avec la volonté d'« intéresser le spectateur », de
le sortir de ses inhibitions, de l'inviter à participer et de démythifier l'institution muséale.

« *Nous ne sommes pas peintres* » : *BMPT*

Trois ans après le simulacre de la fin tragique
de Marcel Duchamp, quatre artistes présentent
leurs œuvres au XVIIᵉ Salon de la Jeune Peinture : Daniel Buren (1938), Olivier Mosset
(1944), Michel Parmentier (1938-2000) et Niele
Toroni (1937). Le groupe BMPT, sigle formé
à partir de l'initiale des patronymes, organise
quatre *Manifestations* en 1967. Il déclare d'em-

blée : « Nous ne sommes pas peintres », si l'on entend par là ceux qui peignent des fleurs, des femmes, de l'érotisme, de la psychanalyse et — contexte oblige ! — de la guerre au Vietnam ! Les artistes revendiquent l'anonymat de l'œuvre, le refus du sujet et de la figure, et le renoncement à toute fonction distractive ou émotionnelle de la peinture. Ils prônent la répétition des motifs — par exemple des bandes verticales rouges et blanches pour Buren ou horizontales alternativement grises et blanches chez Parmentier, un cercle sur fond blanc chez Mosset, empreintes de pinceau bleues sur fond blanc pour Toroni. Ils déclarent aussi que la peinture se réduit à sa propre matérialité. Il ne s'agit pas de séduire le public, ni de pratiquer l'illusionnisme ou de jouer sur la sensibilité mais d'inciter le spectateur à une réflexion sur les rapports passés et présents qu'entretient l'art avec la réalité.

Peinture, peinture : Supports/Surfaces

Ce qui était chez BMPT de l'ordre de la dénégation, à savoir « faire de la peinture sans être peintres », prend, pour le groupe Support(s)/Surface(s), la forme affirmative assortie d'une nuance. Non, la peinture n'est pas morte, toutefois l'objet de la peinture est la peinture elle-même ! La première exposition remonte à 1970. On y trouve les œuvres de Vincent Bioulès (1938) — qui crée l'appellation « support/ surface » —, de Marc Devade (1943-1983), Daniel Dezeuze (1942), Patrick Saytour (1935), André Valensi (1947) et Claude Viallat (1936).

Tandis que Jackson Pollock (1912-1956) bannit le pinceau et le chevalet, préférant peindre à même le sol et que Simon Hantaï (1922) adopte le pliage et le dépliage de la toile comme méthode, Supports/Surfaces conserve le tableau, mais l'accent est mis sur la matérialité des composants qui le constituent plutôt que sur la figure ou sur le sujet représenté. La toile peut être détachée de son cadre et devenir un matériau malléable, par exemple chez Claude Viallat. Daniel Dezeuze, lui, privilégie le châssis qu'il module en grille ou en quadrillage se déployant dans l'espace.

Le contexte intellectuel et politique de l'époque influe sur la démarche de ces artistes. Beaucoup se montrent sensibles à la critique du capitalisme exposée par Louis Althusser, ainsi qu'à ses positions sur la pratique théorique et sur le matérialisme dialectique. Le philosophe Jacques Derrida entreprend de « déconstruire » le logocentrisme occidental et dénonce le primat de la parole sur l'écrit. Il participe, notamment avec Julia Kristeva, Roland Barthes, Philippe Sollers et Michel Foucault, à la revue

Tel Quel. Cette publication, codirigée par Marcelin Pleynet, se veut résolument engagée dans la voie de la subversion poétique et artistique. Il ne s'agit de rien de moins que de réhabiliter la fonction révolutionnaire de l'écriture.

De nombreuses œuvres plastiques produites à cette époque naissent d'une réflexion théorique intense sur fond de marxisme, de psychanalyse et de philosophie, avec pour objectif d'en finir avec une tradition artistique et littéraire jugée conservatrice, sinon réactionnaire.

Un art militant

Plusieurs préoccupations et thèmes, similaires à défaut d'être communs, permettent de relier ces dernières avant-gardes de la modernité : Nouveau Réalisme, Figuration narrative, GRAV, BMPT et Supports/Surfaces.

Le retour à la figuration, plutôt que l'appropriation du réel chère aux Nouveaux Réalistes, entend démasquer les formes diverses de manipulation et de répression idéologique engendrées par la société de consommation. Il s'agit de représenter la réalité sociale pour asseoir les fondements d'une interprétation critique de son fonctionnement. Sur ce plan-là, et hormis des différences dans les procédés utilisés, l'esprit rebelle et contestataire de la figuration narrative, lui aussi avide de liberté, n'est pas totalement aux antipodes de celui qui anime le Nouveau Réalisme.

Le GRAV voulait abolir la distance entre l'art et le public en produisant des œuvres souvent séduisantes, parfois ludiques, susceptibles de faire réagir le spectateur aussi bien physiquement que psychologiquement et intellectuellement.

BMPT s'efforçait de rompre avec les poncifs de l'esthétique idéaliste et romantique sur le mythe de l'artiste créateur et inspiré, préférant pratiquer une peinture austère, jusqu'à un certain « degré zéro de la peinture », un degré zéro de la forme et de la couleur, manière de faire *tabula rasa* de toutes les conventions picturales.

Supports/Surfaces exigeait une ascèse sans doute plus rigoureuse encore, puisqu'il s'agissait de mettre la peinture à nu de façon à disséquer son mode de fonctionnement au sein même de la culture occidentale.

À des degrés divers, toutes ces tendances affichent un militantisme politique et social, en phase avec le climat idéologique européen, et en réaction, parfois vive, à la prépondérance américaine, au *pop art*, à l'art conceptuel et — on l'a vu — à Marcel Duchamp.

Il faut toutefois se rendre à l'évidence : l'« assassinat » programmé de l'auteur des *ready-made* a bel et bien échoué. Dada et Duchamp résistent aux tentatives d'extermination, et réapparaissent là même où on ne les attend pas.

Minimalisme post-duchampien

Aux États-Unis, Frank Stella (1936) commence, dès les années 60, à exposer une série de *Black Paintings*, des peintures noires aux formes géométriques. Il s'agit de tableaux, certes, mais possédant des formes non conventionnelles, en T, en trapèze ou en zigzag. C'est là aussi une réaction contre l'expressionnisme abstrait. Déjà, Stella ouvre la voie à l'art minimal aux côtés de Robert Morris (1931), Carl Andre (1935), Sol LeWitt (1928) et Richard Serra (1939).

Au grand dam du milieu de l'art français et européen, irrité par la récente suprématie des États-Unis, le prix de la Biennale de Venise est attribué en 1964 à Robert Rauschenberg (1925). À travers cet artiste, collaborateur de Merce Cunningham et de John Cage, transfuge de l'expressionnisme abstrait en faveur du *pop art*, la Biennale consacre le plus récent mouvement d'avant-garde américain. En utilisant des objets industriels aux formes géométriques simples, épurées, exposés sans artifice — dans l'indifférence —, le minimalisme exprime également son rejet de la peinture « rétinienne ». Les œuvres, telles les sculptures de Tony Smith (1912-1980), par exemple un gros cube de métal rouillé, ou bien les grandes pièces métalliques de Richard Serra intitulées *Œuvres*, n'expriment aucune émotion, aucune trace de la subjectivité de leur auteur. Ces objets, en soi sans intérêt, valent essentiellement par leur environnement, leur lieu d'exposition. Les réalisations de Carl Andre sont aussi exemplaires de cette démarche. En 1967, il juxtapose à même le sol dix plaques d'acier (*10 steel row* — 300 × 60 × 1 mm) censées, selon lui, reproduire à l'horizontal la *Colonne sans fin* de Brancusi[5]. Le matériau est usiné de façon industrielle ; il n'a aucunement été travaillé par l'artiste, pas plus que l'espace dans lequel l'œuvre a été installée.

Jean-Jacques Lebel, auteur, en 1965, de la première anthologie poétique de la *Beat Generation*, importe, dès le début des années 60, le *happening* en Europe. Dans l'esprit de Duchamp, et bientôt dans celui de *Fluxus*, il organise des « laboratoires d'arts à venir », assemblages de différents moyens d'expression : arts plastiques, théâtre, poésie, *action painting*, musique, danse et cinéma. Le *happening* se définit comme événement éphémère et manifestation réactive, politiquement et idéologiquement engagée contre la guerre ou le racisme.

En dépit de leur démarche totalement différente, voire opposée, le minimalisme et le *hap-*

pening confirment un certain nombre de tendances artistiques dominantes vers la fin des
années 60. L'artiste est dépersonnalisé et se
retire, en quelque sorte, derrière le matériau
brut, refusant ainsi l'autocélébration du créateur. Des éléments traditionnellement considérés comme étrangers à l'œuvre deviennent des
composantes indispensables de l'acte artistique,
tels l'environnement ou le public lui-même,
invité à participer physiquement ou intellectuellement au spectacle et à l'action qui lui
sont proposés.

Le minimalisme déqualifie, si l'on peut dire,
l'objet d'art en tant que tel. Il le dépossède de
la plupart des qualités traditionnelles qui le
définissaient classiquement comme œuvre d'art.
C'est tout juste s'il conserve, sous une forme
rudimentaire, la fonction expressive et repré-
sentative de l'art. Il se contente parfois d'installer, d'exposer ou simplement de poser dans un
quelconque lieu une plaque ou un cube en
métal. Il suffit de franchir un pas de plus dans
cette dé-esthétisation, qui affecte aussi bien le
concept d'œuvre que la notion d'art, pour aboutir à la suppression pure et simple de l'œuvre
d'art elle-même. De cet art et de cette œuvre ne
subsiste alors que l'idée de l'art, ou plus précisément, selon la formule bien connue de Joseph
Kosuth (1945), « l'art comme idée comme idée »
(« *art as idea as idea* »).

L'art réduit à son concept

Dans son essai *L'art après la philosophie*[6], qu'il présente lui-même comme une réflexion sur l'héritage de Marcel Duchamp, Kosuth explicite cette formulation tautologique. Selon lui, l'évolution de l'art occidental oblige celui-ci à s'interroger sur sa propre nature. L'art ne peut continuer d'exister que s'il se distingue radicalement des autres activités humaines. Il ne se réduit pas au divertissement, ni à la décoration, ni à aucune autre activité humaine utile. Il n'est assimilable ni à la religion ni à la philosophie. Il n'existe que pour lui-même : « L'art ne revendique que l'art. L'art est une définition de l'art. » Cela ne signifie pas que l'art se réduit uniquement à un concept, mais seulement qu'il est prétexte à une réflexion, à une conceptualisation, à une activité spéculative qui priment sur les objets matériels présentés au public. En 1965, lors d'une installation souvent citée en exemple, *One and three Chairs*, Kosuth expose une chaise, la photographie de l'objet et la définition du mot « chaise » extraite d'un dictionnaire. Peu importent l'aspect et la matière de la chaise, la qualité esthétique du cliché ou le lieu. Il ne s'agit pas non plus de délivrer un message ni de susciter une émotion. Ce qui prime ici, en dehors de toute référence à un code artistique préétabli ou à l'histoire de l'art, c'est l'interrogation que le dispositif, en partie linguistique, suggère à propos de la définition même de l'art. C'est également en 1965 que Joseph Kosuth acquiert *Location*, l'une des premières œuvres conceptuelles du peintre d'origine japonaise On Kawara.

Depuis près de quarante ans, l'artiste On Kawara (1932) peint en blanc sur fond monochrome, selon une procédure toujours identique, la date de chaque jour qui passe. Sa démarche rappelle celle de Roman Opalka, mais le concept est différent. Le format et la couleur du support peuvent changer d'un tableau à l'autre. Un tableau non terminé avant minuit est détruit (*Date Paintings*, « *Today Series* »). On Kawara transcrit également des cartes de coordonnées géographiques, par exemple : 31° de latitude nord et 8° de longitude est. Chaque tableau est conservé dans une boîte en carton. À l'intérieur du couvercle une coupure de presse révèle la date et le lieu de la réalisation[7].

Un art « pauvre »

C'est dans ce contexte de la dématérialisation de l'art qu'apparaît l'*Arte povera*, nom donné par le critique d'art Germano Celant à un mouvement que l'on apparente, souvent un peu hâtivement, à l'art conceptuel. La première manifestation de ce mouvement a lieu en 1967, à Gênes[8]. Délibérément provocateur, l'*Arte povera* rejette l'idée traditionnelle de culture. Dans la lignée de Duchamp et des Nouveaux Réalistes, il se propose d'ériger la banalité et le lieu commun en œuvre d'art. Celant calque l'expression « art pauvre » sur celle de « théâtre pauvre » employée par le metteur en scène polonais Jerzy Grotowski (1933-1999)[9].

Pour Grotowski, il s'agit de promouvoir un théâtre alternatif, politiquement engagé, impliquant directement les spectateurs par une transformation radicale de la mise en scène. « Pauvre » ne signifie pas indigence des moyens mais réduction à l'essentiel de l'expérience esthétique entre l'acteur et le public, par exemple en supprimant les costumes, le maquillage, l'éclairage, et en utilisant de façon intensive l'expression corporelle des acteurs.

Partant de l'idée que l'époque est celle de la « déculture », l'*Arte povera* insiste également sur la présence physique du sujet — de l'artiste — et de l'objet, mais en « dégradant les choses au maximum, en appauvrissant les signes pour les réduire à leur propre dimension archétypique », selon les mots de Celant. La « déculturation » de l'art, en réaction contre les courants plus sophistiqués, liés aux technologies, tel l'*op art*, suppose un contact plus immédiat avec la nature brute, qu'il s'agisse des animaux, des végétaux ou de la pierre, du charbon et de la terre. Ainsi, en 1968, pendant la guerre du Vietnam, Mario Merz (1925-2003) réalise l'*Igloo de Giap*. Construit en verre, terre et plomb, le petit édifice comporte une inscription au néon reproduisant la phrase du célèbre général nord-vietnamien : « Si l'ennemi se concentre, il perd du terrain. S'il se disperse, il perd sa force. » L'igloo est réutilisé en 1969, à Rome, dans une installation composée d'une Simca 1000, traversée par un tube de néon, des branchages et des paquets de vitres empilées.

L'installation (la sculpture !) réalisée par Giovanni Anselmo (1934) en 1968 consiste en un assemblage inattendu. La *Structure qui mange* est, en effet, composée de deux blocs de granit et d'une laitue, prétexte à une réflexion sur les rapports entre la nature et la culture, entre un matériau solide et permanent et une denrée éminemment périssable !

Giuseppe Penone (1947), sculpteur, dessinateur et photographe, explore dans de grandes installations les rapports entre l'homme et la nature. Poursuivant un projet élaboré dès les années 60 — « Répéter la forêt » —, il dépouille les arbres de leur écorce, ôte les cernes de croissance pour atteindre le cœur, manière de retourner aux formes embryonnaires de la nature[10].

Sculpter la nature

La prééminence du concept, de l'idée ou du projet donne lieu également, dès cette époque, à des actions spectaculaires révélant, plus directement que ne l'avaient fait le minimalisme ou l'art pauvre, un intérêt croissant pour la nature. À partir de 1968, les réalisations du *Land Art* traduisent clairement une prise de conscience écologique. Il ne s'agit plus de produire des objets destinés à être exposés dans les galeries ou les musées mais d'intervenir, de manière directe, et le plus souvent éphémère, dans le paysage naturel. Cependant, il n'est pas question de défigurer la nature, ni de la façonner définitivement, et encore moins de l'exploiter.

L'artiste américain Walter De Maria (1935), à qui l'on doit l'expression « *Land Art* » — aussi appelé « *Earth Art* » (« art de la terre » ou « art de la nature ») —, va jusqu'à proposer des œuvres dépourvues de toute signification et parfois invisibles[11]. Cela ne l'empêche pas de creuser deux tranchées de plus d'un *mile* de long sur près de 2,50 mètres de large dans le désert du Nevada. D'autres « sculptures » monumentales, dénommées « *Earth Works* », s'inscrivent de façon spectaculaire dans le paysage. Lawrence Weiner (1942) creuse ainsi des cratères à l'aide d'explosifs au TNT en Californie. Robert Smithson (1938-1966) « dessine » sa gigantesque et fameuse *Spirale Jetty* (1970) sur le Grand Lac Salé à l'aide de blocs de rochers noirs et de cristaux de sel[12].

Le « corps » politique

C'est une autre nature, celle du corps humain, qu'explorent et que travaillent tel un matériau, dès les années 60, les artistes du *body art* et de l'art corporel. À cette époque, Yves Klein utilise des « femmes-pinceaux », Joseph Beuys tente d'ancrer l'art dans la vie quotidienne. L'un et l'autre finissent par installer leurs œuvres dans les musées.

Les actionnistes viennois refusent, quant à eux, cette forme de récupération. Ils interviennent directement, de façon spectaculaire, dans la vie de tous les jours et s'adonnent en public à des rituels sanglants, scatologiques ou sexuels. L'un des artistes actionnistes les plus virulents et controversés, aux côtés de Günther Brus (1938), Hermann Nitsch (1938) et Rudolf Schwartzkogler (1940-1969), est sans aucun doute Otto Muehl (1925)[13].

Peintre à l'origine influencé par le cubisme, l'expressionnisme abstrait et l'*action painting*, Otto Muehl élabore, dans les années 60, une « esthétique destructrice » qu'il met en pratique

pour son propre compte. Il détruit des tableaux
en les lacérant jusqu'à les réduire en miettes.
Ce processus d'anéantissement symbolique vise
au-delà de l'art. Il a pour objectif la destruction,
ou du moins la transgression des tabous sociaux,
éthiques et spirituels que dresse hypocritement
une société prétendument civilisée capable et
coupable de toutes les atrocités. Entre 1965 et
1966, les « actions matérielles » brutales et parfois sanglantes se multiplient. Elles scandalisent
l'Autriche. L'Angleterre les découvre avec
enthousiasme. Les mises en scène sont particulièrement provocantes. Tantôt un corps de
femme nue est recouvert d'immondices, tantôt
une jeune fille joue sereinement du violoncelle
pendant que les acteurs égorgent une poule. *O
Sensibility*, chorégraphie présentée en 1994 à
Paris lors d'une rétrospective montrant des photographies, des films et des dessins sur l'action-
nisme viennois, met en scène un jeu érotique
entre une femme, deux acteurs et une oie, pal-
mipède victime d'un rituel sanglant.

Lecteurs et parfois adeptes de Marx, Freud
et Wilhelm Reich, les actionnistes viennois
poussent au paroxysme les formes diverses de
contestation de leur époque en faveur de la
libération des femmes, de la sexualité, des minorités. En Autriche, patrie du *Führer*, ces revendications violentes ont également pour cible les
relents fascistes qui, selon eux, pourrissent la

société. En finir avec le traumatisme postnazi ? Thomas Bernhard, désabusé et amer, ne croyait plus dans le pouvoir de la littérature ni du théâtre pour l'effacer. Les actionnistes, eux, espèrent encore par des actions outrageantes et blasphématoires — uriner et déféquer sur le drapeau autrichien — provoquer le choc salutaire du désembourgeoisement et de la dénazification.

Un art ancré dans le réel

Quelle image a-t-on aujourd'hui de cette décennie 60-70, mouvementée et effervescente et, il faut bien l'avouer avec le recul, quelque peu brouillonne ?

Duchamp meurt en 1968. Depuis deux ans, ses *ready-made* sont reconstitués et les copies circulent, dont certaines sont signées. Rares sont les mouvements, les courants, voire les simples tendances qui ont pu échapper à l'influence de celui qu'André Breton appelait, non sans admiration, « le grand perturbateur ».

L'héritage apparaît inépuisable et la « résonance du *ready-made* », selon l'expression pertinente de Thierry de Duve[14], se fait entendre durablement, au point que l'art dit « contemporain » n'a toujours pas fini d'explorer la galaxie duchampienne. Duchamp pensait que l'un des plus grands dangers de l'artiste était de plaire au public. Il se méfiait de la consécration, du succès attaché à la personne même de l'artiste, et il refusait, pour lui personnellement, toute compromission, sans jamais tirer aucun bénéfice financier de ses entreprises. Cette modestie rend encore plus sidérante la place qu'il occupe dans le monde de l'art et sur un marché de l'art où il était convaincu de ne pas avoir sa place. Il affirmait que la peinture ne pouvait pas seulement être visuelle et il rejetait le « frisson rétinien ». On connaît sa formule célèbre affirmant que le regardeur fait — du moins en partie — le tableau. On oublie qu'il stigmatisait aussi l'influence du musée et la façon dont l'institution finirait par s'arroger, de plus en plus, le pouvoir de choisir et le droit de juger, au point de s'assujettir un public de moins en moins réactif.

Après sa disparition, nombreux sont ceux qui partagent le sentiment que toutes les voies de l'art ont été explorées et expérimentées. Les artistes se sont approprié tous les matériaux possibles et imaginables ; ils ont utilisé des procédés et des moyens d'expression qui n'étaient pas, contrairement à l'expression courante, « à leur disposition » dans le sens où ils ont été les chercher là où l'art ne les attendait pas. Plutôt que de saisir le réel, ils ont choisi d'investir la réalité de manière provocante, incongrue et pour certains choquante. Et ces démarches qui visent, avec plus ou moins de succès, à prendre place dans le réel, à faire irruption dans l'espace public et dans la société, constituent l'un des tournants majeurs de la création artistique lors de son passage de l'art moderne à l'art contemporain.

V

LES ANNÉES 70 :
« QUAND LES ATTITUDES
DEVIENNENT FORMES »

Catherine Millet insiste, à juste titre, sur l'importance que revêt, en 1969, l'exposition « Quand les attitudes deviennent formes : œuvres, processus, situations, informations », mise en œuvre, à Berne, par Harald Szeemann[1]. Dans le contexte particulier des mouvements contestataires qui secouent la sphère artistique et culturelle traditionnelle, Harald Szeemann s'efforce de développer un nouveau concept d'exposition qui tient compte, certes, du passé récent, mais surtout ouvre sur l'avenir. C'est ainsi qu'au sein d'un même espace se côtoient des artistes européens et américains, notamment Joseph Beuys (1921-1986), Mario Merz, Bruce Nauman (1941), Richard Serra, Lawrence Weiner. Animé par la volonté de rompre avec le système officiel des arts, Szeemann n'hésite pas à exposer, dès cette époque, des pratiques artistiques qui perdurent encore de nos jours : *Land Art, happenings,* installations, performances.

L'exposition se présente comme un bilan des avant-gardes des années 60-69 qui partagent avec les «-ismes» des années 20-30 le même désir de s'affranchir du système des beaux-arts et des conventions. Mais l'esprit qui l'anime est différent. Le titre de la manifestation est éloquent. Les «attitudes» définissent aussi bien la posture de l'artiste que celle du commissaire d'exposition confronté à des œuvres. Or ces attitudes sont multiples, hétérogènes, fortement individualisées, et difficiles à répertorier dans des mouvements aux contours définis.

Dématérialisation de l'art

Ces années 60 et le début de la décennie suivante sont perçues parfois comme étant celles d'une dématérialisation de l'objet d'art[2]. Et, de fait, ce qu'on appelle désormais «œuvre d'art» n'offre guère de ressemblance matérielle formelle avec ce qui naguère était dénommé ainsi. Il est vrai, également, que l'héritage de Duchamp et l'influence des divers néo-dadaïsmes ou de l'art conceptuel engendrent une pléthore de discours, d'analyses, d'interprétations, d'idées, de projets, de définitions, bref, de mots, au détriment de l'objet comme si la simple présentation de l'œuvre ne suffisait pas. Les pratiques et les procédures se multiplient et font usage des matériaux les plus divers et les plus inattendus : objets banals, déchets de la société industrielle, éléments naturels, corps humain et outils technologiques.

Alors même que les images télévisées commencent tout juste à envahir massivement les écrans, les artistes s'approprient l'enregistrement vidéographique. Tout d'abord outil de communication, utilisé pour conserver et transmettre les actions éphémères, performances ou *happenings*, la vidéo devient, vers la fin des années 60, un outil de création à part entière, destiné à détourner voire à subvertir le médium télévisuel. De nombreux artistes, directement ou indirectement liés au mouvement *Fluxus* et à l'art conceptuel, se lancent dans l'aventure de l'art vidéo.

Wolf Vostell (1932-1998) se félicite d'avoir été le premier artiste à avoir intégré, dès 1958, un téléviseur dans une œuvre d'art. En 1963, Nam June Paik (1932) réalise une peinture électronique abstraite en jouant sur des distorsions de l'image vidéo. Il met au point un appareil — l'*Abe-Paik* — capable de synthétiser la couleur à partir du noir et blanc et de modifier instantanément la forme et la couleur de l'image. Dan Graham (1942) crée une œuvre protéiforme qui répond à des préoccupations théoriques et philosophiques tout en croisant de multiples pratiques inspirées des performances, du cinéma, de la photographie et de l'architecture. Michael Snow (1929), pianiste de jazz, peintre, sculpteur, cinéaste, explore dès 1961 les relations espace/temps, son/image, au travers de films qui modifient les habitudes de perception devant l'image animée.

Désacralisation ou libération de l'art ?

Vers la fin des années 70, et bien que l'engagement politique et idéologique s'exprime parfois vivement, le climat général tend progressivement vers un assoupissement de l'avant-gardisme et un essoufflement des revendications face aux transformations de la société. On sait que les frontières entre les arts ont disparu. On a compris que tout, n'importe quoi de grandiose ou d'insignifiant, peut devenir de l'art pourvu qu'un musée, une galerie, le marché, les médias, la publicité, la mode, un critique influent, parfois le hasard même décident qu'il en est ainsi.

Paradoxalement, on apprend aussi que le public, considérablement élargi par rapport aux époques précédentes, n'a que peu de poids dans cette décision. Les mots d'ordre de la modernité militante fondés sur l'utopie, l'engagement politique, la révolution, la subversion — « changer l'art, changer la vie » — résonnent dans le vide de l'ère postmoderne qui s'annonce.

En 1972, Jean Clair, au terme de son ouvrage consacré à la nouvelle génération des artistes français, dans lequel il rend notamment hommage à Supports/Surfaces, dresse le bilan de la décennie précédente. Il prend acte de la désacralisation irréversible de l'art, et de l'objet d'art désormais destiné à se dissoudre dans la vie quotidienne : « [...] il est de fait que l'œuvre aujourd'hui [...] échappe à toute position définie. Elle n'est plus cet objet consacré, dédié et nommé par et dans le lieu où elle est montrée : "objet d'art" qui, quand bien même serait-il désormais délivré de son cadre ou de son socle, ne retire un statut privilégié que de l'entour particulier où il se trouve : collection privée, galerie marchande, musée public, mais elle est cet objet qui [...] tend lui aussi à se résorber, se dissoudre, s'incorporer dans le pur quotidien[3]. »

Cependant, en 1979, dans la préface à la deuxième édition, le ton change. L'art tend bien à se dissoudre dans le quotidien mais pas dans le sens où l'escomptait Jean Clair. L'objet d'art ne doit plus seulement son statut privilégié à la galerie ou au musée. Il le doit surtout à des instances, à des conservateurs, des experts ou des marchands, prêts à qualifier d'« art » aussi bien les œuvres de valeur que les choses

les plus insignifiantes, toutes victimes de la
« déroute des critères » et du « nivellement de
la production artistique contemporaine »[4].

La même année, Pierre Restany publie
L'autre face de l'art[5], ouvrage dans lequel l'initiateur du nouveau réalisme développe la notion
surprenante de « fonction déviante ». Il désigne
ainsi les « détournements fonctionnels, fictions
sémantiques, révolution du regard » qui ont
marqué l'évolution de l'art au cours du xxᵉ siècle,
notamment à travers les œuvres de Duchamp et
de Beuys. Un Joseph Beuys à qui il rend un
hommage non dépourvu d'ambiguïté : « dessinateur et assembliste de talent, grand seigneur
de l'art pauvre et maître yoga du happening,
champion du monde en art toutes catégories ».
Selon Restany, cette déviation se poursuit ; elle
devrait conduire l'art, « libéré et libérateur », à
s'ancrer toujours plus dans la réalité, et l'auteur
se plaît à rêver d'un « panthéisme de la sensibilité » et à anticiper l'émergence d'un « natura-
lisme intégral, d'un gigantesque catalyseur et
accélérateur de nos facultés de sentir, de penser et d'agir ».

Scepticisme et amertume de Jean Clair à
l'égard du nivellement de la création artistique
contemporaine, annonciateur d'une dégradation des valeurs traditionnelles et d'une décadence déjà prévisible de l'art ! Vision optimiste,
et sans doute quelque peu utopique, de Pierre

Restany concernant l'expansion de la sphère artistique dans toutes les dimensions de l'expérience vécue !

Ces deux postures, diamétralement opposées, alimentent en partie, et avec des modalités différentes, le débat des années 90 sur l'art contemporain.

DEUXIÈME PARTIE

LE DÉCLIN
DE LA MODERNITÉ

L'hétérogénéité de la création artistique, l'utilisation de matériaux, de formes, d'objets, de supports inédits, les actions qui mettent en jeu la nature, le corps, la technologie, conduisent nécessairement à une remise en cause radicale des théories de la modernité et du modernisme[1], aussi bien dans le domaine de la critique d'art que dans celui de l'esthétique.

Dans le temps même où elles s'élaborent de façon cohérente et systématique, deux conceptions majeures de la modernité — celle de Clement Greenberg (1909-1994) pour la critique d'art et celle de Theodor W. Adorno (1903-1969) pour la théorie esthétique — se trouvent contredites par l'évolution même de l'art qu'elles tentent de formaliser et de systématiser. Étonnamment — surtout si l'on tient compte de l'influence ultérieure de ces théories —, l'une comme l'autre semblent ne plus

être en mesure de rendre compte de la diversité des tendances artistiques des années 60-70.
Ce déphasage paradoxal mérite une explication.

VI

CLEMENT GREENBERG
ET LE DÉCLIN
DE LA CRITIQUE MODERNISTE

En 1936, le Museum of Modern Art de New York consacre une exposition au cubisme et à l'art abstrait. L'année suivante, l'American Abstract Artists est fondé. Dès 1939, dans son article « Avant-garde et kitsch », Greenberg expose les premiers éléments de sa future vision moderniste de l'histoire de l'art. Il oppose notamment le kitsch — culture de divertissement, populaire et commerciale, produite par le capitalisme industriel — et l'avant-garde, culture élitiste, certes, mais culture révolutionnaire qui assure le sauvetage de l'art contre sa corruption par le kitsch. Pour l'artiste d'avant-garde, les arts — par exemple la peinture et la musique — n'ont d'autre enjeu qu'eux-mêmes, à l'intérieur de leur médium propre et avec leurs éléments formels spécifiques. Les peintres européens constituent, à cet égard, des modèles d'avant-gardisme artistique : « Picasso, Braque, Mondrian, Kandinsky, Brancusi, même Klee,

Matisse et Cézanne tirent principalement leur inspiration du médium qu'ils utilisent. Ce qui anime leur art semble résider au premier chef dans cette pure concentration sur l'invention et l'ordonnancement d'espaces, de surfaces, de formes, de couleurs, etc., en excluant tout ce qui n'est pas lié nécessairement à ces facteurs[1]. »

Il existe assurément des similitudes, à l'époque, entre la position de Greenberg et l'attitude de penseurs marxistes comme Walter Benjamin et Theodor Adorno. En 1939, Benjamin ne partage plus l'optimisme qu'il exprimait trois ans auparavant dans son fameux essai sur l'œuvre d'art lorsqu'il pensait que les techniques de reproduction audiovisuelles favoriseraient la démocratisation et rendraient les masses politiquement progressistes. Il évoque le risque d'une « atrophie de l'expérience » et, déjà, s'inquiète de la destinée d'un art désormais coupé de la tradition[2].

Adorno, depuis plusieurs années, défend avec opiniâtreté l'art d'avant-garde, principalement en musique et en littérature. Ses références sont identiques à celles de Greenberg : James Joyce et Arnold Schönberg. Sans concession pour les compositeurs qui, tel Stravinsky, renoncent à suivre la voie schönbergienne — celle d'une rationalisation progressive du matériau musical —, il se livre à une critique virulente des biens culturels produits par la société marchande, tels le jazz[3], la musique populaire ou le cinéma hollywoodien.

La notion centrale de pureté dérive précisément, selon Greenberg, de l'exemple de la musique nouvelle. Dans « Avant-garde et kitsch », il se contentait d'évoquer, sans vraiment la définir, la pureté de l'art d'avant-garde, un art dans lequel « le contenu doit se dissoudre si complètement dans la forme que l'œuvre plastique ou littéraire ne peut se réduire, ni en totalité ni en partie, à quoi que ce soit d'autre qu'elle-même[4] ». Quelques mois plus tard, son essai *Towards a Newer Laocoon* (*Vers un nouveau Laocoon*) définit de façon précise les premières bases d'une théorie de la pureté à l'intérieur même des genres artistiques : « [...] au cours des cinquante dernières années, les arts d'avant-garde ont abouti à une pureté et à une délimitation radicale de leur champ d'action, sans exemple dans l'histoire de la culture. En art, la pureté consiste dans l'acceptation — acceptation consentie — des limites du médium propre à chacun des arts. »

Greenberg reformule, pour son propre compte, la thèse exposée en 1766 par G. E. Lessing dans son ouvrage *Laocoon. Sur les frontières de la peinture et de la poésie[5]*. À la doctrine de l'*ut pictura poesis*, qui affirme l'homologie peinture/poésie, poésie/peinture, Lessing oppose le caractère spécifique de chaque mode d'expression pour chaque art en particulier, garantissant ainsi l'autonomie de la peinture et de la littérature.

Pour Greenberg, l'enjeu est quelque peu différent. La pureté picturale se traduit par une rigoureuse planéité sur l'espace à deux dimensions, circonscrit par la toile, qui interdit tout effet de profondeur ou de volume propre à la sculpture. Il remarque, incidemment et de façon amusante, qu'une sculpture, même aplatie, ne passera jamais pour une peinture. La planéité, le refus du trompe-l'œil et de l'illusion sculpturale — qui s'expriment également par l'abstraction et la non-figuration —, telles sont donc les caractéristiques d'une peinture d'avant-garde obéissant à un processus historique enclenché, selon Greenberg, depuis Édouard Manet.

En 1940, le programme qui conduit à la théorie de la *color field painting* est établi. Il reste à trouver les acteurs. La rencontre décisive avec Jackson Pollock a lieu en 1944. Greenberg avoue avoir été enthousiasmé par « la qualité et la fraîcheur » révélées par la technique du *dripping*, par cette peinture gestuelle dégageant une force capable de déborder la toile. Pollock est qualifié de « premier peintre américain moderne », suivi de Robert Motherwell (1915-1991), Mark Rothko (1903-1970) et Barnett Newman (1905-1970).

En 1960, à l'époque où de nombreux artistes

américains prennent leur distance vis-à-vis d'un expressionnisme abstrait en déclin et refusent la stricte délimitation séparant les modes d'expression, Greenberg durcit sa théorie de l'auto-purification de la peinture. Dans « Modernist Painting », article désormais considéré comme un texte classique, il tente de dégager l'essence même du modernisme et renforce ses positions antérieures : la planéité, la bidimensionnalité, les seuls paramètres que la peinture ne partage avec aucun autre art, ont permis à l'art pictural occidental de devenir ce qu'il est. Greenberg érige dès lors ses conceptions en théorie générale du modernisme. Le processus de purification peut enfin arriver à son terme si l'on extirpe de l'abstraction toute trace d'émotion, d'expression, de subjectivité et de corporéité. C'est ainsi qu'il organise, en 1964, une exposition intitulée « Post-Painterly Abstraction », consacrée à des peintres qui rejettent le *dripping*, refusent l'expressivité gestuelle à la Pollock et s'intéressent en priorité aux couleurs, aux formes géométriques et aux effets visuels. Sont présentées les œuvres de Sam Francis (1923-1994), Morris Louis (1912-1962), Frank Stella (1936), Helen Frankenthaler (1928). Greenberg trouve son compte dans cette esthétique sobre, presque austère, impersonnelle, intellectuelle, qui s'abstient de toute représentation du monde extérieur et reste à l'écart de la réalité sociale.

Et là est bien le problème de celui qui considère Emmanuel Kant comme le « premier vrai
moderniste », érige le formalisme en dogme
inflexible, avoue s'ennuyer devant les installations, et dénie tout talent à la génération mon-
tante représentée par Richard Serra, Walter De
Maria et Robert Smithson.

Dans la version finale du tableau de Picasso
Guernica, Greenberg livre un exemple de critique formaliste. Sur la toile de 8 × 3,5 m, il ne
voit que « fouillis de noirs, de gris et de blancs
plats » évoquant une « scène de bataille sur un
fronton qui serait passé sous un rouleau compresseur défectueux »[6]. L'image pourrait être
plaisante si le rouleau compresseur n'avait été
celui de la *Luftwaffe* nazie appelée par Franco, et
si le fouillis de noirs, de gris et de blancs n'était
celui de 1 600 cadavres ! Pas un mot, donc, sur
les circonstances tragiques dans lesquelles le
tableau a été exécuté ; rien sur les motivations
particulières du peintre espagnol, aucune allusion au contexte historique et social.

La théorie moderniste de Greenberg, son
formalisme quasi dogmatique, la thèse de l'autopurification de la peinture repliée sur son
seul moyen d'expression spécifique ne correspondent plus guère, à la fin des années 60, à la
réalité à la fois artistique et sociale. La nouvelle
génération, notamment celle de John Cage, des
happenings, des minimalistes, du *pop art* et de

l'art conceptuel n'accepte plus le *diktat* greenbergien sur les limites de la peinture et exige
l'abolition des frontières entre l'art et la vie.

Toutefois, replacer les thèses de Clement
Greenberg dans leur contexte historique et
reconnaître qu'elles perdent de leur pertinence
au regard de l'évolution ultérieure de l'art ne
suffit pas à les disqualifier. Dans une époque
dite « postmoderne », dominée par la standardi-
sation et la marchandisation de la sphère culu-
relle, où règne un prétendu consensus autour
des modèles du capitalisme libéral, il se pourrait
bien que les conceptions de Greenberg apparaissent comme de salutaires leçons d'esprit critique et de liberté de penser par soi-même.
Nous y reviendrons.

Devenue autonome — en partie grâce à
Greenberg —, libérée des modèles européens,
reconnue sur le plan international, la peinture
américaine des années 70 peut enfin s'ouvrir
au monde, à la ville, à la nature, à la société et
à la politique. Il est vrai que l'état de la société
occidentale, secouée par la guerre du Vietnam,
les divers mouvements de libération — Noirs,
femmes, minorités —, la contestation étudiante,
le durcissement des relations entre l'Est et
l'Ouest, et la critique de plus en plus virulente
du modèle de développement postindustriel
ne peuvent à l'époque que susciter ce genre de
prise de conscience.

VII

THEODOR W. ADORNO
ET LA FIN DE LA MODERNITÉ

« J'avais une grande estime pour lui [...]. Nous avions les mêmes conceptions à bien des égards. Il travaillait pour l'*American Jewish Commitee*, et j'étais au *Commentary*[1], qui partageaient les mêmes bureaux et les mêmes causes. » Tels sont les quelques mots par lesquels Greenberg résume sa rencontre avec Adorno au milieu des années 40[2].

Dès la fin des années 30, le critique d'art américain et le philosophe allemand émigré aux États-Unis, tous deux sous l'influence du marxisme, prennent parti en faveur de l'art avant-gardiste. Ils dénoncent avec virulence l'industrialisation capitaliste de la culture et la diffusion de sous-produits culturels standardisés à destination des classes moyennes acquises aux bienfaits du capital. Cependant, leurs positions respectives ne tardent pas à diverger pour aboutir finalement, à la fin des années 60, à un résultat identique, à savoir l'inadéquation de leur théorie de la modernité face aux nouvelles orientations de la création artistique. Il convient de s'y arrêter.

Si Adorno, comme Greenberg, entend prémunir la culture du « bradage » dont elle est l'objet, dénonce les *ersatz* inauthentiques de piètre qualité et lutte contre le *kitsch* censé satisfaire les masses, sa motivation est quelque peu différente.

On a rappelé que la théorie moderniste et puriste tend à exclure toute référence, explicite ou implicite, au politique et au social. Selon Greenberg, prendre parti pour l'avant-garde ne signifie pas vouloir instaurer une résistance idéologique aux dictatures de l'époque. Il n'entend pas non plus dénoncer la répression dont sont victimes, par exemple, les artistes modernes sous le nazisme. Selon lui, l'avant-garde tire sa force de son autonomie, de son apolitisme et non pas de sa soumission à une obédience doctrinale ou partisane.

Adorno, lui aussi, considère que l'art ne saurait transmettre directement un quelconque message politique. Toutefois, sa défense de l'art moderne et ses prises de position en faveur d'œuvres parfois hermétiques s'inscrivent dans le cadre d'un combat plus général contre les tentatives de liquidation culturelle à laquelle se livrent les régimes totalitaires, nazi et stalinien.

Et si, dans les années 20-30, les révolutions formelles opérées par les avant-gardes irritent à ce point l'ordre établi, bourgeois et traditionaliste, c'est précisément parce qu'elles ne sont pas seulement formelles. Pour Adorno, la forme équivaut au contenu, mieux encore, elle est ce contenu même dont la signification est éminemment historique et sociale. Ce qu'il voit dans *Guernica* n'est pas le « fouillis » de noirs et de gris perçu par Greenberg, mais les corps disloqués et déchiquetés par la barbarie.

Ce simple exemple révèle ce qui sépare le critique d'art et le philosophe : à une conception kantienne, formelle et formaliste, fondée sur une sorte d'infaillibilité du jugement de goût subjectif, s'oppose une conception hégélienne, qui privilégie l'Idée, c'est-à-dire la signification, le contenu d'un art toujours en rébellion contre la société. Greenberg célèbre l'expressionnisme abstrait afin de promouvoir une forme d'art inédit, novateur, exigeant, persuadé que la peinture moderniste finira, un jour, par répondre aux aspirations les plus hautes de la société américaine. L'idée d'une réconciliation entre l'art et la société ne trouve en revanche aucune place dans la théorie adornienne.

Adorno a souvent souligné la nécessité, pour chaque art, de rester dans les limites de ses propres moyens d'expression. Il faut attendre les années 60 pour qu'il évoque de possibles interférences ou « effrangements » entre les arts. Il pense surtout aux relations entre la musique contemporaine, postschönbergienne, et la peinture. Hormis un hommage discret à John Cage[3], il condamne, sans réserve et de façon globale, tous les mouvements de l'époque — art brut, anti-art, *action painting, happenings,* etc. — qui remettent fondamentalement en cause le concept d'art et la notion d'œuvre.

Sa préoccupation dominante concerne le statut de l'art dans les sociétés postindustrielles. Il sait que les transformations profondes du système culturel sont irréversibles et risquent de menacer la survie de la création artistique, comme si la rationalité esthétique ne pouvait qu'abdiquer devant la rationalité instrumentale. L'art à venir a désormais peu de chances, selon lui, de conserver et d'exprimer ce qu'il appelle « le souvenir de la souffrance accumulée » au cours de l'histoire.

Les considérations désabusées d'Adorno vers la fin de sa vie et les interventions très discrètes de Greenberg après 1970 révèlent, sur un mode différent, un malaise identique face aux nouvelles formes d'expression artistique qui ne répondent plus aux normes et aux critères encore en vigueur pour l'art moderne. Et il est certain, par exemple, que les œuvres présentées lors de l'exposition organisée par Harald

Szeemann en 1969, «Quand les attitudes
deviennent formes», échappent à toute interprétation de type greenbergien ou adornien.
Cette manifestation révèle le caractère désormais périmé d'une construction linéaire, continue et progressiste de la modernité où l'histoire
de l'art est conçue sur le modèle d'une «série
de pièces en enfilade[4]» que l'on peut parcourir,
sans heurts, de Manet à Pollock en passant par
Cézanne et Picasso.

Aux États-Unis, le déphasage déjà latent entre
le modernisme de Greenberg, jugé élitiste et
doctrinaire, et la réalité de la scène artistique et
culturelle devient patent dans les années 70.
L'art minimal, le *pop art*, le *land art*, l'art conceptuel et l'hyperréalisme n'ont que faire d'un
nouveau *Laocoon*. Les frontières traditionnelles
entre les arts sont allégrement transgressées,
bien au-delà des préceptes de l'*ut pictura poesis*,
et les media technologiques — photographie,
cinéma, vidéo — se trouvent de plus en plus
souvent associés aux moyens d'expression classiques.

En Europe, l'heure n'est plus à la rivalité systématique avec l'Amérique. Les avant-gardes se
sont internationalisées. Paris a cessé de déplorer la perte de son hégémonie artistique et
le «vol» de l'art moderne apparaît désormais
comme un larcin sans grande importance[5].

Les thèses de Theodor Adorno, exposées

dans l'ouvrage *Théorie esthétique* (paru en 1970 en Allemagne et 1974 en France), surprennent tout d'abord par leur cohérence et leur pertinence. La critique du capitalisme tardif conduit à une interprétation pessimiste, voire alarmiste, quant à la survie de l'art dans l'univers marchand d'une société de plus en plus administrée et soumise aux impératifs économiques. Mais la charge lancée contre l'industrie culturelle paraît intempestive à l'heure où la plupart des sociétés occidentales se lancent dans la réalisation d'un vaste projet de démocratisation culturelle. Contrairement aux espérances, déjà anciennes, formulées par deux grands théoriciens de la modernité, l'art moderne et l'avant-garde ne sont parvenus à triompher ni du *kitsch*, honni par Greenberg, ni de la « camelote » culturelle, détestée par Adorno. En somme, la modernité dont le philosophe s'est fait le défenseur acharné durant plusieurs décennies n'est plus à l'ordre du jour.

Sa réflexion sur l'art semble, en outre, minée par des contradictions insolubles. En effet, si Adorno conçoit l'art comme l'un des derniers refuges de l'individu, comme un pôle de résistance du « particulier », il n'en fait pas pour autant un lieu d'expression privilégié de la subjectivité sombrant dans l'irrationalité, pas plus qu'il ne considère la création artistique sous l'angle d'une quelconque métaphysique ou d'une quelconque mystique. L'art met en jeu une raison « autre », mais il n'est pas l'« autre » de la raison ni de la rationalité. Mieux encore, il est demandé à cet art — pour être de son temps, c'est-à-dire moderne, « radicalement moderne », selon l'expression empruntée à Arthur Rimbaud — d'avoir partie liée avec la rationalité scientifique, technique et industrielle. Il lui faut, dit Adorno, s'adapter au standard technique de son époque sous peine de régression. Mais comment, en se fondant lui-même sur une rigoureuse rationalité, l'art peut-il faire obstacle à la rationalité dominante ?

Revenons brièvement sur cette véritable pierre d'achoppement de la théorie adornienne. La référence majeure d'Adorno est l'art moderne tel qu'il s'est développé depuis les débuts de la révolution industrielle jusque dans les années 60. C'est un art soumis à la rationalisation progressive de ses matériaux, de ses procédures et de sa forme, peu à peu affranchi des conventions et des canons traditionnels. En Occident, cette rationalisation aurait commencé dès la Renaissance et aurait concerné tous les arts. La révolution industrielle a accéléré ce processus d'émancipation vis-à-vis des conventions passées : *mimèsis*, reproduction fidèle de la nature, codes « naturalisés », telles la perspective ou la tonalité musicale. À l'époque moderne, la création artistique se doit aussi d'être moderne et, selon Adorno — reprenant à son compte un vocabulaire marxiste —, les forces productives artistiques vont de pair avec les forces productives extra-artistiques.

Mais nous nous trouvons alors devant le problème évoqué plus haut : si l'art intègre les formes dominantes de la rationalité, notamment scientifique et technique, comment peut-il conserver son caractère oppositionnel, polémique et critique à l'égard de la société existante ? Qu'est-ce qui le distingue des productions de l'industrie culturelle, toujours plus sophistiquées, technologiquement hautement élaborées, en phase avec les progrès techniques de pointe ? Cet art n'est-il pas victime, voire complice, de la réification qu'il entend dénoncer, dans la mesure où il est récupéré, instrumentalisé, marchandisé et consommé comme n'importe quel autre bien culturel ?

La réponse réside, selon Adorno, dans le caractère ambigu de l'art, à la fois autonomie et fait social. Autonomes, la création artistique et les œuvres d'art n'obéissent pas aux mêmes déterminations, scientifiques, techniques et marchandes, d'une société tout entière orientée vers la rationalisation, le contrôle et la rentabilité des activités humaines. C'est ainsi qu'il est encore possible de parler d'art même si son existence et son évidence paraissent menacées.

Toutefois, la création artistique et les œuvres

d'art sont des faits sociaux : la forme et le matériau artistiques sont imprégnés par l'histoire et la société. L'art est exposé en permanence à son intégration dans les formes d'expression culturelle qui dominent à certains moments dans une société donnée.

Que conclure de tout cela ?

Les contradictions et les paradoxes de la pensée adornienne trouvent aisément leur résolution si l'on tient compte des conditions historiques dans lesquelles elle a été formulée.

Mais cette théorie de l'art moderne, théorie d'une phase de la modernité, est en réalité une théorie de la fin de l'art moderne annonçant un nouveau stade de la modernité à laquelle on donnera le nom de « postmodernité ». Elle marque en fait l'achèvement des grands récits esthétiques et ouvre sur cette postmodernité qui, selon le philosophe Jean-François Lyotard, signe la péremption des grands discours de légitimation sociopolitiques, humanistes et idéologiques.

Tout comme la thèse de l'autopurification de la peinture, érigée par Greenberg en une théorie générale du modernisme, la théorie esthétique d'Adorno révèle son caractère « historique », dans la mesure où il lui est évidemment impossible, en vertu même de ses présupposés, d'admettre que la modernité puisse retourner contre elle-même les forces qui impulsaient sa propre dynamique.

VIII

LE RÉCIT POSTMODERNE

Un nouveau récit, celui de la postmodernité, déjà esquissé sous ce nom au tout début des années 60, est en train de s'écrire. Initialement, sa définition ne concerne que l'architecture. Il faut attendre la fin des années 70 pour que cette remise en cause du paradigme moderne concerne tous les arts et fasse l'objet d'une théorisation cohérente.

Fixons quelques repères.

Retour à la figuration

En 1964, le groupe d'artistes réunis sous le nom de Figuration narrative se proposait d'en finir avec Duchamp, accusé de duplicité et finalement de complicité avec l'institution. On a vu de quelle manière ! Utiliser à nouveau la toile et le châssis signifiait prendre position contre les formes diverses de non-art ou d'art brut. Mais il s'agissait aussi de proposer un type de peinture en prise directe sur la réalité sociale, plus proche du public, dans une perspective assumée d'engagement politique, de militantisme et de critique subversive dirigée contre la société de consommation.

La volonté de s'inscrire dans l'histoire sociale et politique est encore patente, en France, au début des années 70. La Coopérative des Malassis[1], cofondée par le peintre Henri Cueco (1929), liée à la Figuration narrative, utilise l'imagerie apparue lors de la contestation étudiante de 1968 — notamment celle des grands formats — pour s'investir aussi bien dans les grands conflits du moment (*Salle rouge pour le Vietnam*) que pour les faits de société (*Affaire Gabrielle Russier*[2]). Les Malassis privilégient la pratique collective et chaque membre du groupe est libre d'intervenir sur le travail en cours.

En 1972, lors de l'exposition du Grand Palais célébrant soixante-douze ans d'art contemporain en France, les Malassis décrochent, sous les yeux des CRS, une gigantesque fresque de 65 m de long, *Le Grand Méchoui*, critique virulente du pouvoir de l'époque. Une posture politique analogue définit la pratique du groupe DDP (fondé officiellement, en 1973, par François Derivery, Michel Dupré et Raymond Perrot), propagateur d'un « réalisme critique » qu'il exprime

dans une abondante production picturale et littéraire.

Toutefois, dès le milieu de la décennie, le
retour au métier, à la technique, et au savoir-
faire pictural traduit une tendance plus globale.

Dès 1970, lors de l'exposition « 22 Realists »,
le public américain découvre avec enthousiasme
un type d'art effectivement réaliste — *photo realism* ou *radical realism* —, plus connu sous le
nom d'hyperréalisme, à travers les sculptures
de Duane Hanson[3] ou du photographe John
Kacere[4]. Peintre, mais aussi graveur et dessinateur, David Hockney (1937), d'origine britan-
nique, installé à Los Angeles, expose en 1974
au musée des Arts décoratifs de Paris des toiles
travaillées avec minutie, représentant un monde
étrange, faussement naïf, telles ses *Piscines de
Beverly Hills.*

En 1976, l'année où Christo (1935) déploie
sur 40 kilomètres sa muraille de nylon — *Running Fence*[5] —, Jean Clair, l'auteur d'*Art en
France. Une nouvelle génération* (1972), organise
au musée d'Art moderne de la Ville de Paris
une exposition consacrée à la « Nouvelle Subjectivité ». C'est une allusion et une réponse au
courant de la *Neue Sachlichkeit* (la « Nouvelle
Objectivité ») apparu en Allemagne entre 1919
et 1933. À cette époque, les peintres allemands,
notamment Max Beckmann, Christian Schad,
Georg Grosz et Otto Dix, jetaient un regard dis-

tancié, apparemment objectif et neutre, en réalité très critique et souvent amer sur la république de Weimar dans les années qui précèdent
l'arrivée des nazis au pouvoir.

L'exposition de la Nouvelle Subjectivité se
déroule dans un contexte assurément différent,
mais il s'agit bien de montrer que la peinture,
pratiquée sous un mode traditionnel — notamment à travers les œuvres de David Hockney,
justement, ou de Samuel Buri (1935), est loin
d'avoir disparu. En réalité, Hockney ne se limite
pas au médium pictural classique. Il n'hésite
pas, dans ses portraits ou ses paysages, à recourir à la photographie Polaroïd, au collage, ou à
la photocopie. Considéré abusivement comme
l'une des figures emblématiques du *pop art*[6],
Hockney pratique en fait une peinture qui
échappe à toute classification, riche en références aussi bien aux maîtres anciens qu'à ses
contemporains, à Canaletto ou à Picasso.

Samuel Buri, peintre de la nature et de
l'homme dans son milieu, s'inspire, lui aussi,
de photographies, n'hésitant pas à jouer sur
différents codes ou styles propres au mode de
représentation occidental, comme la facture
impressionniste qu'il donne à son tableau *Monet
lierre et crépusculaire* (1975-1977).

Cette exposition enregistre l'une des tendances majeures des années à venir : mélange
des styles, hybridation des formes, référence au

passé, usage de la citation, éclectisme et affirmation de la subjectivité de l'artiste qui se traduit
par une individualisation de sa pratique, sans
souci d'appartenance à un courant quelconque.

Dès le début de l'année suivante, le vocabulaire artistique, philosophique et esthétique s'en-
richit de deux termes prétendant définir cette
nouvelle orientation de l'art occidental : trans-
avant-garde et postmodernité.

Le mot « Trans-avant-garde » apparaît pour la
première fois sous la plume du critique et historien d'art Achille Bonito Oliva dans la revue
Flash Art en 1979. L'auteur entend caractériser
ainsi la pluralité des courants néo-expressionnistes apparus déjà depuis quelques années en
Italie et dont les représentants s'appellent Fran-
cesco Clemente (1952), Enzo Cucchi (1950),
Sandro Chia (1946)[7]. Ce courant est en fait
international.

En Allemagne, dès les années 70, les « Nouveaux Fauves », notamment Georg Baselitz
(1938) et Markus Lüpertz (1941), pratiquent
une peinture figurative qui assume et prolonge
l'héritage de l'expressionnisme allemand des
années 20, tout en rompant avec le minimalisme et l'art conceptuel des années 60-70.

Aux États-Unis, des peintres comme David
Salle (1952) ou Julian Schnabel (1951) s'inscrivent violemment à contre-courant de l'héritage
moderniste. Ils n'hésitent pas à inclure des

thèmes d'inspiration classique dans une peinture de mauvais goût de type *Bad Painting*, avec des couleurs vives, des relations chromatiques dissonantes et une totale hétérogénéité des formes, des matériaux et des styles. Ami d'Andy Warhol et de Julian Schnabel, Jean-Michel Basquiat (1960-1988) exprime sa révolte contre le sort des minorités sociales et raciales. Il couvre les murs de New York de graffitis et de tags, appose sa signature — marque déposée — *Samo* (*same old shit*, littéralement « la même vieille merde ») et puise son inspiration aussi bien dans le jazz et dans le reggae que dans l'imagerie urbaine populaire.

En 1981, la France découvre cette forme de « figuration libre ». Sous cette appellation, Ben (Benjamin Vautier, 1935) réunit lors d'une exposition, « Finir en beauté », Robert Combas (1957) et Hervé Di Rosa (1959). Les artistes de la figuration libre — Richard Di Rosa (1963), François Boisrond (1959), Rémi Blanchard (1958-1993) s'associent également à ce courant — pratiquent une peinture inspirée du punk, du rock, de la publicité, de la télévision et des bandes dessinées auxquelles Hervé Di Rosa assimile parfois explicitement sa propre peinture.

À la même époque, une autre forme de figuration s'impose. Dénommée « figuration savante », elle se situe aux antipodes de la précédente par ses moyens d'expression, son style et les thèmes traités. Jean-Michel Alberola (1953) s'inspire de l'iconographie mythologique ou religieuse. Il peint *Suzanne et les vieillards* et *Le bain de Diane,* un tableau qu'il signe du nom d'Actéon, le fameux chasseur transformé en cerf puis dévoré par les chiens pour avoir surpris la nudité de Diane. Il puise ses références dans l'histoire de l'art et cite Véronèse ou Vélasquez. Gérard Garouste (1946) réinterprète la peinture d'histoire et travaille à partir de la grande littérature classique (Dante), de l'iconographie chrétienne (sainte Thérèse d'Avila) ou de la mythologie gréco-latine.

L'acte de décès de la modernité

En consacrant la Trans-avant-garde en 1980, la biennale de Venise reconnaît les tendances qui s'affirment désormais : références au passé, citations, emprunts, mélanges des styles, éclectisme, individualisme et subjectivité. Le terme trans-avant-garde est plutôt bien choisi et éloquent. Il ne s'agit pas d'ignorer ni de se détourner du passé mais au contraire de parcourir délibérément celui-ci, en utilisant, comme le dit Bonito Oliva, « toutes les traditions, toute l'histoire de la culture ».

En 1982, à propos d'un article de Jean-François Lyotard sur son ouvrage *La condition post-*

moderne, le théoricien de la Trans-avant-garde italienne précise : « La Trans-avant-garde est aujourd'hui la seule avant-garde possible, en ce qu'elle permet à l'artiste de garder en main son patrimoine historique dans l'éventail de ses choix *a priori*, à côté des autres traditions culturelles qui peuvent en réanimer le tissu[8]. »

La péremption d'une conception linéaire de l'histoire et de son déroulement progressif vers un futur meilleur signe, en quelque sorte, l'acte de décès des avant-gardes historiques. Elle marque la fin de la croyance en une transformation sociale et politique à laquelle la modernité artistique s'imaginait pouvoir contribuer. Persuadés d'une possible réconciliation entre la « grande culture » et la « culture commune », les artistes trans-avant-gardistes refusent les anciennes corrélations, l'abstraction équivalant à la modernité progressiste et le figuratif étant assimilé au conservatisme. Ils peuvent donc désormais, et sans nostalgie, récupérer librement, tels des *objets trouvés*, les différents styles du passé.

Si Achille Bonito Oliva, grâce à un concept pertinent, parvient à caractériser la tendance dominante de l'époque représentée par les nombreux courants néo-expressionnistes et néo-figuratifs, la Trans-avant-garde demeure une affaire italienne. Le terme qui déjà s'impose dans les domaines artistique, culturel et politique est celui de « postmodernité ». Il n'est pas nécessaire ici d'entrer dans les détails du débat, désormais dépassé, que ce mouvement suscita naguère. On se contentera de brefs rappels concernant la genèse de cette notion, ne serait-ce que pour dissiper certains malentendus.

Postmodernisme

Le terme « postmodernisme » trouve son origine dans le contexte des discussions et des polémiques qui ont animé, dès les années 60, le milieu architectural. Émigré aux États-Unis en 1937, Walter Gropius (1883-1969), fondateur et directeur du Bauhaus entre 1919 et 1927, devient professeur d'architecture à l'université Harvard en 1937. Il entend poursuivre l'expérience tentée en Allemagne pendant une quinzaine d'années et essaie d'imposer en architecture, mais aussi dans les domaines du *design* et de l'urbanisme, les principes du Bauhaus. Il prône l'alliance de l'art et de l'industrie, le fonctionnalisme, c'est-à-dire l'adaptation de la forme et du matériau à l'usage et le refus de l'ornement et du décoratif. À l'instar de Le Corbusier, qui recherche « la mise en lumière des formes pures », Walter Gropius, Mies van der Rohe, Oscar Niemeyer et le directeur du New Bauhaus à Chicago, László Moholy-Nagy,

militent en faveur d'un modernisme au purisme
radical. Aux États-Unis et en Europe, de nombreux architectes entreprennent, dès les
années 60, de rejeter ce dogme rationaliste et
moderniste. Ils refusent, en particulier, le nouveau style international, à prétention universaliste, plus ou moins nostalgique des utopies
avant-gardistes, sociales et politiques, de l'entre-
deux-guerres, qu'ils considèrent désormais
comme inadapté aux nouvelles exigences urba-
nistiques de la société postindustrielle. Cette
nouvelle génération entreprend de revisiter la
modernité. Opposée à l'abstraction des formes
pures, elle réhabilite l'ornement, la décoration,
la façade, emprunte aux styles du passé — colon-
nades, chapiteau, etc. —, renoue avec la fonction symbolique et communicationnelle des
édifices. Ainsi les architectes américains, tels
Charles Moore, Robert Venturi, ou européens,
comme Aldo Rossi, Oswald Mathias Ungers,
remettent en vigueur ce qui avait été banni par
le modernisme et renouvellent sous le vocable
« postmodernisme » le vocabulaire et la gram-
maire de l'architecture.

Si l'on en croit Charles Jencks, critique d'architecture et auteur, en 1978, de *L'architecture postmoderne*, le terme « postmoderne » serait
apparu, dès 1954, sous la plume de l'historien et
économiste Arnold Toynbee (1889-1975) pour
qualifier l'époque pluraliste dans laquelle entrait,

selon lui, la société industrielle dont il fut l'un des théoriciens les plus éminents. Le mot n'acquiert véritablement sa définition qu'à partir de 1975, lorsque Jencks et certains architectes, notamment Paolo Portoghesi[9], envisagent l'organisation d'une exposition consacrée au postmodernisme, « Présence du passé », dans le cadre de la Biennale de Venise en 1980, parallèlement aux manifestations consacrées à la Trans-avant-garde. Plusieurs thèmes se trouvent dès lors associés au postmodernisme et lui confèrent un semblant de cohérence : pluralité des styles, multiplicité des langages et des codes, retour au passé, notamment à l'ornement, recours à l'éclectisme, à la citation et possibilité de choisir toute autre voie que celle du modernisme. Ce postmodernisme reconnaît l'importance de la technologie postindustrielle et prend en compte l'influence des nouveaux médias sur la sensibilité des individus. Le lien entre le postmodernisme et la société postindustrielle se trouve dès lors renforcé et la critique de la modernité se précise. Le recours fréquent au préfixe « néo », associé aux divers courants et mouvements de l'époque, est révélateur de cette tendance : le « nouveau » est moderne, autrement dit périmé, tandis que le « néo », réactivation du passé, de l'ancien, est postmoderne.

La crise généralisée des systèmes : le postmoderne

En 1979, Jean-François Lyotard propose une définition philosophique du concept de post-moderne : « On tient pour "postmoderne" l'in-crédulité à l'égard des métarécits[10]. » En clair, cela signifie que les grands discours religieux, métaphysiques, politiques, moraux ou scien-tifiques, fondés sur la logique moderniste du progrès de l'humanité, ont perdu toute légiti-mité. Plus personne ne croit à la paix univer-selle, au bien-être planétaire, à l'abondance pour tous. Ainsi, ce qui fut longtemps le *credo* d'une philosophie et d'une idéologie inspirées des Lumières est devenu obsolète. L'un des phénomènes les plus caractéristiques de l'âge postmoderne réside, selon Lyotard, dans la mercantilisation du savoir concernant tous les secteurs d'activité : « Le savoir est et sera produit pour être vendu, et il est et sera consommé pour être valorisé dans une nouvelle production : dans les deux cas pour être échangé[11]. » La postmodernité apparaît donc comme un phé-nomène global auquel ni l'art ni la culture ne sauraient échapper, pas plus qu'ils ne peuvent se dérober au monde de la marchandise. « État d'esprit » pour Lyotard[12], ou symptôme de crise affectant un type de société puissamment industrialisée en pleine mutation, la postmodernité n'est assimilable ni à un mouvement précis ni à un courant défini. En 1988, Lyotard pense encore pouvoir résister à l'idéologie de la post-modernité. Il suffirait, selon lui, de « réécrire la modernité » en dénonçant son projet utopique d'émancipation de l'humanité grâce à la science et à la technique. Paradoxalement, il soutient qu'une œuvre ne peut être moderne qu'après avoir été auparavant postmoderne, c'est-à-dire créatrice de ses propres critères, sans référence à des normes et des modèles préétablis.

Mais l'abandon de toute référence à la modernité est irréversible. Il concerne aussi le monde de l'art et, sur ce point, Lyotard ne se trompe pas : « L'artiste, le galeriste, le critique et le public se complaisent ensemble dans le n'importe quoi, et l'heure est au relâchement. Mais ce réalisme du n'importe quoi est celui de l'argent[13]. »

De nos jours, le terme de postmodernisme s'est banalisé. Il est acquis que nous vivons dans une époque postmoderne quand bien même le qualificatif de moderne relève toujours du lan-gage courant pour désigner simplement « ce qui est de notre temps » sans référence particu-lière à une modernité conçue comme proces-sus dynamique vers un avenir meilleur.

Il n'empêche que l'affrontement théorique entre la modernité et la postmodernité laisse des traces. Le thème persistant d'une crise généralisée de tous les systèmes est latent au moment du déclenchement de la querelle sur l'art contemporain dans les années 90.

Experts et profanes

Certes, cette querelle est la conséquence plus ou moins directe de causes immédiates : baisse du marché de l'art international, défiance du public français envers un art contemporain subventionné et officialisé par les pouvoirs publics. Toutefois — on l'a vu —, les causes profondes remontent loin dans l'histoire de la modernité. Elles ne concernent pas seulement ce qu'on nomme parfois de façon pompeuse «l'aventure de l'art au xxᵉ siècle», mais l'évolution de l'art dans le contexte particulier des transformations économiques, politiques et technologiques qui modifient en profondeur la représentation que nous nous faisons de la création artistique et plus généralement de la culture.

Désormais intégrées au système économique et soumises aux impératifs de rentabilité et de profit, les pratiques artistiques et culturelles sont aujourd'hui étroitement liées au développement technologique, à celui des médias, de l'information et de la communication. Certains voient

dans cette évolution un progrès vers la démocratie culturelle. La culture elle-même, enfin
descendue de son piédestal élitiste et bourgeois,
deviendrait distractive et ludique. Elle autorise-
rait, en principe, une multiplicité d'expériences
esthétiques, divertissantes et hédonistes, libé-
rées de toute référence à des normes ou à une
hiérarchie de valeurs préétablies, la seule règle
étant de répondre à la satisfaction des désirs de
chacun.

Mais cette vision des choses cache en réalité
deux paradoxes. Un premier paradoxe réside
dans l'apparition d'un individualisme de masse,
phénomène typiquement postmoderne décrit
naguère par Gilles Lipovetsky[14]. L'idée que
chacun jouit de la pleine et entière liberté
d'élaborer ses propres critères, de juger comme
bon lui semble selon son goût propre, est en
contradiction avec les puissantes sollicitations
consuméristes d'un système culturel qui assure
massivement la promotion de ses produits.
Autrement dit, telles ces modes qui traversent
parfois le corps social, la liberté de l'individu
consisterait au mieux à faire comme tout le
monde, qu'il s'agisse d'art, de culture, de loisir
ou de tourisme.

Un second paradoxe résulte de ce fossé
qui, en régime démocratique, se creuse entre la
culture des experts et la culture profane, par
exemple entre le fameux monde de l'art — le

« petit milieu » — et les publics rassemblés sous l'étiquette commode de « grand public ». Cette situation pourrait bien signifier l'abandon d'un projet authentiquement démocratique et le renoncement à une culture pour tous, accessible au plus grand nombre. Plutôt que de hausser le niveau des exigences culturelles, on préfère mettre la barre un peu plus bas sous le prétexte assez démagogique de respecter une liberté individuelle que contredit le conditionnement massif du système culturel.

Ce clivage au sein de la sphère publique avait été perçu, dès les années 60, par le philosophe allemand Jürgen Habermas, bien avant qu'il ne stigmatise, dans les années 80, le néo-conservatisme à l'état latent dans la pensée postmoderne. Il constatait notamment l'« écart croissant entre, d'une part, les minorités productives et critiques, constituées par les spécialistes et les amateurs compétents — qui sont familiers de démarches d'un haut niveau d'abstraction appliquées à l'art, la littérature et à la philosophie [...] et d'autre part le grand public des médias [...]. » Ni la politique culturelle ni les techniques modernes de communication et d'information n'ont pu ou n'ont su résoudre la question de l'inégalité devant la culture et son mode d'appropriation : « La surface de résonance que devait constituer cette couche sociale cultivée, et éduquée pour faire de sa raison un usage public, a volé en éclats ; le public s'est scindé d'une part en minorités de spécialistes dont l'usage qu'ils font de leur raison n'est pas public, et d'autre part en cette grande masse des consommateurs d'une culture qu'ils reçoivent par l'entremise de médias publics. Mais par là même le public a dû renoncer à la forme de communication qui lui était spécifique[15]. »

En dépit du développement sans précédent des nouvelles technologies — multimédia, informatique, interactivité, internet, etc. —, le constat établi trente ans plus tard fait apparaître une situation presque identique. Si l'on convient, avec Anne Cauquelin, que l'activité de création artistique se prête désormais parfaitement « à la circulation d'informations sans contenus spécifiques » et justifie qu'un « État culturel » soit attaché à la mise en œuvre d'une politique de démocratisation de l'art, il n'empêche que cette même politique présente l'inconvénient d'être mal comprise par le public : « Le contrepoint de cette politique [...], c'est en ce qui concerne le public, une impression confuse, une incompréhension — où est l'artiste, où est l'art ? — et en même temps [...] sa mise à l'écart[16]. »

À l'époque où Anne Cauquelin rédige ces lignes, la crise de l'art est déjà déclenchée. Les paradoxes que nous venons d'évoquer restent sous-jacents aux controverses et aux polémiques qu'elle provoque.

TROISIÈME PARTIE

LA CRISE DE L'ART CONTEMPORAIN

Les artistes dépendent toute leur vie qu'ils veuillent le voir ou non de ce qu'on appelle les gens cultivés et lorsqu'un artiste se refuse à l'art classique ce qu'on appelle les gens cultivés le laissent tomber... c'est un homme mort mon enfant.

THOMAS BERNHARD,
Place des Héros, 1988.

Nous avons déjà évoqué, dans l'avant-propos, l'aspect surprenant de la crise de l'art contemporain au début des années 90. Rappelons brièvement quelques paradoxes apparents. Cette crise, aux allures de crispation de type « fin de siècle » — et fin de millénaire —, intervient tardivement après une longue série de bouleversements successifs au cours de la fin du XIXᵉ siècle et du XXᵉ siècle : quatre-vingts ans après le *Carré blanc sur fond blanc* de Malevitch, soixante-treize ans après *Fountain* de Marcel Duchamp, vingt-sept ans après les boîtes Brillo d'Andy Warhol.

Elle se déclenche et se déroule principalement en France ; elle déconcerte les observateurs étrangers mais ne trouble pas vraiment le monde de l'art international, européen ou américain.

Les défenseurs et les détracteurs de l'art contemporain s'échinent à propos des formes actuelles de création, mais les protagonistes ne

s'appuient que sur quelques cas — principalement sur des artistes, très rarement sur des
œuvres — dont le caractère d'exemplarité est
incertain.

Les interrogations portent sur des thèmes censés intéresser le grand public — peut-on évaluer
et juger l'art contemporain ? si oui, sur quels critères ? l'État a-t-il pour vocation de subvention-
ner la création artistique actuelle ?, etc. — mais,
une fois éteinte la petite flambée médiatique, le
débat se poursuit dans un huis clos limité aux
spécialistes, aux critiques, aux historiens de l'art
ou à quelques philosophes. Peu d'artistes, pourtant directement concernés, parfois pris pour
cibles, s'impliquent dans la controverse.

IX

LES ENJEUX DU DÉBAT

À l'origine, cette controverse est destinée à préciser et à clarifier des enjeux esthétiques et artistiques; une tâche d'autant plus nécessaire que l'épuisement des doctrines «classiques» de la modernité crée un vide théorique que ne comble plus le discours postmoderne, lui-même périmé.

Bien que l'État, entre 1981 et 1995, s'efforce de promouvoir la création actuelle, multiplie les subventions et les commandes publiques et favorise l'ouverture de centres et d'écoles d'art, le public reste méfiant, voire hostile face à des audaces «avant-gardistes» qui lui paraissent aventureuses. Comment peut-il en être autrement dès lors que l'expression «art contemporain» semble, déjà en elle-même, échapper à toute spécification?

D'un débat entre spécialistes, on peut ainsi s'attendre qu'il livre quelques éclaircissements au profane; qu'il permette aussi, à défaut de donner une définition exhaustive, simple et claire de l'art contemporain, de s'y retrouver dans les nombreux paramètres auxquels répond celui-ci. Ces paramètres ne sont pas si nombreux ni si complexes qu'ils puissent échapper à l'entendement du public.

Comme nous l'avons déjà souligné[1], on qualifiera de contemporaine une tendance, ou une œuvre, qui n'appartient à aucun des mouvements ou courants dûment répertoriés dans l'histoire de l'art moderne. Les œuvres antérieures aux années 60 ont très rarement leur place dans les lieux consacrés à l'art contemporain. Le renouvellement, l'appropriation, l'hybridation, le métissage des matériaux, des formes, des styles et des procédés — librement utilisés sans souci de hiérarchisation — jouent un rôle essentiel dans cette « contemporanéité ». On pourrait faire mention également de la recherche de la nouveauté, de l'imprévu, de l'inédit, de l'incongru. L'intention de provoquer, de choquer, de transgresser, héritée des mouvements avant-gardistes, perdure, et parfois s'exacerbe, au risque, assurément, de lasser le public par des actions systématiques et répétitives. La reconnaissance au niveau international est primordiale. Un artiste local ou provincial, si talentueux soit-il, est rarement nommé « artiste contemporain ». Cette reconnaissance conditionne la notoriété minimale auprès du monde de l'art et des circuits officiels, institutionnalisés. Elle a pour corollaire d'assurer à l'artiste une position privilégiée sur le marché de l'art et de le faire bénéficier d'une cote — de préférence en hausse —, attisant le désir d'acquisition de la part des institutions, musées et galeries. L'art contemporain s'implique dans la vie quotidienne, s'insère dans l'environnement, contribue à la transformation de l'espace public. Il suppose l'adoption d'attitudes, de « postures » artistiques où les concepts, les mots, les discours tiennent une place importante, surtout lorsqu'il y a peu ou rien à voir, à sentir ou à toucher. L'artiste est polyvalent, capable de mettre en œuvre, simultanément ou successivement, différentes procédures sur des supports et avec des matériaux divers. On note une forte individualisation des pratiques, le refus d'appartenance à des mouvements, tendances, courants ou groupes et une flexibilité des modes de présentation dans des lieux différenciés, institutionnels ou non : musées, galeries, expositions temporaires, rue, squats, bref, n'importe où... y compris dans des endroits invisibles (Jochen Gerz, Christian Boltanski, par exemple[2]). Enfin, fréquemment, l'art contemporain ne se contente pas de mettre en représentation. Il en appelle à la capacité de juger, d'apprécier, de contempler, de méditer ou de... s'ennuyer de la part du public. Ses énoncés et ses propositions sont en eux-mêmes des actes et ceux-ci opèrent de façon performative[3]. Cet « art-action » fait plus que montrer. Il agit et sollicite la participation active des spectateurs-acteurs qui contribuent à l'élaboration de l'œuvre.

Cette liste ne prétend pas être exhaustive. Pris isolément, aucun de ces paramètres n'est en soi nécessaire ni suffisant. Seule leur combinaison engendre une constellation correspondant à certains aspects de l'art contemporain, susceptible d'éclairer un public fréquemment laissé pour compte. De cela, malheureusement, il ne fut guère question pendant la querelle.

Dès la fin des années 80 et au début de la décennie suivante, et comme l'attestent les formes diverses de la création apparues à cette époque, les thèmes susceptibles d'intéresser à la fois les spécialistes et le public sont nombreux.

Il y a là matière à renouveler une problématique de l'art qui n'a plus rien à voir avec celle des décennies précédentes. Étonnamment, aucune de ces questions, à de rares exceptions près, ne sera prise en considération lors de l'affrontement entre partisans et adversaires de l'art d'aujourd'hui.

Manque de recul, hâte d'en découdre ? Nous verrons comment le débat de fond est purement et simplement escamoté. La controverse vire à la polémique, puis dégénère en diatribes et en insultes à caractère politique et idéolo-

gique au détriment d'une caractérisation minimale de l'art contemporain et d'une esquisse
même élémentaire de réflexion théorique.
Comme si le postulat énonçant que cet art est
n'importe quoi autorisait parfois les adversaires
de l'art actuel à dire, eux aussi, n'importe quoi,
au point de court-circuiter toute discussion sur
les enjeux réels de l'art d'aujourd'hui.

X

LE PROCÈS DE L'ART
CONTEMPORAIN

Le front « anti-art contemporain »

Dans son ouvrage consacré à la crise de l'art contemporain[1], Yves Michaud dresse une liste des arguments employés par les adversaires de l'art contemporain : nul, incompréhensible, sans talent, truqué, asservi au marché, indûment subventionné par l'État, soutenu par les institutions, produit d'un monde de l'art coupé du public, etc.

À juste titre, Michaud note le caractère disparate de ces arguments, parfois incohérents, pas toujours pertinents et de valeur inégale, surtout lorsqu'il s'agit d'analyser la situation avec un minimum d'objectivité.

Toutefois, le plus surprenant est probablement le postulat selon lequel l'art contemporain est globalement nul. Un tel jugement de valeur suppose en effet un critère de qualité. Or l'existence de tels critères est justement mise en doute par la plupart des protagonistes, adversaires ou défenseurs de l'art actuel. On part donc d'un fait que l'on considère *a priori* comme établi, celui du degré zéro de la qualité affectant la production artistique de l'époque. Un postulat étant, par définition, indémontrable, il est facile de faire l'économie des preuves — omission ou impasse — et cela d'autant plus aisément que le constat de médiocrité est établi par des spécialistes, supposés experts en art contemporain et, en principe, médiateurs entre les artistes et le public. Et bien que l'on ignore à peu près tout de l'état d'esprit de ce public, simples amateurs ou consommateurs béotiens — hormis sa faible fréquentation des lieux consacrés à la création actuelle —, la conclusion paraît s'imposer d'elle-même : l'art est nul, parole d'expert, mais ce n'est pas moi, expert, qui l'affirme, c'est le public.

Ce climat général d'opprobre qui pèse sur l'art contemporain déstabilise considérablement ses défenseurs et stérilise assez rapidement le débat artistique et esthétique. Autant, par exemple, une preuve attestée de nullité d'un artiste ou d'une œuvre particulière appelle en retour une contre-preuve, autant l'absence d'expertise annule *ipso facto* toute contre-expertise[2]. Le débat montre à quel point les partisans de l'art contemporain éprouvent de grandes difficultés pour argumenter « preuves en main », jusqu'à laisser entendre, parfois, à leur corps défendant, que leur cause pourrait bien être perdue d'avance[3]. Il est vrai, comme on l'a précisé, que le discours anti-art de l'époque, provenant du milieu artistique lui-même, exprime haut et fort des sentiments ou des impressions plus ou moins partagés par le grand public. Le « n'importe quoi » si souvent reproché aux pratiques contemporaines exclut, par définition, toute référence à un idéal de beauté. Le beau ayant déserté la sphère artistique, certains en tirent la conclusion évidente : l'art n'est plus l'art et l'œuvre d'art n'est plus une œuvre d'art. Les preuves de cette prétendue disparition ne manquent pas. Désorienté par l'absence de signification qui caractériserait nombre d'œuvres actuelles, le visiteur d'une exposition ne conjure-t-il pas parfois son dépit en déclarant de façon définitive que « cela n'a pas de sens » ? Au demeurant, comment juger, puisque les spécialistes patentés eux-mêmes s'y refusent ?

La radicalité des griefs — vacuité, laideur, fatras, bêtise, vulgarité, futilité, etc. — formulés par un front anti-art érigé en porte-parole auto-proclamé d'une sorte de *doxa* populaire paraît ainsi inhiber toute contre-attaque argumentée et rationnelle.

Une cause supplémentaire de désorientation chez les défenseurs de l'art contemporain réside dans le manque d'unité et d'homogénéité du front anti-art. Ce front est en effet pluriel et rassemble, dans une improbable alliance objective, les conservateurs et les traditionalistes, nostalgiques du Grand Art, les progressistes hostiles à la célébration d'un nouvel art officiel, institutionnalisé sous l'égide de l'État, et la droite réactionnaire, antimoderniste, hostile à l'art contemporain, qui milite activement en faveur de la restauration des valeurs du passé.

Les diatribes partisanes, à caractère politique et idéologique, ne tardent donc pas à supplanter les considérations esthétiques, au détriment d'une analyse circonstanciée de la création contemporaine.

L'effet Baudrillard

Intitulé « Le complot de l'art », un article de Jean Baudrillard, publié en 1996 dans un quotidien à audience nationale, est reçu comme un véritable brûlot dont l'effet le plus spectaculaire est d'aviver une polémique qui commençait à s'essouffler. Provocation inepte pour les partisans de l'art contemporain, les déclarations du sociologue semblent accorder un appui inespéré aux thèses les plus rétrogrades, voire les plus réactionnaires en matière d'art.

En réalité, Baudrillard inclut sa vision de l'art dans une conception plus générale de l'évolution des sociétés occidentales. Il dénonce notamment les effets pervers et la violence d'une mondialisation qui pervertit et neutralise les valeurs, éradique les différences et annihile les singularités. Cette évolution signe la fin du désir de transcendance, d'idéal, d'illusion, perte repérable dans tous les domaines, y compris dans celui de l'art. À cette sphère que le philosophe Herbert Marcuse assimilait naguère à la sublimation, s'est substitué un univers homogénéisé, transparent, règne de l'indifférenciation, de l'indifférence et de la banalité. Rien n'échappe à cette banalisation ni à cet échange de signes équivalents, ni la politique, ni l'économie, ni le sexe, ni le corps, pas même la création artistique. Ce processus de transparence généralisée, propre à l'ère postmoderne, voire hypermoderne[4], ne fait que révéler en permanence son obscénité et sa pornographie.

« Mais que peut encore signifier l'art dans un monde hyperréaliste d'avance, cool, transparent, publicitaire[5] ? », demande Baudrillard, dès lors que l'ironie elle-même, revendiquée par nombre de pratiques artistiques actuelles, échoue dans un sinistre aveu d'inoriginalité, de banalité, de nullité et de médiocrité.

Le complot de l'art se fomente sans instigateurs désignés. Il serait donc vain de chercher des responsables, coupables d'une sombre machination qui, en réalité, implique tout le monde, aussi bien les complices que les victimes. Selon Baudrillard, la paranoïa qui s'exprime de façon spectaculaire dans la crise de l'art contemporain est une paranoïa complice : « [...] il n'y a plus de jugement critique possible, et seulement un partage à l'amiable, forcément convivial, de la nullité. C'est là le complot de l'art et sa scène primitive, relayée par tous les vernissages, accrochages, expositions, restaurations, collections, donations et spéculations[6]. »

À l'évidence, le texte de Baudrillard ne reçoit sa pleine signification qu'une fois replacé dans le contexte d'une problématique plus large. Toutefois, ce que retiennent à l'époque les défenseurs de l'art d'aujourd'hui, irrités et scandalisés, c'est cet apparent ralliement à la cause du front anti-art. Il est vrai que la contribution apportée par le sociologue, quelques semaines plus tard, au dossier d'une revue de la Nouvelle Droite française vivement et parfois hargneusement hostile à l'art contemporain, ne permet guère d'apaiser les esprits.

C'est ce climat que nous nous proposons d'évoquer ici. Les arguments des protagonistes les plus actifs de cette controverse concernant la crise de l'art contemporain sont amplement exposés plus loin[7].

Faillite de l'esthétique traditionnelle

À une époque de « pluralisme profond et de tolérance complète », *dixit* Arthur Danto, la disparition — ou l'invisibilité — des critères esthétiques et la difficulté de juger et d'évaluer en référence à des normes préétablies accréditent l'idée d'une fin de l'esthétique. Cette fin, proclamée parfois haut et fort[8], repose sur un contresens à l'égard du projet même des fondateurs successifs de l'esthétique, et notamment vis-à-vis d'Emmanuel Kant. On oublie trop souvent que l'esthétique kantienne est tout entière fondée sur l'autonomie du jugement de goût et sur une liberté de juger accessible à tous — du moins en principe — qui dépasse largement le seul domaine des beaux-arts. L'esthétique comme réflexion philosophique a ouvert historiquement, dès le XVIIIᵉ siècle, un espace particulier, celui de la critique qui, au-delà de la question de l'art, a progressivement sapé tous les principes d'autorité, métaphysique, philosophique, politique et religieux. Diderot ne s'y est pas trompé, ni Kant, ni Schiller, ni Hegel. Faire de l'esthétique, c'était déjà, et c'est toujours, exercer sa liberté de penser ; c'est aussi créer des concepts pour explorer le champ du sensible, du goût, de l'imagination, des passions, des intuitions et des émotions ; et créer des concepts, c'est encore ce que l'homme a trouvé de mieux pour partager ces moments particuliers du vécu qu'on appelle l'expérience esthétique.

Force est de reconnaître que le débat sur l'art contemporain n'a guère pris en compte ce genre de considération. Largement focalisé sur la situation singulière de l'art actuel en France, fourvoyé dans des considérations politiques et partisanes et des conflits personnels, il a laissé en suspens nombre de questions qui, pourtant, avaient été à l'origine de son déclenchement. Les interrogations, dès lors, demeurent, concernant par exemple l'existence ou l'absence de critères de jugement, le statut des pratiques artistiques et culturelles sous le régime démocratique de la consommation de masse, les relations nouvelles entre le public et les formes d'art diversifiées qui n'ont plus rien à voir avec le système des beaux-arts. Restent aussi, trop rapidement évoquées, les questions concernant le consensus au sein d'un monde de l'art, coupé du grand public, ou bien l'implication politique et idéologique des artistes. Mais l'idée prévaut surtout que la théorie esthétique traditionnelle est en faillite, impuissante à dissiper l'impression, largement partagée non seulement par les profanes mais aussi par de nombreux spécialistes, que l'art d'aujourd'hui, malgré l'avis de trop rares professionnels, est décidément « n'importe quoi ».

Renouveler la théorie de l'art et adapter le discours esthétique à cette situation inédite apparaît donc, pour certains, comme une nécessité.

XI

COMMENT INTERPRÉTER
LA CRISE ?

Démocratie et pluralisme

L'essai du philosophe Yves Michaud consacré en 1997 à *La crise de l'art contemporain* décrit
de façon précise, « méthodique et simple », ces
changements d'orientation, tout en s'inscrivant
lui-même dans ce qu'on pourrait nommer
— au risque d'alourdir une expression déjà
pataude — la « postmodernité tardive ». Ancien
directeur de l'École nationale supérieure des
Beaux-Arts de Paris, l'auteur ne peut guère être
suspecté d'indifférence ou d'hostilité envers
l'art contemporain. Ni « adversaire nostalgique »
ni « adorateur salarié », Yves Michaud prend le
recul nécessaire — « relativisme méthodolo-
gique » et « scepticisme théorique » — pour
déplorer le simplisme des arguments lors de la
polémique sur l'art actuel et renvoyer dos à dos
partisans et détracteurs. Cette querelle, selon
Michaud, est littéralement intempestive dans la

mesure où elle s'appuie sur des paradigmes qui n'ont plus cours aujourd'hui, tels le Grand Art, la Grande Esthétique, la fonction utopique de l'Art, la subversion ou la transfiguration artistiques de la réalité, la communion au sein d'une universalité enfin réconciliée, la mission salvatrice de l'art comme « ciment social », etc.

La culture dominante, dans les démocraties libérales et pluralistes, est désormais celle du *zapping*, note Michaud, où chacun exprime ses préférences, libre d'affirmer ce qui lui plaît en faisant fi de toute « déférence » et « révérence » envers les goûts de l'élite. La crise ne réside pas dans les pratiques artistiques, toujours plus nombreuses et diversifiées, mais plutôt « dans nos représentations de l'art et de sa place dans la culture »[1].

Et, pour comprendre cette évolution, le recours aux anciennes théories esthétiques de la modernité, postkantiennes, idéalistes et romantiques, est désormais impossible. Selon Yves Michaud, il convient donc de se tourner vers les théoriciens qui soit appartiennent à la philosophie anglo-saxonne de l'art, tels Nelson Goodman ou Arthur Danto, soit s'en inspirent, notamment en France, tels Gérard Genette ou Jean-Marie Schaeffer. Les « esthétiques du pluralisme », dont relèvent, selon Michaud, les auteurs en question, renvoient aux diverses contributions qui désarticulent le « paradigme moderniste» et entendent «rendre à l'expérience esthétique sa diversité, sa variabilité et sa relativité». Seules ces esthétiques répondent à l'organisation et à la gestion du système culturel dans une démocratie libérale et «plurielle».

Élaborer un nouveau paradigme esthétique capable de se substituer à deux siècles et demi de théories de l'art, tel est l'enjeu défini par Michaud : «Il nous faut donc revoir nos manières de penser, essayer de former un nouveau paradigme d'une activité qui, par ailleurs, demeure indispensable quelle que soit notre déception de ne plus pouvoir l'envisager comme nous le faisions depuis la naissance historique de l'esthétique à la fin du xviiie siècle. »

Mais cette disqualification d'une philosophie de l'art issue de la tradition européenne — nommée «continentale» par les Américains — au bénéfice, en partie du moins, d'une philosophie d'inspiration analytique et pragmatique, élaborée principalement aux États-Unis, suppose une réinterprétation de l'histoire de l'esthétique et surtout une redéfinition de l'esthétique qui ne vont pas sans difficulté. Toute substitution nécessite une équivalence des choses à échanger. Remplacer une tradition esthétique ancienne par une autre tradition esthétique plus récente ne peut être légitime que si le produit de remplacement ressortit réellement à l'esthétique. Cela ne semble pas être le cas. Nous le montrerons dans le chapitre suivant.

Pour de nouvelles relations esthétiques

« D'où proviennent les malentendus qui entourent l'art des années quatre-vingt-dix, sinon d'un déficit du discours théorique ? »

Cette question, posée par Nicolas Bourriaud dans son ouvrage *L'esthétique relationnelle*[2], est assurément d'une grande pertinence. L'une des solutions préconisées consisterait à « prendre à bras-le-corps les pratiques contemporaines[3] » en établissant des liens plus étroits et conviviaux entre le public et le travail des artistes. Résister à la réification dominante dans la société d'aujourd'hui suppose, selon l'auteur, l'instauration d'une réelle « socialité » actuellement pervertie par le système marchand. Il est vrai que les productions artistiques paraissent souvent inaccessibles, réduites à de simples gestes ou processus plus ou moins désincarnés et immatériels ; néanmoins, elles ne cessent d'en appeler à de multiples formes d'expérimentation, esquissant autant d'« utopies de proximité ». C'est donc ce nouveau lien social qu'il convient d'établir en créant un réseau de relations intersubjectives et participatives entre l'artiste et le public à l'opposé du tourisme cul-

turel superficiel et consumériste. Nicolas Bourriaud pense que certaines productions sollici-
tent plus que d'autres ce type d'expérience en
créant d'elles-mêmes les conditions de ce rapprochement. Il cite ainsi nombre d'artistes dont
les œuvres tendraient à recoudre un tissu social
distendu, notamment Félix González-Torres[4],
Gabriel Orozco, Rirkrit Tiravanija, Pierre Huyghe, Angela Bulloch, Vanessa Beecroft, Maurizio Cattelan[5].

Artiste d'origine mexicaine, né en 1962,
Gabriel Orozco est connu pour sa *DS* (1993),
coupée du tiers de sa largeur et « suturée » pour
lui redonner un « look » presque normal. En
1995, il se donne pour règle du jeu de parcourir sur un scooter jaune, *Die Schwalbe* (« L'hiron-
delle » ; fabriqué dans l'ex-RDA), toute la ville
de Berlin à la recherche de quarante engins de
modèle identique et de même couleur. Lorsqu'il en trouve un, il se gare à ses côtés et photographie la paire jumelle.

Rirkrit Tiravanija (1961) recrée des lieux
familiers : cuisines, salons, cafés, espaces domestiques dans lesquels le spectateur-acteur peut
ressentir paradoxalement quelque chose comme
une « inquiétante étrangeté ». Au cours de
l'une de ses « performances » — citée par Bourriaud —, Tiravanija, invité à dîner chez un
collectionneur, prête à celui-ci le matériel
nécessaire à la préparation d'une soupe thaï[6].

Pierre Huyghe (1962) travaille à partir du cinéma, de la vidéo, de la photographie et des nouveaux médias. Son travail a fréquemment pour thème les distorsions spatio-temporelles qui perturbent notre perception du réel. En 1997, il projette, par exemple, trois versions simultanées d'un film de 1929, *Atlantic*, en français, anglais et allemand. À l'époque, en l'absence de postsynchronisation, on ne changeait pas les voix mais les acteurs.

En 2000, Pierre Huyghe et Philippe Pareno présentent deux films sous le titre *No Ghost Just a Shell* (*Non pas un fantôme, seulement une coquille*) mettant en scène les aventures d'Annlee, petit personnage manga dont ils ont acheté les droits à la société japonaise Kworks. La particularité d'Annlee est d'être partageable entre plusieurs artistes (notamment Dominique Gonzalez-Forster, Liam Gillick, François Curlet et Pierre Joseph), dont chacun remplit cette « coquille » vide en écrivant l'histoire et en prolongeant les aventures de l'héroïne à leur gré. Chaque fois différente, tout en étant la même, Annlee, figure virtuelle, contrarie le principe d'identité.

Les installations d'Angela Bulloch (1966) décrivent les automatismes auxquels sont soumis les individus placés dans des situations particulières d'environnement. Ses dispositifs lumineux ou sonores incitent le spectateur à réagir dans des situations qui contrastent avec les sollicitations stressantes de la vie quotidienne.

Les performances de Vanessa Beecroft (1969) sont souvent régies par un même protocole : des jeunes femmes, nues ou légèrement vêtues, composent des tableaux vivants : silencieuses, bougeant très peu, visage sans expression, elles se tiennent debout ou assises, face au public, maquillées, habillées ou... déshabillées, tels des mannequins dans les vitrines des magasins. Ces mises en scène sont photographiées ou enregistrées sur vidéo.

Rétablir le contact entre le public et la production artistique contemporaine, tel est donc l'objectif de l'esthétique relationnelle. En créant des situations transactionnelles et interactives, on fait sortir l'art de son ghetto institutionnel, et l'on en finit avec le sentiment d'exclusion des spectateurs tenus à l'écart d'une sphère très spécialisée.

Mais que penser de ces prétendues subversions insérées dans la banalité de la vie quotidienne ou dans l'espace public ? Desserrent-elles véritablement l'étau de relations sociales bloquées ? À singer la réalité, le risque n'est-il pas de calquer sur le mode virtuel, c'est-à-dire finalement sans risque, les mécanismes de coercition et l'aliénation que l'on prétend dénoncer ? Se faire embaucher, telle Christine Hill, comme caissière dans un grand magasin, reconstituer un hypermarché (*Hybertmarché* de Fabrice Hybert), proposer à des inconnus pris au hasard de faire leur vaisselle (Ben Kinmont), permettre à des artistes de se relaxer en jouant au baby-foot sur le lieu de l'exposition (Tiravanija)... autant d'actions éminemment sympathiques et conviviales effectivement très éloignées des *happenings* ritualisés soixante-huitards (et post!). Ces événements mimétiques de la réalité exigent sans doute qu'on les prenne au « second degré ». Mais leur banalité revendiquée ne permet guère de mesurer l'ironie salvatrice et véritablement subversive qu'ils sont censés exprimer[7].

C'est là peut-être l'aspect éminemment équivoque qui caractérise la mise en œuvre de l'esthétique relationnelle.

En 1999, le ministère de la Culture élabore le projet d'ouverture d'un lieu ouvert à tous, une sorte d'antimusée consacré exclusivement aux œuvres en train de se faire. Toutes les pratiques doivent y avoir leur place : arts plastiques, vidéo, photographie, mode, design, performances, installations, musique, etc. Nicolas Bourriaud est pressenti pour assurer la codirection[8] de ce laboratoire expérimental destiné à accueillir exclusivement les œuvres en train de se faire.

À ce jour[9], près de 500 000 visiteurs ont déambulé dans le Palais de Tokyo depuis son inauguration en janvier 2002. Espace de liberté, haut lieu branché de la création actuelle pour certains, squat de luxe à cause de son aspect friche industrielle pour d'autres, le Palais de Tokyo risque de souffrir longtemps d'une remarquable ambiguïté. Association créée selon la loi de 1901, son budget est assuré à 50 % par l'État et financé en partie par des mécènes privés, le reste provenant de ses recettes propres. Questions : ce musée antimusée présente-t-il *in live* la production artistique actuelle ou bien l'image que les nombreux conservateurs ayant sélectionné les œuvres se font de l'art contemporain ? L'instauration d'un lieu spécialement réservé à des productions qui prétendent justement agir hors des murs n'aboutit-elle pas, en définitive, à la restauration de ce *White Cube* dénoncé dès la fin des années 60 par le critique d'art et artiste Brian O'Doherty[10] ? N'y a-t-il pas contradiction entre le désir de démultiplier les rapports entre les artistes et le public et le confinement de la création contemporaine dans un espace délimité et institutionnalisé ?

Le « paradoxe permissif » selon Nathalie Heinich

L'idée d'un public — français — dupé par un jeu institutionnel subtil et pervers est l'objet de l'ouvrage que la sociologue Nathalie Heinich publie en 1998 : *Le triple jeu de l'art contempo-*

rain[11]. L'ouvrage livre quelques pistes pour
mieux comprendre le mode de fonctionnement
de l'art d'aujourd'hui dans ses rapports avec
l'institution et le public. Nathalie Heinich rappelle combien l'histoire de l'art occidental
peut s'écrire sur le mode des transgressions
successives que la création artistique fait subir
en permanence aux normes établies, depuis les
audaces du Caravage jusqu'au réalisme de
Courbet. Ce processus d'affranchissement vis-à-
vis des normes, des conventions et des codes
traditionnels s'accélère avec la modernité et les
mouvements d'avant-garde pour aboutir finalement à la situation particulière de l'art actuel :
que signifient encore les ruptures dès lors qu'il
n'y a plus rien à transgresser et que toutes les
frontières artistique, esthétique et éthique, et
même juridique, semblent avoir été franchies ?
Mais surtout : que faire lorsque l'institution
elle-même stimule et cautionne une transgression dont elle est, en principe et au premier
chef, la cible privilégiée ?

Ainsi naît ce que Nathalie Heinich appelle le
« paradoxe permissif » qui « consiste à rendre
la transgression impossible en l'intégrant dès
qu'elle apparaît, voire avant qu'elle n'ait été
sanctionnée par les réactions du public »[12]. Ce
mécanisme n'est pas vraiment nouveau. Il se
présente, somme toute, comme une version
améliorée de la « récupération » dénoncée par

les mouvements contestataires des années 60-70.
On peut y voir également une figure symétrique
du fameux « il est interdit d'interdire » soixante-
huitard. Il en résulterait, selon Heinich, une
spirale infernale qui contraindrait les artistes
à se soumettre à l'injonction contradictoire :
« Sois transgressif ! »

La victime de cette surenchère, hormis les
artistes dont certains finissent par tirer leur
épingle du jeu — en notoriété et en finances, —
est assurément le grand public, d'autant moins
concerné par l'art contemporain — précise
Nathalie Heinich — « que celui-ci est plus radical et que les lieux où il s'expose sont plus spécialisés[13] ».

La situation décrite ici — celle d'un art
empêtré dans le jeu institutionnel — n'est
certes pas transposable à l'art contemporain
international. Elle caractérise un moment paradoxal de l'histoire de l'art dans la France des
années 80-90, époque pendant laquelle la
volonté des pouvoirs publics de démocratiser
les pratiques actuelles aboutit, de façon contradictoire, à couper un peu plus l'art contemporain de son public potentiel. Et comme ce
« triple jeu » institutionnel semble fermé, aucune
solution ne permet, semble-t-il, de résoudre ce
paradoxe. L'ouvrage de Nathalie Heinich se
clôt sur des questions apparemment insolubles :
« Jusqu'où ira la fuite en avant dans l'épreuve

des limites de l'art ? Et cette paradoxale injonction qui est faite aux artistes de réinventer indéfiniment les conditions de leur propre liberté
— comment s'en libérer [14] ? »

La réponse n'est pas donnée, et là réside sans
doute le point faible de l'argumentation
de l'auteur. Dans son avant-propos, Nathalie
Heinich prend soin de préciser l'exigence de
neutralité à laquelle se soumet la sociologue :
décrire sans *a priori*, ne pas porter de jugements
de valeur, n'évaluer ni les œuvres ni les artistes [15],
ne se rallier à aucun parti dans la confrontation
entre partisans et adversaires de l'art contemporain. Et, de fait, elle s'abstient de toute complicité ou compromission avec l'une ou l'autre
des parties.

Il n'empêche que cette façon d'enfermer les
enjeux de la création artistique actuelle dans
le cadre d'une partie de « main chaude » à trois
partenaires est quelque peu réductrice. Et le
portrait « objectif » et réaliste de l'art contemporain — tel qu'il est présenté — équivaut à un
procès sans appel. Ce portrait est finalement
celui d'une activité vaine et gratuite, inoffensive et consensuelle, et réservée à un cénacle de
quelques initiés blasés. L'art contemporain
n'aurait plus pour seul objectif que de révéler
les contradictions de l'institution et pour seul
souci d'en démontrer le caractère pervers.
Devant des œuvres qui — reconnaît Nathalie

Heinich — ne sont pas n'importe quoi et pos-
sèdent une logique propre, un public lui-même
revenu de tout réagit néanmoins sporadique-
ment, prêt à s'offusquer de façon fugitive lorsqu'il lui semble que certaines limites — morales,
juridiques, rarement esthétiques — ont été
indûment franchies.

Sans être une panacée, quelques propositions simples permettraient peut-être d'échapper à ce cercle infernal. On pense, par exemple,
au renforcement de l'éducation artistique à
tous les niveaux de l'enseignement public, sans
que l'État prétende vouloir définir avec une
précision méthodique et maniaque le contenu
des programmes. Cela suppose une limitation
de ses interventions aux tâches qui lui incom-
bent, telles la constitution et la conservation du
patrimoine.

On imagine aussi la mise en place, dans les
médias — presse, radio, télévision —, des
conditions favorisant un réel débat public sur
les formes éclectiques de la création actuelle et
sur les relations qu'entretient celle-ci avec la
société. On pense enfin au renoncement à la
célébration d'un « art officiel », considéré à tort
comme avant-gardiste et novateur au détriment
des autres formes d'expression... dès lors que
cette politique conduit, notamment sur le plan
international, au spectaculaire échec décrit dans
le fameux rapport Quémin[1].

Quelles que soient les remarques formulées ici à propos de l'esthétique relationnelle ou du « triple jeu de l'art contemporain », les ouvrages de Nicolas Bourriaud et de Nathalie Heinich ont le mérite d'aborder frontalement les problèmes de l'époque : rôle de l'institution, surenchère dans la transgression, rapport entre l'art, l'institution, la science, la politique, l'éthique, ouverture d'espaces dédiés aux échanges entre créateurs et spectateurs, etc.

Après une dizaine d'années de politique culturelle sous l'égide de l'État et quelques mois de fléchissement du marché de l'art, la querelle de l'art contemporain, à défaut d'être prévisible, était sans doute inévitable. Toutefois, son intérêt ne réside certainement pas dans les conflits internes auxquels elle a donné lieu, mais plutôt dans les analyses sociologiques et les réflexions philosophiques qu'elle a suscitées en marge du débat proprement dit.

QUATRIÈME PARTIE

LE DÉBAT
PHILOSOPHIQUE
ET ESTHÉTIQUE

XII

CHANGEMENT DE PARADIGMES

« Ceux qui admettent qu'une tasse en plastique ou un tas de briques puissent être des œuvres d'art simplement pour la manière dont ces objets sont présentés dans un contexte et reçus par un public, ceux-là montrent qu'ils ne savent plus de quoi ils parlent [...]. J'estime que cela n'a aucun sens de soutenir qu'un tas de briques pourrait être une œuvre d'art [...]. Nul ne pourrait sérieusement penser que l'on puisse justifier, pour une tasse en plastique, du même genre d'intérêt que [...] les connaisseurs et les amateurs d'art nourrissaient, au XVIIIe siècle, pour la peinture. Il n'est tout simplement pas concevable que ce genre d'univers puisse se développer autour de tasses en plastique, de tas de briques, d'urinoirs et ainsi de suite[1]. »

Ces réflexions du critique et historien d'art anglais Flint Schier datent de 1987. Elles sont publiées en 1991, à l'époque où se déclenche, en France, la crise de l'art contemporain. Le

moins que l'on puisse dire est qu'elles apportent
de l'eau au moulin de tous les adversaires de
l'art contemporain. L'indignation qu'elles laissent transparaître donne une idée du désarroi
devant lequel se trouve la réflexion traditionnelle sur l'art à l'égard des pratiques actuelles.
Mais ce désarroi, voire cette exaspération, repose
fréquemment sur un certain nombre de malentendus qu'il est parfois bien difficile de dissiper
vis-à-vis des détracteurs de l'art contemporain.
Le critique fonde ici son appréciation, ou plutôt sa dépréciation, en se référant explicitement
à des notions « classiques » d'art et d'œuvre d'art,
historiquement déterminées. La frontière entre
art et non-art lui semble tracée de façon suffisamment nette pour qu'il puisse établir une dis-
crimination entre ce qui est art — par exemple,
la peinture du xviiie siècle, et probablement
aussi celle du xixe — et *ce qui n'est pas art* — en
particulier tout ce qui s'inscrit dans la tradition
de Marcel Duchamp. L'allusion à *Fountain*, le
fameux urinoir de 1917, est sans ambiguïté.
Tombe également sous une condamnation
sans appel la pratique des « tas », accumulation
d'objets en soi sans intérêt, revendiquée par de
nombreux artistes issus de l'art conceptuel ou
de l'*Arte povera* des années 60, et dont on peut
dire qu'ils jalonnent, jusqu'à nos jours, l'histoire récente de l'art. Il suffit de citer les tas de
moules de Marcel Broodthaers, les tas de char-

bon de Bernar Venet, les tas de pierres de Richard Long, les amas de graisse et de feutre de Joseph Beuys, et, plus récemment, le gros tas de bonbons *Lover Boys,* exposé en 1991 par Félix González-Torres, et — incidemment — acheté à la galerie Sotheby's pour la modique somme de 456 750 dollars.

Chez Flint Schier, la référence à des catégories et à un mode d'expérience esthétique traditionnels demeure, quant à elle, implicite, mais elle révèle aussi clairement une posture conservatrice : l'univers des connaisseurs et amateurs d'art du passé est celui de la contemplation ou de la méditation que suscite la beauté déclarée, attestée par les canons stricts et authentifiée par l'Académie et les Salons.

Si une telle nostalgie envers une époque révolue est parfaitement légitime, en revanche les contresens sur l'évolution et les transformations de l'art au cours du xxᵉ siècle peuvent surprendre sous la plume d'un théoricien contemporain. Pour Marcel Duchamp comme pour ses héritiers directs ou lointains, il ne s'agit aucunement de prétendre que des objets banals, une roue de bicyclette, un tas de briques ou de charbon, des morceaux de feutres, etc., sont des œuvres d'art. Une telle prétention, au demeurant absurde, serait en contradiction avec l'intention même des artistes soucieux de présenter des objets dépourvus, dès l'origine, de toute visée ou exigence artistiques et esthétiques. Il s'agit, au contraire, d'inviter le spectateur à détourner son regard des œuvres d'art tradition- nelles et à s'interroger sur la nature d'un geste qui peut lui sembler, à juste titre, incongru. L'essentiel est moins l'œuvre, l'objet ou la chose présentés, que la nature de l'expérience — esthétique ou inesthétique — susceptible de résulter d'un tel spectacle.

La remarque de Flint Schier traduit, de façon un peu naïve, la déception de celui qui ne retrouve pas dans l'art contemporain l'« uni- vers » artistique des époques antérieures. L'au- teur ignore, ou affecte d'ignorer, que cet univers est tout autre, sans commune mesure avec la situation engendrée par les ruptures artistiques qui se sont succédé dans l'art moderne de la première moitié du XXᵉ siècle. Flint Schier évoque la manière dont ces objets banals, pré- sentés au public en certains lieux, bénéficient indûment, selon lui, du statut d'« œuvres d'art », mais il ne s'interroge pas davantage sur les rai- sons historiques et artistiques qui conduisent une institution à jouer le jeu d'une telle recon- naissance. À le suivre, on tirerait un trait, sans autre forme de procès, sur plusieurs décennies d'art contemporain !

C'est bien pour répondre à l'incompréhen- sion et à l'hostilité dont est victime l'art de la seconde moitié du XXᵉ siècle que la philosophie anglo-saxonne, notamment nord-américaine, élabore, dès les années 50, de nouveaux modes d'analyse et d'interprétation concernant aussi bien la définition de l'art que le rôle des institutions artistiques.

À cette époque, les scandales artistiques ne reçoivent pas le même écho que les provocations et les transgressions de l'art contemporain dans les années 80. Néanmoins, nombre d'artistes et de mouvements jouent un rôle décisif, et souvent précurseur, dans le renouvellement des questions esthétiques, notamment aux États-Unis.

Ouvrir le concept d'art : Morris Weitz

On doit au philosophe Morris Weitz (1916) l'une des premières remises en cause systématiques de la théorie traditionnelle de l'art. Dans un texte publié en 1956, « Le rôle de la théorie en esthétique[2] », l'auteur dénonce l'illusion selon laquelle nous serions parvenus à connaître la nature de l'art, voire à posséder une définition adéquate du mot « art ». Paradoxalement, selon Weitz, nous n'aurions guère progressé depuis Platon. Les théories esthétiques traditionnelles sont erronées et la thèse affirmant que l'art est « susceptible d'une définition réelle ou de quelque genre de définition vraie est fausse[3] ». L'auteur en conclut qu'une théorie de l'art est logiquement impossible tant que l'on ignore en quoi consiste au juste le concept « art » et dans quelles conditions on peut l'appliquer. Trop souvent, la théorie traditionnelle croit tenir une définition de l'art en fonction de propriétés nécessaires et suffisantes alors que le concept d'art est loin d'être clos et, justement, ne possède pas de propriétés nécessaires et suffisantes.

Afin de suggérer un usage adéquat du mot « art », Weitz s'inspire de l'ouvrage du philosophe et logicien Ludwig Wittgenstein[4], *Investigations philosophiques*, paru en 1949. Dans son dernier grand ouvrage, Wittgenstein étudie les réponses possibles à la question « qu'est-ce qu'un jeu ? » à partir des propriétés communes à différentes activités habituellement considérées comme ludiques : jeu d'échecs, de cartes, de balle, Jeux olympiques, etc. Or, il n'existe évidemment pas de liste exhaustive établissant les caractéristiques communes à ces différents jeux. Tous ne sont pas amusants, ne comportent pas nécessairement un gagnant et un perdant, ne suscitent pas de compétition. Il est tout au plus possible de mettre en évidence des « similitudes » entre eux, des « ressemblances de famille » qui ne présupposent aucunement une définition fondée sur des propriétés nécessaires et suffisantes du mot « jeu ».

Weitz tente de montrer que ce raisonnement vaut également pour l'art. Nous nommons « art » un certain nombre d'entités que nous identifions clairement, notamment lorsqu'elles répondent à des normes classiques, déjà répertoriées, mais il est impossible de dresser une liste exhaustive des propriétés communes à chacun des cas susceptibles d'entrer dans cette catégorie : « Je peux énumérer quelques cas et quelques conditions sous lesquelles je peux appliquer correctement le concept d'art, mais je ne peux les énumérer tous, et la raison majeure en est que des conditions imprévisibles ou nouvelles apparaissent toujours ou sont toujours envisageables[5]. »

C'est le cas d'un écrit comme *Ulysse* de Joyce ou d'une construction inédite, tel un mobile de Calder. Ces œuvres, prises par Weitz comme exemples, n'entrent pas dans une catégorie ni dans une sous-catégorie selon des standards répertoriés à l'avance : roman ou sculpture. Un mobile ne possède pas, en effet, de propriétés suffisantes et nécessaires qui le rattachent à la sculpture au sens classique. En revanche, il y a entre lui et certaines sculptures certaines similitudes. Si l'on admet que de telles œuvres peuvent s'inscrire dans le registre de l'art, on a le choix entre un élargissement des notions de roman ou de sculpture ou bien la création d'une sous-catégorie artistique.

À moins de considérer, étonnamment, qu'elles ne relèvent absolument pas de l'art, on peut dire que les réalisations de Calder ne sont pas des sculptures mais des « mobiles ». Le sous-concept « mobile », qui vient s'ajouter, ici, de façon inédite, aux autres catégories déjà existantes, entraîne *ipso facto* une plus grande ouverture du concept d'art lui-même.

L'art est donc, selon Weitz, un concept potentiellement « ouvert » ; cette ouverture permet d'anticiper désormais le « caractère très expansif, aventureux, de l'art », et d'absorber éventuellement « ses changements incessants et ses nouvelles créations ».

L'esthétique a ainsi pour tâche non pas d'élaborer une quelconque théorie de l'art en général, mais d'élucider le concept « art » et de décrire les conditions dans lesquelles nous l'employons. Weitz remarque, fort justement, que l'usage du terme est source d'équivoques. À la fois descriptif et évaluatif, il ne permet pas toujours de distinguer, par exemple, si la proposition « ceci est une œuvre d'art » est une simple constatation ou bien un éloge. Le rôle de la théorie consiste dès lors à élucider cette ambiguïté entre la description et l'évaluation, à analyser, par exemple, les raisons pour lesquelles une simple constatation du genre « ceci est de l'art » implique ou non un jugement de valeur, et en fonction de quels critères.

Nous n'insisterons pas ici sur les insuffisances et les contradictions inhérentes à la conception de Morris Weitz[6]. Signalons seulement que celle-ci ne répond guère à nombre de problèmes auxquels d'autres théoriciens de la philosophie analytique s'efforcent de trouver une solution. L'un concerne en particulier le concept «art». Bien que Weitz s'en défende, cette notion conserve des prérogatives héritées de son usage classique ; elle reste la référence permettant de décider, à propos d'une œuvre ou d'un objet non conventionnel, atypique, s'il doit s'ouvrir ou se clore.

Nul ne conteste que le «mobile» de Calder, *Finnegans Wake* de Joyce, *USA* de Dos Passos ou *L'école des femmes* d'André Gide sont des créations plastiques et littéraires appartenant au registre de l'art. Que le texte de Gide soit un roman ou un journal n'est pas une question esthétiquement pertinente. La seule véritable interrogation esthétique — qui ne se pose évidemment pas pour l'écrivain français — est de savoir si un bon journal n'est pas, sur le plan esthétique, d'une qualité supérieure à un mauvais roman. Weitz ne prend pas en considération cette hiérarchisation qualitative.

Son argumentation est faillible sur un autre point majeur de la discussion esthétique. Que l'on doive, dans certains cas particuliers, élargir le concept d'art, soit ! Que la distinction entre les critères de reconnaissance et les critères d'évaluation se révèle parfois nécessaire, à la rigueur! Mais quelle est l'instance habilitée pour décider ou décréter pareilles mesures? Le théoricien, le critique d'art, le philosophe analytique, l'historien de l'art contemporain, le public? Un monde de l'art composé d'un ou plusieurs des spécialistes ci-dessus nommés? L'auteur ne le précise pas. Des réponses à ces questions ne tarderont pas à être proposées.

Si nous insistons sur la conception de Morris Weitz, et notamment sur sa critique de la théorie esthétique traditionnelle, c'est moins pour l'originalité de ses thèses qu'en raison du contexte dans lequel elle est énoncée. Affirmer, au seuil des années 60, que l'art est un concept ouvert n'est pas, en soi, d'une très grande originalité. Les révolutions formelles de la fin du XIXe siècle, les carrés de Malevitch, les *ready-made* de Marcel Duchamp — et bien d'autres événements artistiques — avaient déjà permis de n'en point douter. Toutefois, les œuvres et les actions artistiques en rupture avec les conventions, notamment avec l'expression plastique traditionnelle, se multiplient et mettent en cause, comme jamais auparavant, la notion même d'œuvre.

Désintégration de la notion d'œuvre d'art

Précisément, l'« œuvre » du compositeur John Cage, *4'33"*, constitue à coup sûr l'un des exemples les plus radicaux de cette mise en cause dans la mesure où elle aboutit non pas à l'ouverture du concept « œuvre », mais à son évidement total. En effet, vide de sons, dépourvue de forme et de matériau, cette composition musicale en trois mouvements, dont la durée résulte, selon son auteur, du pur hasard, est silencieuse. Le dispositif créé par Cage consiste en fait en un simple intervalle de temps à l'intérieur duquel les auditeurs sont conviés à écouter les bruits parasites produits de façon aléatoire par l'environnement. Le titre *4'33"* désigne la durée totale de cette pièce, l'instrumentation n'étant pas précisée. Lors de la « première » de ce concert un peu spécial, qui eut lieu à Woodstock en 1952 et provoqua, on s'en doute, des réactions plutôt vives de la part du public, le pianiste David Tudor, attentif à la pendule, marquait le début de chaque mouvement par la fermeture du clavier et l'ouvrait en fin d'exécution.

Ici, le silence est donc érigé paradoxalement en signe musical par le compositeur qui délègue au public et à l'environnement le soin de le rompre de façon aléatoire : toussotements, bruits de chaises, souffle du vent dans les arbres ou clapotis de la pluie sur le toit, etc.

Est-ce une « œuvre » ? S'agit-il encore de musique ? Il est probable que ces questions n'intéressaient aucunement Cage. Celui-ci était surtout soucieux de faire partager une expérience purement personnelle, capable de rompre avec les conventions, les normes et les codes habituels de l'écoute musicale. On peut y voir, certes — et certains auditeurs ne s'en privèrent pas —, une provocation gratuite ou une plaisanterie d'un goût douteux. Mais une telle interprétation est assez superficielle au regard du contexte culturel dans lequel eut lieu cette manifestation, et quelque peu indigente vis-à-vis de l'histoire de l'art.

Interrogé sur les principes esthétiques régissant ses créations, Cage répondait : « Aucun sujet, aucune image, aucun goût, aucune beauté, aucun message, aucun talent, aucune technique, aucune idée, aucune intention, aucun art, aucun sentiment[7] ». Une telle radicalité paraît surpasser celle qu'exprime le *ready-made* de Duchamp, encore capable de montrer un succédané de sculpture, dans un cadre institutionnel parfaitement convenu : un salon, un cérémonial de vernissage, un jury et un président (Duchamp en personne) habilités à distribuer les prix. La « musique » de Cage, elle, ne donne rien à entendre, hormis la banalité des bruits de la vie quotidienne. Cage serait donc celui qui procède à une désintégration totale du concept occidental d'œuvre d'art. Sa posture semble sans concession, toutefois cette radicalité concerne essentiellement l'œuvre, et non pas le contexte dans lequel elle est présentée. Elle semble briser le caractère sacré de la musique et rompre avec le rituel du concert qu'elle livre aux caprices des auditeurs et aux aléas climatologiques. Mais on pourrait objecter que la présence du piano, du pianiste, des chaises et des auditeurs-spectateurs relève d'une procédure parfaitement délibérée qui restaure le cadre institutionnel et sauvegarde *in fine* l'ordre social. C'est là une objection qui, il est vrai, n'était encore guère formulable il y a plus d'un demi-siècle !

Il n'empêche que les compositions musicales de John Cage s'inscrivent dans l'un des nombreux courants artistiques qui, outre-Atlantique, conduisent, dans les années 50 et 60 à l'élimination pure et simple de la catégorie « œuvre d'art » et à une révision de la notion de modernité à travers les *happenings*, l'art minimal et l'art conceptuel.

Tandis que l'Europe peine à se relever de ses ruines, ressassant des problématiques esthétiques quelque peu obsolètes du genre « l'abstraction est-elle oui ou non un académisme ? », les États-Unis s'emploient résolument et activement à

une conquête culturelle et artistique sans précédent dans leur histoire.

Remontons quelque temps en arrière.

Une esthétique américaine

En 1940, Harold Rosenberg[8], critique d'art
influent, rend un hommage vibrant à Paris,
capitale des arts, véritable « Internationale de
la culture ». Il célèbre ce « lieu saint de notre
temps », havre cosmopolite et temple de l'art
moderne, capable d'accueillir les intellectuels
et les artistes exilés et réfugiés, tels Picasso, Juan
Gris, Brancusi, Modigliani, Mondrian, Kandinsky, Calder, Man Ray, Max Ernst, etc.

Mais, en réalité, Rosenberg s'exprime au
passé. Paris, laboratoire du modernisme au
xxe siècle, est en déclin. Le fameux lieu saint
perd progressivement son auréole. La chute a
déjà commencé dans les dix années qui ont
précédé l'Occupation. Elle s'accélère dans le
Paris du Front populaire, de l'antifascisme et du
nationalisme militants. Elle fait perdre à la capitale française sa vocation culturelle internationale. Paris abandonne son statut de capitale
mondiale et redevient capitale de la France, écrit
Rosenberg, car le centre de gravité du modernisme s'est déplacé progressivement. Le lieu de

ce transfert n'est pas précisé mais l'on devine sans peine qu'il s'agit de New York.

Toutefois, en 1946, Clement Greenberg considère que l'Amérique est encore à la remorque de l'Europe et notamment de la France. Le critique d'art, dont nous avons pu mesurer l'ardeur militante en faveur d'un modernisme puriste, déplore l'incapacité de ses compatriotes à produire un « art majeur ». Il se dit même exaspéré par l'admiration que les artistes et le public vouent à Georges Rouault, tandis qu'ils s'horrifient devant Piet Mondrian. L'explication de Greenberg, formulée plutôt vertement, laisse perplexe : « Alors qu'en France les matérialistes vigoureux et les sceptiques se sont exprimés surtout dans l'art, chez nous ils se sont limités aux affaires, à la politique, à la philosophie et à la science, laissant l'art aux semi-éduqués, aux crédules, aux vieilles filles et aux visionnaires arriérés[9]. »

Cette virulence est toutefois quelque peu injustifiée. En effet, il s'en faut de beaucoup que New York soit aux mains de béotiens. Le Museum of Modern Art est fondé en 1929, le Museum of Non-Objective Painting — qui deviendra le Guggenheim — date de 1937. Dès 1936, le Modern Art consacre une exposition intitulée « Cubisme et art abstrait ». Les États-Unis accueillent Chagall, Léger, Mondrian, Zadkine et les surréalistes Ernst, Masson, Matta,

Dalí. Mondrian expose en 1942 et le Modern Art lui rend un hommage remarqué en 1945.

Au demeurant, le pessimisme de Greenberg ne dure pas. En 1948, le ton change du tout au tout et c'est dans son pays que le critique averti et «inventeur» de Jackson Pollock, voit l'avenir de l'art d'avant-garde : «[...] la peinture d'avant-garde américaine — c'est-à-dire la peinture abstraite américaine — a durant ces sept dernières années fait preuve, en différentes occasions, d'une capacité de renouvellement que ni la France, ni la Grande-Bretagne ne semblent en mesure d'égaler[10].»

Nous n'insisterons pas sur les tâches que Clement Greenberg[11] assigne à la critique d'art, ni sur son parti pris en faveur d'un modernisme pur incarné, selon lui, par le peintre Pollock, et plus généralement par ce que Harold Rosenberg qualifie d'*action painting*, autrement dit par la «peinture à l'américaine». Notons simplement que cette dernière expression est suffisamment éloquente pour recevoir l'assentiment de Greenberg qui déclare la préférer aux autres dénominations, telles *Abstract Impressionnism*, «tachisme», «art informel» ou encore «art autre».

Ce qui est remarquable, et que traduit parfaitement l'enthousiasme soudain de Greenberg, c'est ce changement d'esprit radical, ce sentiment de pouvoir tout changer, de tout transgresser, de sortir des ornières du passé, qui s'empare du monde artistique américain dès lors qu'il s'agit de prendre ses distances, d'une part à l'égard des artistes français, d'autre part vis-à-vis des théories esthétiques classiques européennes.

Les artistes américains eux-mêmes expriment ce nouvel état d'esprit, notamment le sculpteur David Smith (1906-1965). Considéré comme l'un des artistes les plus originaux de sa génération, l'auteur des grandes pièces en acier inoxydable soudé, passionné par les œuvres de Mondrian et de Picasso, déclare en 1952 : « L'esthétique de l'art américain n'a pas encore été écrite. Le mouvement en avant n'a pas de nom. Son héritage est, c'est certain, post-cubiste, post-expressionniste, post-puriste, post-constructiviste. Mais il y a certainement des éléments déterminants qui entrent en jeu. Une de ces forces est la liberté, la liberté guerrière, de rejeter les traditions établies par les esthéticiens, les philosophes et les critiques ; et de les remplacer par l'expression émotionnelle et directe [12]... »

Notons, d'ores et déjà, que le rejet exprimé par David Smith ne porte pas sur les artistes mais sur les discours critiques des théoriciens de l'art, héritiers de la philosophie traditionnelle de l'art, c'est-à-dire sur les légataires de l'esthétique telle qu'elle s'est développée en Europe depuis le milieu du xviiie siècle.

L'écriture de l'esthétique de l'art américain ne va pas tarder. Ses présupposés sont déjà formulés dans leurs grandes lignes. Certes, ils sont de nature artistique : il s'agit de promouvoir une certaine idée du modernisme, en l'occurrence l'expressionnisme abstrait — style américain par excellence. Mais ils sont également idéologiques, et relèvent d'une stratégie artistique et culturelle délibérément mise au point par le pouvoir américain. Celui-ci n'exigeait-il pas, par exemple, dès le début des années 50, l'instauration d'un « plan Marshall dans le domaine des idées [13] » ?

C'est ainsi que l'historien du *pop art*, Henry Geldzhaler, ami d'Andy Warhol, peut déclarer en toute franchise : « Nous avons soigneusement préparé et reconstruit l'Europe à notre image depuis 1945, de sorte que deux tendances de l'iconographie américaine, Kline, Pollock et De Kooning d'un côté, les artistes *pop* de l'autre, deviennent compréhensibles à l'étranger [14]. »

Aveu sans ambiguïté mais surprenant si l'on sait que les artistes du *pop art* entendent précisément réagir contre ce nouvel académisme officiel qu'est devenu l'expressionnisme abstrait. Mais qu'importe ! La théorie esthétique qui tend à dominer progressivement au cours des

années 60 aux États-Unis s'élabore indifférem-
ment et stratégiquement à partir d'expériences
artistiques diamétralement opposées, voire
antagonistes.

XIII

LE MONDE DE L'ART

Le banal transfiguré : Arthur Danto

«Je me rappelle fort bien l'état d'intoxica-
tion philosophique — persistant malgré la
répugnance esthétique — dans lequel je me
trouvais après avoir visité son exposition de 1964
à la Stabble Gallery, 74e rue Est. » Ainsi s'exprime
le philosophe Arthur Danto, faisant allusion
aux fac-similés de boîtes Brillo — garnitures de
savon en laine d'acier — récemment exposées
alors par l'artiste Andy Warhol. Peu après cette
expérience à la fois exaltante et traumatisante,
Danto réagit en philosophe — selon ses propres
dires — et rédige «Le monde de l'art», une
communication qu'il transmet, en 1965, à
l'American Philosophical Association. Ce texte,
qui suscite peu d'enthousiasme chez ses lecteurs, est néanmoins décisif au point que Danto
en reprend les arguments essentiels en 1981
dans *La transfiguration du banal*[1].

De quoi s'agit-il ?

Fidèle aux présupposés de la philosophie analytique, Arthur Danto accorde, comme il se
doit, une importance capitale aux usages linguistiques, à nos façons de penser et de parler.
Une définition intemporelle de l'art n'a guère
de sens si l'on ne prend pas en compte l'époque
et la société qui ont vu naître un art particulier
et les interprétations que celui-ci a suscitées. Il
retient les thèses de Morris Weitz concernant
l'impuissance des théories traditionnelles à saisir l'essence de l'art. En revanche, il est en
désaccord avec Weitz sur l'« impossibilité » de
définir l'art. De façon apparemment paradoxale,
Danto maintient en effet qu'il est possible de
comprendre ce qu'il y a d'essentiel dans l'œuvre
d'art et de saisir ce que l'œuvre d'art possède
de spécifique par rapport aux objets non artistiques.

La répulsion ressentie par le philosophe
devant les fameuses boîtes Brillo se révèle, à cet
égard, décisive. L'expérience est, certes, déce-
vante sur le plan esthétique mais elle est philoso-
phiquement d'une grande fécondité théorique.

En 1964, Warhol décide de fabriquer des
boîtes en contreplaqué, identiques aux boîtes
de produits ménagers de marque Brillo. Ces
« cartons » ressemblent en tout point à ceux que
l'on trouve couramment dans les entrepôts des
supermarchés. Ils ont les mêmes dimensions, la

même couleur, la même inscription sérigra-
phiée. L'illusion est parfaite. Lorsque ce travail
quitte les États-Unis pour être exposé au Canada,
les douaniers refusent de le laisser entrer librement, comme la loi le stipule pour les œuvres
d'art, et le taxent comme produit commercial.
Cette anecdote rappelle évidemment la mésa-
venture survenue en 1926 à Constantin Brancusi, pionnier de l'abstraction, lorsque ses
sculptures faillirent, pour les mêmes motifs,
être taxées comme objets manufacturés avant
de débarquer sur le territoire américain[2].

Toutefois, le cas des boîtes Brillo est artisti-
quement et théoriquement bien différent de
celui de l'*Oiseau dans l'espace* (1923) de Brancusi.
Cette dernière sculpture n'imite aucun objet
préexistant ; ce n'est pas un trompe-l'œil mais
une création originale. Aux yeux des douaniers,
elle a le tort — selon les termes de l'arrêt de
justice — de « représenter des idées abstraites
plutôt que d'imiter des objets naturels ». Le
problème posé par l'artiste concerne évidemment la rupture avec le principe de la *mimèsis* et
le refus de la figuration !

En revanche, les boîtes Brillo sont des imi-
tations, réalisées manuellement, non pas de la
nature mais d'un objet trivial, manufacturé,
purement utilitaire, reproductions fidèles de
l'original au point que rien ne les rend visuellement différentes de celui-ci. Dès lors que la

copie est indiscernable — à vue d'œil — de l'original, la question cruciale est bien de savoir pourquoi le carton d'emballage ne vaut guère plus qu'un futur déchet, tandis que la reproduction devient une œuvre d'art au prix exorbitant.

« Pourquoi — s'interroge Danto — les gens de chez Brillo ne peuvent pas fabriquer de l'art et pourquoi Warhol ne peut *que* faire des œuvres d'art[3] ? » Dès lors que la reproduction se confond avec l'original, pourquoi l'artiste ne s'est-il pas contenté d'exposer une boîte Brillo en carton — non encore écrasée — et, au besoin, de la signer de son nom ?

Selon Danto, deux réponses au moins sont possibles, étant entendu que la question de la qualité de l'œuvre ne se pose pas : qu'importe si la boîte Brillo réalisée par Warhol relève du « bon » ou du « grand » art. La première réponse susceptible d'expliquer l'étrange phénomène de transfiguration d'un objet banal en œuvre d'art réside dans le fait que l'auteur — un artiste reconnu — fabrique intentionnellement une chose qu'il entend, de façon préméditée, présenter ou imposer comme étant de l'art. Une œuvre d'art est donc élaborée « à propos de quelque chose ». Elle ne résulte pas du hasard, ce n'est pas un acte gratuit. Elle répond à un projet ; elle est d'emblée, à cet égard, signifiante. Mais cette signification ne serait pas perçue si cette prétendue œuvre n'était identifiée et reconnue comme telle dans un contexte historique, social et culturel déterminé. Danto, toutefois, ne précise pas, comme le ferait un sociologue, la nature de ce contexte : «Ce qui finalement fait la différence entre une boîte de Brillo et une œuvre d'art qui consiste en une boîte de Brillo, c'est une certaine théorie de l'art. C'est la théorie qui la fait entrer dans le monde de l'art, et l'empêche de se réduire à n'être que l'objet réel qu'elle est[4].» Danto se réfère, de manière assez floue, au climat, à l'ambiance du milieu artistique : «Voir quelque chose comme de l'art nécessite quelque chose que l'œil ne peut pas trouver — une atmosphère de théorie artistique, une connaissance de l'histoire de l'art : un monde de l'art[5].»

L'expression «monde de l'art» (*Artworld*), couramment utilisée aujourd'hui pour désigner les milieux artistiques spécialisés, constitue indéniablement une notion clé expliquant la reconnaissance, parfois surprenante, dont jouissent certaines œuvres d'art auprès d'un public averti. Elle appelle cependant quelques remarques.

Les commentateurs de Danto mentionnent rarement les circonstances historiques et culturelles dans lesquelles il formule ses arguments. Or, si le philosophe souligne, à juste titre, le rôle décisif de la théorie et de l'interprétation pour distinguer ce qui est de l'art et ce qui n'en est pas, il prend soin, du moins dans le texte de 1964, de faire référence à la théorie artistique telle qu'elle s'élabore dans les années 60 aux États-Unis, ainsi qu'à « l'histoire de la peinture récente à New York ».

Cette époque « récente » est celle du néo-dadaïsme, des pratiques de type *ready-made* inspirées par Marcel Duchamp ; c'est aussi, bien entendu, celle du *pop art*, à son apogée en 1962, qui, sur le front avant-gardiste, supplante le modernisme de l'expressionnisme abstrait. Le terme *pop art*, inventé au milieu des années 50 par le critique d'art anglais Lawrence Alloway, renvoie à la culture populaire, à la publicité, aux médias, au commerce de masse à l'ère de la société de consommation en pleine expansion.

Aux États-Unis, certains artistes passent ainsi de l'expressionnisme abstrait au *pop art*, tel Robert Rauschenberg (1925). Dès 1958, celui-ci expose, à la galerie Leo Castelli, ses fameux *Combine Paintings*, des peintures qui assemblent des images, des matériaux et des objets extraits du monde réel. L'idée de Rauschenberg, fidèle en cela à Duchamp et à l'esprit dada, mais influencé également par John Cage et Merce Cunningham, est de réconcilier l'art et la vie ou, si l'on peut dire, de les assembler l'un et l'autre dans une combinaison hétéroclite et originale.

Arthur Danto fait référence à plusieurs reprises à Rauschenberg, dont il cite la fameuse formule : « La peinture est liée à la fois à l'art et à la vie et j'essaie de travailler dans l'intervalle qui les sépare [6]. » Il mentionne également l'une de ses œuvres, *Lit* (*Bed*), jugée à l'époque scandaleuse, aussi bien par le public que par les critiques. Accroché verticalement au mur, telle une toile, ce lit — dans lequel l'artiste aurait dormi — montre un oreiller fatigué, un édredon usé barbouillé de peinture façon Pollock. On reproche à l'œuvre ses connotations plus ou moins morbides, mélange de sommeil, de rêves, de maladie, de sexe, etc.

Danto cite également Jasper Johns (1930), ami de Rauschenberg, peintre des « drapeaux » américains [7], Roy Lichtenstein (1923), auteur de bandes dessinées et de publicités détournées, Claes Oldenburg (1929), réalisateur de grands bâtons de rouge à lèvres, mais aussi de structures molles, des *Soft Objects*, tels des hamburgers, des glaces ou des saumons à la mayonnaise que l'on trouve dans les *fast-foods*.

Danto ne prononce pas de jugement de valeur d'ordre esthétique sur les œuvres et les démarches artistiques qu'il se contente de décrire. Il laisse entendre que chacun peut, à sa guise, admirer ou détester les œuvres. C'est un fait que le *pop art* s'adresse en principe à tout le monde... et que tout le monde ne l'admire pas.

Une grande partie du public américain est cho-
quée par la trivialité d'un art qui s'évertue à
promouvoir avec autant d'ostentation les objets,
de nature principalement urbaine, les moins
flatteurs de la société industrielle, même s'ils
en sont les témoins ou les symboles les plus
caractéristiques. Les thèmes dont s'inspirent les
artistes puisent en effet abondamment dans les
produits de la société de consommation : pos-
ters, *cartoons*, boîtes de soupe ou de Coca-Cola,
photos de stars — Marilyn Monroe, Elvis Presley,
John Kennedy —, pochettes de disques, billets
de banque, graffitis, empreintes de pneus,
machines à écrire, automobiles, etc.

Les nouveaux procédés techniques, telles la
sérigraphie ou l'image électronique, et les matériaux récents, comme le plastique, le vinyle ou le
plexiglas, sont également utilisés à des fins artistiques. Des pans entiers du quotidien, tel qu'il
est diffusé notamment par les médias — presse,
cinéma et télévision —, font irruption dans le
domaine de l'art et proposent aux spectateurs
une vision souvent caricaturale, humoristique
ou ironique de la vie politique, sociale ou économique.

On comprend bien que le *pop art* doit sa
reconnaissance et son statut artistique à la promotion que lui assure précisément un monde
de l'art bien spécifique. Le rôle des galeristes,
par exemple celui de Leo Castelli, déjà men-

tionné, est déterminant, mais aussi celui des marchands, des critiques et des philosophes de l'art, tel Arthur Danto lui-même. C'est bien ce monde de spécialistes et de connaisseurs qui détermine les procédures, fixe les nouvelles conventions, décrète quel objet est digne d'être érigé en œuvre d'art. À sa manière, le *pop art* réalise le projet de Marcel Duchamp : en finir avec la peinture rétinienne, le chevalet et l'huile sur toile. L'adoption des techniques industrielles permet en outre de toucher des générations plus jeunes, acquises aux bienfaits de la société du spectacle et de l'univers de la consommation.

Les thèses d'Arthur Danto permettent incontestablement de résoudre le problème de la reconnaissance en tant qu'« art » d'objets qui, *a priori*, ne présentent aucune qualité intrinsèque pour mériter ce label. L'objet créé intentionnellement pour devenir une œuvre d'art n'est reconnu en tant que tel que dans un contexte historique et social déterminé et seulement s'il est soumis à une interprétation théorique et philosophique susceptible de justifier l'intérêt qu'on lui porte.

Danto actualise à sa manière la position que défendait le philosophe Hegel à propos de la dissolution de l'art romantique. Anticipant la naissance d'un art moderne, totalement différent par son sujet et sa forme de toute création antérieure et affranchi des conventions et des canons traditionnels, Hegel insistait sur la nécessité d'une philosophie de l'art ayant pour tâche de réfléchir sur le rôle de l'art dans la société et dans la vie quotidienne. Pour Danto, il en va donc de même à l'égard des *ready-made* et autres produits banals de type Brillo Box ou boîtes de soupe Campbell. Sans justification philosophique, ces choses seraient irrémédiablement condamnées à la poubelle !

Il reste néanmoins que l'importance accordée au *pop art* et la surestimation de son rôle dans l'histoire de l'art posent quelques problèmes. La thèse de Danto est, de son propre aveu, historiquement, géographiquement et culturellement déterminée : elle intervient au milieu des années 60 dans le contexte newyorkais. Cependant, le philosophe n'hésite pas à la considérer comme un modèle d'explication suffisamment pertinent pour rendre compte de l'évolution de l'art occidental depuis la Renaissance. Il se fonde sur un exemple limite et atypique : la boîte Brillo d'Andy Warhol, laquelle, dit-il, entre dans le monde de l'art avec une « incongruité tonique » ; tonique dans la mesure où la « boîte-Brillo-comme-œuvre-d'art » s'impose comme une « métaphore effrontée » qui rend conscientes les structures de l'art[8].

En clair, cette boîte improbable — mais « possible et inévitable » — démontrerait que toutes les possibilités de l'art ont été réalisées. Danto

se réfère, de nouveau, à la philosophie hégélienne adaptée aux circonstances : l'histoire de
l'art est, d'une certaine manière, finie car elle a
pris conscience d'elle-même ; elle est devenue sa
propre philosophie. La formule « l'histoire de
l'art est finie », énoncée par Danto, prête à
confusion. De même que Hegel n'annonçait pas
la mort de l'art, Danto n'envisage aucunement
l'extinction à court terme de l'activité créatrice.
La fin de l'art — plutôt que la fin de l'histoire
de l'art — résulte en quelque sorte de la défla-
gration provoquée par le *pop art*, lequel interdit désormais de penser l'histoire de l'art
occidental sous l'aspect d'un mouvement
continu, évolutif, comme pouvait le laisser
croire la modernité artistique. Dès lors que la
frontière entre l'art et le non-art est abolie, que
seules la théorie philosophique et la réflexion
conceptuelle peuvent éventuellement la restaurer, cela veut dire que tout est dorénavant possible sans aucune référence à l'art du passé, et
sans qu'il soit possible de prévoir son avenir.

Exprimée dans les années 80, époque qui
signe la fin des avant-gardes et la dissolution des
grands récits de légitimation, la position « postmoderne » adoptée par Danto est parfaitement
légitime, mais son raisonnement a, néanmoins,
de quoi surprendre. De l'ensemble des œuvres
du *pop art* qui se succèdent pendant près d'une
quinzaine d'années, entre 1955 et 1970, Danto

isole la boîte Brillo, objet artistique non encore identifié dans l'histoire de l'art. Curieusement, il joue un double jeu. Dans un premier temps, il se livre à l'exclusion et considère que cette boîte est un objet aberrant car elle ressemble à des choses dont tout le monde sait qu'elles ne sont pas des œuvres d'art. Puis il décide d'inclure, affirmant que cet objet trouve néanmoins sa place dans l'histoire de l'art occidental dont il symbolise la fin programmée et « inévitable ».

Magique, la transfiguration semble relever de la sorcellerie dans la mesure où Danto passe totalement sous silence les conditions sociales et économiques qui autorisent cette métamorphose. Seul un recours aux présupposés de la philosophie analytique permet de résoudre la contradiction : ce sont les relations langagières, sémantiques, logiques qui fondent l'existence des choses. Il en va de même pour tout, y compris pour l'art, lequel n'est autre que ce que l'on dit qu'il est. La théorie philosophique et l'interprétation — autrement dit le langage — sont constitutives de l'œuvre. Elles seules permettent d'identifier l'objet et de déclarer, avec l'aval du monde de l'art : « C'est une œuvre d'art. » C'est ainsi, selon Danto, que s'effectue du même coup la transfiguration du banal en art.

Notons, dès à présent, qu'Arthur Danto et, en général, les autres philosophes analytiques

américains ne remettent aucunement en cause
la catégorie d'œuvre d'art ni même le concept
d'art. L'intention initiale de nombreux artistes
avant-gardistes — celle d'ébranler l'institution,
d'abolir l'art du musée, de créer un art populaire non élitiste, voire d'élaborer une contre-
culture — n'est donc pas prise en considération.

L'ouvrage *La transfiguration du banal. Une philosophie de l'art* date de 1981. On y retrouve l'essentiel des thèses développées en 1964 dans
« Le monde de l'art ». Entre-temps, voire simultanément, sont apparus différents mouvements
et tendances qui contestent la notion d'œuvre
d'art traditionnelle de façon plus décisive que
ne l'a fait le *pop art*. C'est le cas, notamment, du
happening, créé dès 1959 par Allan Kaprow.
C'est aussi celui du Nouveau Réalisme, fondé
par Pierre Restany en 1960, qui part en quête de
« nouvelles approches perspectives du réel », ou
de *Fluxus*, lancé par George Maciunas en 1961,
ou bien encore de l'art conceptuel impulsé par
Joseph Kosuth en 1964. La notion de *concept art*
due à Henry Flint, date, elle aussi, de 1961.
Tous assument largement l'héritage de Marcel
Duchamp, de façon indéniablement plus radicale que le *pop art* sur le plan de l'engagement
social et politique. Danto n'en souffle mot, préférant fonder son esthétique sur l'art censé
porter au plus haut point les valeurs de l'Amérique, un art dont les marchands, les médias et

les galeries, autrement dit l'institution — au sens anglo-saxon —, ont activement assuré la promotion[9].

Lorsqu'on demande à Arthur Danto quels sont, selon lui, les moments les plus importants de l'histoire de l'art occidental, il répond : la Renaissance, l'impressionnisme et... Andy Warhol. Sans doute s'agit-il d'une simple boutade mais, derrière l'humour, se cache une vision de l'histoire de l'art quelque peu réductrice. Nous verrons plus tard quelles sont les conséquences de cette conception au regard de la situation actuelle.

Le rôle de l'institution : George Dickie

Arthur Danto — on s'en souvient — ne définit pas de manière précise la notion de « monde de l'art » ; il évoque vaguement une « atmosphère de théorie artistique », une « connaissance de l'histoire de l'art », laquelle, au demeurant, concerne l'évolution de la peinture new-yorkaise dans les années 50. Son propos, à dire vrai, ne concerne nullement la réception sociale des œuvres, ni l'expérience esthétique que celles-ci engendrent, encore moins l'évaluation de l'objet banal transfiguré en œuvre d'art. La « théorie analytique de l'art » qu'il entend fonder porte essentiellement sur l'identification artistique, autrement dit sur la frontière qui sépare l'art du non-art.

Peu après avoir pris connaissance du texte de Danto, George Dickie[10] rédige en 1969, dans la revue *American Philosophical Quarterly*, un article intitulé « Defining Art » exposant quelques éléments rudimentaires d'une « théorie institutionnelle de l'art ». En 1974, Dickie livre une première version de sa théorie dans son ouvrage *Art and the Aesthetic*[11] et propose une définition « classificatoire » de l'œuvre d'art. Selon lui, est une œuvre d'art « tout artefact auquel une ou plusieurs personnes agissant au nom d'une certaine institution sociale (le monde de l'art) ont conféré le statut de candidat à l'appréciation ».

Cette définition semble, à première vue, en totale inadéquation avec les tendances artistiques de l'époque. La fameuse boîte Brillo d'Andy Warhol, si chère à Danto, peut-elle vraiment être considérée comme un artefact ? Que dire du silence de *4'33"*, œuvre muette de Cage, de l'art conceptuel réduit à son pur et simple concept chez Kosuth, du *happening* de Kaprow ?

Mais « artefact » prend ici un sens très large qu'il doit d'ailleurs à son étymologie : « effets de l'art », effets pouvant être artificiels ou naturels. Ainsi, les artefacts choisis par Dickie, un caillou ou une branche placés dans un contexte bien particulier, visent dès lors à dissiper toute confu-

sion. L'«artefact» ne renvoie pas nécessairement à un objet matériel, fabriqué par la main
de l'homme, mais au mode d'intervention qui
attribue à l'objet un « caractère d'artefact ».

Bien qu'il soit fabriqué industriellement, le
ready-made choisi par Duchamp entre dans cette
catégorie d'artefact. L'exposition, la signature
R. Mutt de *Fountain,* par exemple, font de cet
objet, au départ candidat malheureux à l'appréciation, une œuvre d'art. L'idée d'un objet
« candidat à l'appréciation », bonne ou mauvaise, renvoie assurément à l'existence d'une
instance dûment habilitée à juger du bien-
fondé de la candidature. Cette instance appelée
« monde de l'art » justifie la dénomination de la
théorie dite « institutionnelle ». Ce que Dickie
appelle « institution » n'est pas une société, ni
un groupe constitué ou une corporation. C'est
une « pratique établie » dont l'institutionnalisation repose sur un ensemble de conventions
connues et reconnues par les divers acteurs du
monde artistique : artistes, interprètes, critiques
d'art, philosophes de l'art, historiens ou bien,
tout simplement, « toute personne qui se considère comme un membre du monde de l'art ».
Il va de soi, cependant, que celui qui s'autodé-
finit comme membre du monde de l'art, ni
expert ni spécialiste, possède néanmoins les
savoirs et les références spécifiques au domaine
artistique dont relève l'œuvre « candidate à

l'appréciation », qu'il s'agisse de musique, de théâtre, de peinture ou de littérature.

On peut déjà noter certaines imperfections dans cette conception, et notamment un curieux effet de « cercle vicieux ». Si les conventions du monde de l'art sont, comme l'affirme Dickie, celles qui permettent de légitimer la candidature d'un objet au statut d'œuvre d'art en fonction de sa présentation et de certains de ses aspects, cela veut dire que je reconnais comme pertinente ou valable une propriété déjà contenue *a priori* dans l'objet. Supposons que je me considère comme appartenant au « monde de l'art » et que je sois au courant de la « pratique établie » dans le domaine des arts plastiques. Je suis informé des conventions en vigueur, je connais l'évolution récente de cet art et je fréquente le milieu des amateurs avertis. Un beau jour, un quidam, affublé d'un pseudonyme, soumet à mon attention un urinoir qu'il baptise du nom de *Fountain*. Ou bien les conventions du monde de l'art auquel j'appartiens admettent par avance la légitimité de cette candidature à l'appréciation et, en ce cas, l'objet est susceptible de devenir une « œuvre d'art », ou bien ces conventions ne reconnaissent dans aucun des aspects de l'objet incongru quoi que ce soit qui puisse légitimer une telle prétention et la chose se trouve rejetée dans sa trivialité. C'est d'ailleurs, on s'en souvient, ce qui s'est passé en 1917 pour un certain Duchamp.

Dickie perçoit ces insuffisances et reconnaît lui-même quelques incohérences. Maladroitement, il tente de « sauver la mise ». Il s'évertue à attribuer à l'urinoir de Duchamp des qualités artistiques propres à l'objet lui-même : sa brillance et sa blancheur, sa capacité à refléter l'environnement, sa séduisante forme ovale. Il va jusqu'à le comparer à des sculptures de Constantin Brancusi ou d'Henry Moore ! Il en conclut que cet objet est susceptible, lui aussi, d'appréciations esthétiques.

Certes, toute chose a des propriétés pouvant être appréciées. Toutefois, en l'occurrence, le raisonnement est spécieux et contradictoire au regard de ses propres conceptions. Il est spécieux car la fontaine-pissotière a été choisie par Duchamp précisément au nom d'une indifférence au goût, « ni goût dans le sens de la représentation photographique, ni goût dans le sens de la matière bien faite », selon ses propres termes. L'argument est, en outre, doublement contradictoire. Reconnaître dans les objets volontairement triviaux de Duchamp des qualités esthétiques objectives, cela revient à nier la signification du geste même de l'artiste, à savoir faire irruption de façon incongrue dans l'institution de l'art ; et c'est aussi rendre totalement inutile une théorie institutionnelle, puisque l'objet est reconnu comme « œuvre d'art » en fonction de qualités et de propriétés esthétiques communes à beaucoup d'autres œuvres d'art[12].

En 1984, Dickie formule une seconde version de la « théorie institutionnelle » dans son ouvrage *The Art Circle : A Theory of Art*. Il ne fait plus mention de « candidature à l'appréciation » ni de « statut conféré » à certains aspects de l'œuvre. Il réaffirme toutefois l'idée essentielle de la « théorie institutionnelle » : une œuvre d'art ne peut être reconnue comme telle que dans un contexte historique, culturel et conventionnel. Et au sein de ce contexte, ou monde de l'art, l'artiste sait qu'il s'adresse à un public déjà informé et donc apte à comprendre ce qui est présenté.

Dickie ne supprime absolument pas le caractère circulaire de son raisonnement. On conçoit fort bien que l'institution — c'est-à-dire en fait les personnes avisées, acteurs et public appartenant au monde de l'art — puisse naturellement avoir tendance à reconnaître comme artistique l'objet qui porte déjà les marques de distinction requises. On peut surtout se demander comment une institution, aussi informelle soit-elle et même élargie en une « pratique établie », peut réagir face à des innovations et des prestations qui entendent précisément déjouer les règles en vigueur. Et l'on sait bien que cette volonté de briser tout cadre de références est précisément l'une des caractéristiques d'une grande partie de l'art actuel, rebelle à toute classification et à toute étiquette.

Les conceptions de Dickie, encore pertinentes dans les années 80, notamment dans le contexte de l'art américain, rendent imparfaitement compte de la situation actuelle. Le rôle du « monde de l'art » et des diverses institutions est aujourd'hui difficile à évaluer. À l'époque de la mondialisation, les interactions sont devenues complexes entre les décideurs politiques nationaux et internationaux, le marché de l'art, lui-même fortement internationalisé, les investisseurs institutionnels, les médias et, plus généralement, les acteurs multiples de la communication culturelle.

Reste l'idée que l'art et l'œuvre d'art ne doivent leur définition que grâce à l'ensemble des pratiques, des événements et des conventions en vigueur dans le temps de leur manifestation. Sans doute en a-t-il été ainsi de tout temps. L'Académie au xviie siècle, les Salons au xviiie, les expositions et les conservatoires au xixe, les galeries au xxe, les réseaux aujourd'hui ont toujours fonctionné comme des mondes de l'art habilités — ou auto-habilités — à « apprécier le bien-fondé d'une candidature au statut d'œuvre d'art » selon les normes et les conventions du moment. Déjà en 1921, Charles Lalo, disciple de Durkheim, notait que l'action la plus importante de la société sur l'art « ne s'exerce que par l'intermédiaire d'un milieu spécialisé » !

La théorie institutionnelle, telle que la conçoit George Dickie, laisse en suspens nombre de questions « classiques » mais toujours d'actualité auxquelles elle n'apporte pas plus de réponse que l'esthétique traditionnelle. Examinons brièvement les notions de « pratique établie » et de « conventions » dont le rôle apparaît déterminant au sein du monde de l'art. S'il est vrai que le monde de l'art se prononce en fonction d'une pratique établie entre ses membres et par référence à des conventions, cela signifie que cette pratique et ces conventions résultent d'un savoir acquis et d'expériences esthétiques partagées. On peut supposer qu'elles se sont constituées à partir de débats, de confrontations et donc de choix qui mettent en jeu des facultés de jugement, d'estimation, d'évaluation afin de déterminer leur validité et leur pertinence. Un consensus a certainement dû apparaître entre les membres du monde de l'art, qui confère cohérence et fiabilité à ses procédures d'appréciation. Mais, sur la genèse de cette pratique établie ou bien sur les conditions d'élaboration des conventions, Dickie ne dit mot.

Quel bilan peut-on tirer des thèses de la philosophie analytique ?

Affirmer, comme Morris Weitz, que l'art est un concept ouvert et qu'il reste indéfinissable

relève aujourd'hui du lieu commun. L'étonnante élasticité de la notion d'art est désormais
acquise. Il suffit d'entrer au Palais de Tokyo à
Paris, nouveau musée de l'art actuel que certains
présentent comme le temple de la transgression
programmée, pour percevoir la souplesse étonnante du concept «art», décidément rebelle à
toute définition. Mais la question cruciale, non
traitée par Weitz, n'est-elle pas surtout de se
demander si cette élasticité n'est pas désormais,
et avant tout, l'une des principales caractéristiques de l'institution?

Ce lieu, qui exhibe de façon ostentatoire la
liberté dont sont censés jouir les artistes, les
commissaires et le public, pourrait aisément
confirmer la thèse d'Arthur Danto. Il est facile
de vérifier que la distinction entre ce qui est art
et ce qui n'en est pas ne peut résulter que d'un
climat, d'une atmosphère, d'une théorie de
l'art ambiante conforme à l'esprit de l'époque.
George Dickie, sur ce point, avait donc vu juste,
mais guère plus loin que Charles Baudelaire[13],
lorsqu'il soulignait l'importance capitale du
monde de l'art pour la reconnaissance des
œuvres d'art.

En substituant à l'interrogation métaphysique
«qu'est-ce que l'art?» la question beaucoup
plus pragmatique «quand y a-t-il art?», Nelson
Goodman oblige à prendre en compte la façon
dont les objets, considérés comme des œuvres

d'art, fonctionnent symboliquement dans le monde qui est le nôtre. En déclarant que l'art symbolise de multiples manières, Goodman signifie que cet art n'est plus affaire de définition mais de réalisation et que l'œuvre d'art est avant tout ce qu'elle produit comme effets multiples sur la société et non plus ce qu'elle est idéalement. Il convient de voir si ces acquis sont pertinents.

Les impasses de la philosophie analytique de l'art

La philosophie analytique nord-américaine constitue-t-elle un remède idéal contre les défaillances des théories traditionnelles confrontées à l'art contemporain ? Un examen quelque peu attentif des diverses conceptions analytiques de l'art a révélé l'intérêt mais aussi les insuffisances et les limites de fragments théoriques épars, élaborés de façon conjoncturelle aux États-Unis, au cours des deux décennies — 1965-1985 — qui précèdent la montée en puissance de l'« art contemporain ». Il importait de souligner ces lacunes, tout en évaluant, aussi objectivement que possible, l'apport des diverses conceptions.

On ne saurait toutefois passer sous silence les nombreuses réserves, et parfois les critiques sévères formulées par le milieu artistique américain, c'est-à-dire par ce même monde de l'art — artistes, historiens d'art et critiques d'art — qui sert de référence à la philosophie analytique.

Si les années 60 ont été marquées par l'avènement spectaculaire du *pop art*, mouvement que la philosophie analytique et notamment Arthur Danto considèrent comme décisif pour l'évolution ultérieure de l'art occidental, cette époque fut aussi celle d'une vive contestation des nouveaux rapports entre l'art et la société. Nous avons fait allusion, plus haut, aux divers courants, *happening*, art conceptuel, néo-dadaïstes, dont les représentants, qu'ils soient artistes ou théoriciens — parfois les deux —, remettent délibérément en question le fonctionnement institutionnel de l'art. Certains, comme Joseph Kosuth, voient dans l'art conceptuel — « art dématérialisé » selon l'expression des critiques Lucy Lippard et John Chandler — le moyen de lutter contre la commercialisation de l'art et de faire éclater la structure « galeries-argent-pouvoir ».

En 1968, Mel Ramsden, membre du groupe *Art & Language*, réalise un tableau intitulé *100 % abstrait*. Cette toile, de dimensions modestes, reproduit uniquement la liste des éléments composant la peinture, accompagnés de leur quantité exprimée en pourcentage. Ce type d'œuvre, exemplaire du mouvement *Art & Language,* fondé la même année, réalise à sa manière le projet esthétique défini par Joseph Kosuth, à savoir que l'art se réduit à l'idée d'art : l'art ne revendique que l'art et l'art est la définition de l'art. Le concept ou l'idée priment sur l'apparence de l'objet et l'exécution de l'œuvre devient dès lors secondaire. À l'œuvre perceptuelle ou sensorielle se substituent les débats et les conversations que l'on affiche sous les yeux des spectateurs. « Accrocher la parlote aux murs », tel était le projet de l'art conceptuel défini sous forme de boutade par Ramsden.

Mais si l'art conceptuel entendait de la sorte réagir à un expressionnisme abstrait déjà sur le déclin, il dénonçait aussi avec virulence le monde de l'art new-yorkais. Un article publié par Ramsden en 1975 s'en prend violemment aux administrateurs, aux marchands et aux critiques américains devenus les complices du système. Le texte surprend, non seulement par la vivacité des attaques, mais aussi par d'étonnantes similitudes avec le fonctionnement actuel de l'art et de la culture : « [...] il y a la prolifération inouïe des *assesseurs* du monde de l'art : gestionnaires, critiques, conservateurs, équipes de galeries, etc. ; autrement dit, des *bureaucrates*. Ces bureaucrates administrent les "manifestations de liberté" en les aliénant, en les utilisant comme une sorte de vernis de prestige du *modus vivendi* du système du marché. Et c'est un *modus vivendi* dans lequel nous devenons des prix sur le marché des médias, dans lequel nous devenons des marchandises, un *modus vivendi* dans lequel ce qui compte, c'est qu'il y ait une demande pour ce que le marché définit comme étant nos talents, et dans lequel toutes les relations ont un prix — et seule cette valeur financière compte. »

Ramsden stigmatise également la prétendue liberté dont seraient censés jouir les artistes : « Il se pourrait bien que la liberté d'action dont nous disposons aujourd'hui dans le cadre de l'art moderne soit tout simplement en déphasage avec les conditions institutionnelles propres au néocapitalisme. En conséquence, si notre travail et nos moyens de production semblent être notre entière propriété [...] c'est seulement parce que nous fonctionnons naïvement selon un modèle dépassé de capitalisme concurrentiel. Et notre position est aujourd'hui déphasée en raison de la surmédiatisation des stars de l'art, qui exerce tout son poids répressif sur la pratique (la nôtre) [14]. »

Également publiés en 1975, les propos d'un autre membre d'*Art & Language*, Ian Burn, expriment la même posture contestataire. Dénonçant la collusion entre le marché de l'art et la tradition du formalisme représentée par Greenberg, agent promotionnel de l'expressionnisme abstrait, il déclare : « S'il peut sembler que j'exagère le rôle du capitalisme américain dans tout cela, je soulignerai une évidence : l'histoire de l'art moderne depuis son origine a été nourrie par un certain nombre de sociétés industrialisées, et pas seulement par les États-Unis [...]. La critique d'art contemporaine ou récente est devenue au mieux un mode de contrôle et de régulation, au pire une pure célébration de l'impuissance du *statu quo* [...]. Dans cette perspective, la plupart des bavardages sur la "pluralité" de la scène contemporaine apparaissent comme phrases creuses libérales. Quelle est l'utilité d'une "liberté" qui n'a pas d'autre effet que de renforcer le *statu quo*[15]. »

Ces critiques — on le voit — dépassent en réalité le simple cadre du monde de l'art new-yorkais. Elles visent explicitement l'organisation globale de la gestion artistique et culturelle dans un régime démocratique et capitaliste. Il est pour le moins remarquable que cette mise en cause de l'institution artistique, à une époque où l'art conceptuel commence à jouir d'une reconnaissance internationale, et dans le temps même où s'élabore précisément la « théorie institutionnelle de l'art », n'ait pas été prise en compte par les théoriciens américains ; remarquable aussi que cet aspect ait été totalement occulté par les commentateurs et médiateurs français de la philosophie analytique de l'art.

*Une réactualisation légitime
et surprenante*

La réactualisation de la philosophie anglo-saxonne dans les années 90, au moment où se déclare la querelle française sur l'art contemporain, a de fait quelque chose à la fois de légitime et de surprenant.

Recourir à une philosophie analytique qui procède à un examen systématique et fonctionnel du champ sémantique concerné apparaît comme une démarche salutaire. Comment ne pas souscrire au programme défini dès les années 60 par Jerome Stolnitz, l'un des représentants américains de l'esthétique analytique : « C'est une part importante de notre travail de parvenir à des significations claires et précises pour des mots que les gens utilisent de façon vague et irréfléchie », tels, écrit l'auteur, les termes d'« art », d'« esthétique » et de « beauté » ?

Et Stolnitz ajoute : « Nous devons apprendre à distinguer les significations esthétiques des significations non esthétiques de tels termes, si nous devons atteindre à la clarté dans notre pensée et notre langage. Sans une telle clarté, nos croyances concernant l'art et l'expérience esthétique doivent nécessairement demeurer confuses et égarantes[16]. »

Une même exigence de clarification concep-

tuelle caractérise les travaux de Monroe Beardsley, *Aesthetics. Problems in the Philosophy of Criticism*, et l'ouvrage de Joseph Margolis, *Art and
Philosophy*[17]. Dans ce texte, publié en 1980, Margolis n'hésite pas, au demeurant, à critiquer, de
façon pertinente et distanciée, certains théoriciens analytiques qui, *a priori*, se situent dans un
contexte philosophique analogue au sien, en
particulier Arthur Danto, Monroe Beardsley,
George Dickie et Nelson Goodman.

L'apport de ces théories, beaucoup moins
monolithiques qu'il n'y paraît, est donc potentiellement fructueux. Il y a indéniablement,
en principe, matière à susciter de fécondes
confrontations entre l'esthétique analytique et
l'esthétique relevant de la tradition philosophique européenne. Aucun contentieux entre
l'une et l'autre n'apparaissant susceptible de
troubler la sérénité des débats, il semble concevable de souscrire à l'invitation de Danielle
Lories : « Si nous avons, en tant que philosophes
"continentaux", à nous tourner vers la philosophie analytique, à lui faire droit afin d'accueillir
les lumières qu'elle pourrait nous procurer,
pourquoi ne pas l'interroger sur l'art, quand
l'art contemporain l'interpelle comme il nous
interpelle, quand il appelle impérativement
à mettre en question un certain nombre de
conceptions classiques ou devenue "communes"

et quand il exige un renouvellement de la philosophie de l'art[18] ? »

Le dialogue est d'autant plus concevable que les philosophes anglo-saxons ont rarement pris pour cible explicitement et nommément les esthéticiens « continentaux ». Lorsque Morris Weitz dénonce les théories qui prétendent définir l'essence de l'art, sa critique vise, de façon très générale, un ensemble de conceptions plus ou moins actuelles à son époque et bien loin d'être représentatives de la réflexion sur l'art : formalisme, volontarisme, émotivisme, intellectualisme, intuitionnisme, organiscisme ! Quant à Nelson Goodman, il prend soin, dans les six conférences qu'il prononce en 1962 et publie en 1968 sous le titre *Langages de l'art*, de marquer ses distances vis-à-vis des questions habituelles de l'esthétique. Il n'entend en aucune manière déborder le champ de sa compétence, celui des systèmes symboliques, en l'occurrence les systèmes non verbaux comme la représentation picturale et la notation musicale.

Toutefois, la réactualisation de ces conceptions américaines est également surprenante, notamment dans la façon dont elle a été conduite. Importées en France, les thèses de la philosophie analytique de l'art n'ont guère été exposées sous la forme d'une ouverture au dialogue ou à la discussion philosophique. Elles ont été fréquemment présentées comme des théo-

ries de substitution. Lorsque paraît, en 1990, la
version française du livre de Nelson Goodman,
Gérard Genette n'hésite pas à saluer l'ouvrage
le plus important en philosophie de l'art
depuis la publication, en 1790, de la *Critique de
la faculté de juger* de Kant !

Il est certain que cette façon de tirer une
croix sur deux cents ans de réflexions sur l'art
n'est guère de nature à faire taire l'hostilité et la
méfiance entre Anglo-Saxons et Continentaux
dont le traducteur déplore, dans son introduction [19], qu'elles caractérisent la rencontre entre
la tradition esthétique et la pensée analytique.

La « *théorie spéculative de l'art* »

Avant même que ne soient disponibles, en
nombre suffisant, les traductions des auteurs
nord-américains, la philosophie analytique est
présentée comme la panacée capable de guérir
les maux dont souffrirait encore aujourd'hui la
réflexion esthétique : idéalisme, romantisme,
formalisme, vision prophétique de l'art. On voit
en elle la source de nouveaux paradigmes adap-
tés à l'époque postmoderne et on la considère
comme l'alternative à des théories « usées jusqu'à la trame [20] ». Ces théories obsolètes, ras-
semblées sous l'expression « théorie spéculative
de l'art », sont, selon Jean-Marie Schaeffer, les

conceptions élaborées en Occident qui auraient contribué à une pernicieuse sacralisation de l'Art. Novalis, Hölderlin, Hegel, Schopenhauer, Nietzsche et Heidegger auraient assigné à la philosophie le soin de révéler la nature d'un Art considéré comme savoir extatique, fiction cosmique ou pensée de l'Être.

Dans *L'art de l'âge moderne*[21], publié en 1992, Jean-Marie Schaeffer entreprend de montrer que les artistes modernes de la fin du XIXᵉ siècle et les avant-gardistes de la première moitié du XXᵉ siècle, jusqu'à l'art conceptuel, se sont fourvoyés dans une croyance funeste : l'art révélerait des vérités transcendantes, il ouvrirait les portes de l'Absolu ou bien préfigurerait l'utopie d'une réconciliation universelle. L'auteur déclare ainsi : « On pourrait allonger indéfiniment cette liste des artistes et des auteurs du XXᵉ siècle qui se situent dans la descendance de la tradition que nous venons d'analyser ; j'entendais simplement montrer que la sacralisation de l'Art a peu ou prou teinté une grande partie de la vie artistique et littéraire moderne et moderniste, constituant en quelque sorte l'horizon d'attente du monde de l'art depuis bientôt deux cents ans[22]. »

L'influence pernicieuse de la théorie spéculative de l'art aurait donc entraîné trois conséquences particulièrement néfastes : une surévaluation du modernisme avant-gardiste occidental au détriment d'autres traditions; une sorte d'isolement et de spécification de la création artistique à l'égard des autres activités humaines; un puritanisme exacerbé, anti-hédoniste, hostile au plaisir engendré par toute attitude esthétique.

Si Jean-Marie Schaeffer note, à juste titre, que la crise de légitimation de l'art contemporain a eu le mérite de révéler les impasses auxquelles conduit une sacralisation abusive de l'art, le remède qu'il propose apparaît d'une extrême radicalité. Affranchie du discours philosophique, l'esthétique ne peut que renoncer aux théories qui se sont succédé depuis le XVIIIᵉ siècle. Elle ne doit désormais s'intéresser qu'aux conduites qui relient la subjectivité aux formes diverses de l'expression artistique, non limitée aux seuls beaux-arts. La voie à suivre n'est autre que celle de la philosophie analytique : « On découvre ainsi (enfin) que l'histoire de l'esthétique philosophique de Kant à nos jours n'est pas réductible à la théorie de l'art développée par la tradition de la philosophie allemande de Hegel à Heidegger : qu'en France, on se mette (fût-ce tardivement) à reconnaître la richesse des travaux de l'esthétique analytique anglaise et américaine est un des aspects les plus positifs de cette évolution [23]. »

Subjectivisme et pluralisme

L'affranchissement de l'esthétique à l'égard des théories traditionnelles, souhaité par Jean-Marie Schaeffer, et la volonté de faire table rase de l'esthétique européenne font également partie des préoccupations de Gérard Genette. Hostile à l'« encombrante tradition » de la métaphysique du beau — représentée notamment par Arthur Schopenhauer —, Genette s'emploie à congédier lui aussi la théorie spéculative de l'art. Chez Novalis, Heidegger, Adorno et « un peu au-delà », il ne trouve que des « proclamations invérifiables », des « glorifications exaltées de la puissance de révélation ontologique », un peu trop de subversion révolutionnaire et — curieusement, surtout à propos d'Adorno — des relents d'idéologie antimoderniste[24].

Si le premier volume de *L'œuvre de l'art*[25] déplore sans trop d'apitoiement l'indigence de l'art contemporain, le second entend couper résolument l'esthétique de ses racines et de ses prolongements philosophiques. Cette dernière n'est conçue que comme une branche d'une anthropologie générale. Proche ici des thèses de Jean-Marie Schaeffer, Genette considère que l'esthétique n'a pour fonction que de définir, de décrire et d'analyser la relation esthétique, c'est-à-dire le lien entre une subjectivité et un objet fonctionnant pour cette seule subjectivité comme une œuvre d'art.

On a déjà souligné que les conceptions de Goodman et de Danto, comme celles de Schaeffer et de Genette, bénéficient d'un accueil favorable auprès de certains philosophes et esthéticiens impliqués dans le débat sur l'art actuel. Dans *La crise de l'art contemporain*[26], sous l'étiquette « Les esthétiques du pluralisme », Yves Michaud attire l'attention de ses lecteurs sur les mérites des thèses de Nelson Goodman qu'il parvient à synthétiser en quelques phrases : « Goodman ouvre ainsi la voie à une esthétique de l'opération de l'art et de la relation esthé- tique et cette esthétique est une esthétique de la pluralité et de la diversité : l'art symbolise de manière multiple[27]. » Il note le succès des livres d'Arthur Danto, où l'on trouve « le diagnostic de la fin de l'art et l'entrée dans l'âge du plura- lisme, la fin d'une histoire hégélienne et l'en- trée sans complexe dans la diversité[28] ». Il rend également hommage à l'esthétique généralisée de Jean-Marie Schaeffer et considère que « la pensée de Genette est adaptée à une situation de jugement démocratique où chacun procède à ses propres évaluations indépendamment de toute déférence à des critères établis ». Michaud précise : « C'est aussi une théorie adaptée à une situation où la diversité des formes d'art et des pratiques au sein même d'un art et la diversité des objets culturels candidats à l'appréciation rendent inévitable un pluralisme esthétique[29]. »

Pluralisme, diversité, subjectivisme, relativisme — concepts récurrents dans les discours sur l'art inspirés de la philosophie analytique — sont devenus, depuis une dizaine d'années, les maîtres mots du nouveau paradigme esthétique. Leur implantation en philosophie de l'art entraîne la disqualification de notions telles que le jugement, les critères, l'évaluation, le partage de l'expérience esthétique.

Tout se passe comme si l'esthétique, la philosophie, et la philosophie politique elle-même n'avaient plus pour vocation de s'interroger sur les formes, elles aussi diverses, de contraintes et de conditionnement qu'exercent, par exemple, l'industrie culturelle, le système marchand et consumériste. L'assimilation du pluralisme culturel à la démocratie libérale est acceptée tel un postulat.

Ce nouveau paradigme fait ainsi l'impasse sur une dialectique élémentaire qui devrait être pourtant à la base de toute réflexion sur l'organisation et le fonctionnement de la société actuelle. On peut dire, en effet, que notre système politique, économique et culturel autorise une diversification extrême des comportements, des pratiques, des conduites, des modes de vie, des expériences esthétiques et artistiques. On peut aussi reconnaître qu'il favorise le projet d'émancipation d'un individu de moins en moins soumis à des normes de pensée et goûts autoritaires et à prétention universaliste. Il entraînerait même potentiellement un accroissement de l'autonomie, une plus grande liberté des forces créatrices, un approfondissement et un enrichissement de la réflexion.

Mais, simultanément, c'est ce même système qui transforme l'individu en un serviteur docile et un consommateur passif, soumis aux stratégies et aux contraintes institutionnelles, industrielles, économiques, communicationnelles et technologiques qui, elles, s'appliquent massivement sans que l'individu en question ait son mot à dire.

En définitive, le nouveau modèle d'interprétation de l'art actuel proposée sous le slogan de « pluralisme » reproduit les mêmes insuffisances qui caractérisent les théories anglo-saxonnes, et notamment nord-américaines, qui constituent à l'origine, sa principale référence.

Richard Shusterman, philosophe américain, qui plaide pour une esthétique pragmatiste proche de la vie quotidienne, a fort bien défini ce qu'il appelle le « trait saillant » de l'esthétique analytique, en particulier le fait qu'« elle néglige le contexte social de l'art ». Selon Shusterman, exclure tout jugement de valeur et vouloir définir l'art uniquement de façon institutionnelle est paradoxal au regard des enjeux qui concernent le statut de l'art dans le contexte social et culturel. Ces enjeux se situent en effet bien au-delà du monde de l'art : « La cécité de la philosophie analytique par rapport au contexte social à la fois de l'art, de la critique et même de sa propre théorisation esthétique [...] est paradoxalement très frappante [...] précisément dans sa tentative pour définir l'art dans les termes d'une institution sociale[30]. »

XIV

LES CRITÈRES ESTHÉTIQUES
EN QUESTION

Rapidement évoquée à l'origine de la querelle, puis peu à peu abandonnée par le « monde
de l'art », la question des critères et du jugement esthétique occupe une place importante
dans le débat philosophique des années 90. Elle
intervient principalement dans la controverse
qui oppose la tradition philosophique européenne à la conception analytique de l'art. Pour
bien comprendre les enjeux de cette confrontation, un bref rappel de la théorie du jugement chez Kant est nécessaire.

L'universalité du jugement de goût
et le sens commun

Dans la *Critique de la faculté de juger*, Kant
s'étonne du caractère contradictoire du jugement de goût : « [...] il y a là quelque chose de
bien étrange : alors que, d'un côté, pour le goût

des sens, non seulement l'expérience montre que le jugement qu'il porte [...] n'a pas de valeur universelle et qu'au contraire chacun est de lui-même assez modeste pour ne pas prêter aux autres un tel assentiment universel à ses propres jugements [...], d'un autre côté le goût de la réflexion [...] peut toutefois trouver possible [...] de se représenter les jugements susceptibles d'exiger cet assentiment universel[1]. »

S'il existait un concept de beau, une règle, une loi universelle de la beauté, rien ne serait étrange ; un tel problème ne se poserait pas car il me serait possible de convaincre autrui, par la raison, de la justesse de mon jugement de goût, négatif ou positif. La seule façon qui permet à Kant de résoudre l'aporie apparente d'un jugement de goût à la fois subjectif et prétendant, malgré tout, à une validité universelle est de supposer l'existence d'un « sens commun ». Celui-ci est une « simple norme idéale » ; son existence n'est pas prouvée mais nous n'avons aucune raison de supposer que tous les autres hommes n'en sont pas pourvus. Ce sens commun n'est pas empirique ; c'est un *a priori* que Kant situe au fondement de l'assentiment universel : « Le goût est donc la faculté de juger *a priori* de la communicabilité des sentiments liés à une représentation donnée (sans médiation d'un concept)[2]. »

L'esthétique kantienne est ainsi fondée sur

l'exercice du jugement de goût, sur le plaisir et le déplaisir que nous éprouvons face à la beauté de la nature ou à celle des beaux-arts. Le régime des beaux-arts, comme celui de la reproduction de la nature, obéit à des conventions, à des normes et à des critères déterminés par la tradition classique : beau idéal, imitation (*mimèsis*) de la nature, etc. En d'autres termes, l'esthétique kantienne a pour arrière-plan le système des arts strictement codifié de son temps.

Mais qu'en est-il de nos jours, à l'heure où les défis, les expérimentations et les provocations de l'art contemporain refusent les normes traditionnelles et, surtout, remettent radicalement en cause le concept d'art lui-même ?

Quelle signification et quelle crédibilité accorder au jugement et à l'évaluation si n'importe quoi peut être de l'art et, à plus forte raison, si l'art est désormais n'importe quoi ?

La multiplicité des œuvres « hors normes » n'entraîne-t-elle pas *de facto* une pluralité et une différenciation extrême des jugements de goûts incompatibles ? Ne contredit-elle pas, à la fois, l'hypothèse d'un « sens commun », l'idée d'une prétention à l'universalité et la communicabilité d'une expérience esthétique fondée sur l'évaluation ?

Décrire ou évaluer ?

Telles sont les questions auxquelles — nous l'avons vu plus haut — tente de répondre la philosophie analytique de l'art. En renonçant à chercher une hypothétique essence de l'art, et en se détournant des problématiques philosophiques, métaphysiques, psychologiques ou sociopolitiques, les théoriciens analytiques ont prétendu appréhender la nature de l'art contemporain. Le succès est incertain. Qu'en est-il au juste chez les philosophes et les penseurs français acquis aux bienfaits des conceptions anglo-saxonnes ?

En France, Gérard Genette et Jean-Marie Schaeffer revendiquent partiellement l'héritage de la philosophie américaine, notamment de celle de Nelson Goodman et d'Arthur Danto. Ils privilégient ainsi l'approche descriptive des œuvres d'art au détriment de l'approche évaluative. Cette approche descriptive introduit une distance par rapport aux œuvres ; elle met l'accent, non plus sur les différents affects qu'elles provoquent chez le récepteur, mais sur l'analyse et la description des conditions dans lesquelles s'effectue l'expérience esthétique. Elle est, en ce sens, cognitive et non plus « émotionnelle », pour reprendre l'expression de Goodman.

Cette expulsion de la dimension évaluative,

et donc de toute critique fondée sur des arguments rationnels, marque une différence significative à l'égard de l'esthétique kantienne. Genette dénonce l'illusion objectiviste selon laquelle l'évaluation d'une œuvre d'art pourrait se faire en fonction de ses propriétés prétendument objectives. Il note, à juste titre, en accord ici avec Kant, que si de telles propriétés objectives existaient, le problème de l'appréciation ne se poserait pas. En revanche, et contrairement aux affirmations kantiennes, il ne saurait être question, selon Genette, d'affirmer la possibilité d'accéder à une universalité absolue[3]. Le jugement esthétique demeure résolument subjectif, il ne se partage ni ne se communique, quand bien même la subjectivité de l'appréciation n'interdit pas, en principe, qu'un certain nombre d'individus puissent accorder leur jugement sur un quelconque objet. Et si quelques individus parviennent à cet accord, rien n'interdit de penser que tous, du moins en théorie, peuvent parvenir à ce résultat, très improbable dans la réalité. Mais Kant ne l'avait-il pas déjà dit?

Entre-temps, sans se soucier de cette éventualité très hypothétique, et en l'absence de critères universels et objectifs du « beau », libre à chacun de réagir comme il l'entend. On en revient, finalement, au fameux adage sur les goûts et les couleurs dont on ne saurait disputer.

En adoptant une posture qu'il qualifie d'« hyperkantienne[4] », Genette réaffirme l'irréductible subjectivité de notre relation aux choses — nature ou œuvres d'art — dont il nous semble qu'elles méritent une attention particulière. L'évaluation, l'appréciation, le jugement critique concernant la réussite ou l'échec d'une œuvre relèvent de la sphère privée. Kant entendait fonder en droit et en fait la liberté pour chacun de juger et de critiquer. Le mérite de la position adoptée par Genette est certainement de libérer la relation esthétique de toute contrainte extérieure, désormais ouverte aux rencontres imprévues avec tout objet susceptible de devenir source de plaisir ou bien de déplaisir. Demeure cependant non résolue la question de la médiation de l'expérience esthétique, aussi subjective soit-elle, à laquelle se trouvent confrontés ceux qui entendent faire partager l'intimité de leur relation, qu'il s'agisse du professeur d'arts plastiques, du commissaire d'exposition, du musée ou tout simplement du milieu familial. Aucun de ces médiateurs n'ignore que l'analyse ou la description des propriétés et des qualités « objectives » d'une œuvre d'art, par exemple, sont loin de suffire à convaincre autrui. Pas plus, d'ailleurs, que l'aveu d'une émotion ressentie devant tel ou tel objet. Curieusement, parfois, il advient que le jugement critique, voire un jugement de valeur péremptoire aboutissent à cette fin heureuse, comme s'il était évident, contrairement aux assertions de la philosophie analytique, que le plus bel hommage qu'on puisse rendre à une œuvre candidate à l'appréciation est bien de la juger, bonne ou mauvaise.

Voilà qui contredit sans doute l'affirmation de Jean-Marie Schaeffer, pour qui le jugement esthétique « est bien un jugement subjectif au sens "solipsiste" du terme[5] ».

À vrai dire, Schaeffer n'exclut pas totalement l'usage évaluatif de la notion d'œuvre d'art mais cet usage présuppose, en premier lieu, un usage descriptif. En clair, je ne peux considérer une œuvre d'art comme médiocre ou ratée (évaluation) que si je la range déjà, en vertu de l'un de ses critères descriptifs, dans la catégorie des œuvres d'art. Schaeffer, tout comme Genette, prend ici le contre-pied d'Adorno affirmant : « Le concept d'œuvre d'art implique celui de la réussite. Les œuvres d'art non réussies ne sont pas des œuvres d'art. » Genette ironise à ce propos : « La formule d'Adorno, qui certes a le mérite de la clarté, me semble logiquement insoutenable : autant dire que les chats noirs (ou blancs, etc.) ne sont pas des chats[6]. »

Incidemment, si l'on retourne l'ironie contre son auteur, on pourrait faire remarquer que le chat n'a guère la capacité à changer la couleur de son pelage, à la différence de l'artiste, du

peintre ou du musicien qui ont toujours la possibilité d'apprendre convenablement leur métier
et de se perfectionner. Outre l'étrange confusion entre jugement de réalité et jugement
de valeur — en langage kantien, entre jugement analytique *a posteriori* et jugement réflé-
chissant —, l'amusante remarque de Genette
est démentie par l'expérience. Je peux affirmer
que s'il me prend la fantaisie de dessiner ou de
barbouiller à l'aquarelle, ou à l'huile, sur une
toile dûment encadrée, mon étonnement serait
grand d'apprendre que je viens de réaliser une
œuvre d'art. Pas même un tableau ! Une chose,
certes — rectangulaire ! —, très certainement
ratée, dont j'admettrais sans peine, quelle que
soit mon ambition de départ, que ce truc est
tout ce qu'on veut sauf une œuvre d'art. Et si
l'on m'objectait — comme le ferait Schaeffer —
que mon intention initiale, « faire un tableau »,
suffit à caractériser « ontologiquement[7] » mon
tableau comme tableau, même raté, l'argument
ne me convaincrait pas. On pourrait aussi rétor-
quer que mon « œuvre » peut fort bien être *à la
fois* un tableau *et* un infâme graffiti. Mais l'argument est spécieux. Ontologiquement, mon prétendu tableau serait tout au plus un barbouillage
et mon dessin une sorte de *tag* grossier. Pourquoi donc devrais-je refuser un statut ontologique spécifique à un barbouillage ou à un

graffiti qui n'aurait strictement rien à voir avec
le statut ontologique d'un tableau?

Mais, surtout, l'argument de Gérard Genette,
comme la position de Jean-Marie Schaeffer,
semble ignorer ce qui est au cœur même de la
problématique de l'art contemporain, au travers notamment de son héritage duchampien.
Le *ready-made* de Duchamp — sèche-bouteilles,
pelle à neige, urinoir, etc. — ne répond à aucun
critère descriptif lui donnant droit au titre
d'œuvre d'art[8]. Il n'a pas vocation à être inclus
dans le champ artistique, et seul le geste de
Duchamp — extérieur à l'objet — l'élève à
la dignité d'œuvre d'art. La reconnaissance de
l'objet en tant qu'œuvre d'art ne dépend aucunement d'une quelconque propriété intrinsèque de cette chose que la « classification
descriptive » — selon l'expression de Schaeffer —
reléguerait spontanément dans la catégorie des
objets utilitaires. Cette reconnaissance, susceptible ou non d'advenir — de la part de l'institution, du monde de l'art et, accessoirement du
public —, peut être assimilée, comme l'a fort
bien montré Thierry de Duve[9], à un baptême :
« ceci est de l'art », sur le mode même de
l'énoncé performatif. On pourrait en dire
autant des trous dans le désert, des tas de bonbons, des boîtes Brillo, de l'art conceptuel en
général, et d'un nombre incalculable d'installations, d'environnements, de performances qui

perdurent dans le champ artistique depuis les années 60.

Jean-Marie Schaeffer montre pertinemment le caractère spécifique du *ready-made* de Duchamp par rapport, notamment, aux expériences musicales de John Cage. Si les sons de la musique concrète (par exemple les bruits de la ville) peuvent éventuellement se voir attribuer une qualité esthétique, il en va différemment d'un urinoir. L'appréciation esthétique concernant celui-ci porte uniquement sur le « concept développé à l'occasion de la présentation de l'objet en question[10] ».

Toutefois, ce type d'analyse, s'il insiste à juste titre sur la filiation entre le geste inaugural de Duchamp et l'art conceptuel, ne dit rien, en revanche, sur les raisons pour lesquelles le coup tenté par l'artiste a si bien fonctionné. Il affaiblit la portée d'un acte qui perturbe durablement le système représentatif et mimétique, élaboré depuis des siècles en Occident et qui prédomine encore de nos jours[11].

On peut s'étonner, au demeurant, de curieuses pétitions de principe qui révèlent soit un certain degré d'incompréhension ou de méconnaissance de ces auteurs vis-à-vis de l'art contemporain, soit une volonté de ne pas s'y intéresser.

Ainsi lit-on chez Schaeffer : « On peut parfaitement dire "Ce produit est une réussite totale, mais je m'en contrefous", alors qu'on peut difficilement dire "Cette œuvre est belle, mais je m'en contrefous", sauf si le prédicat beau cesse de fonctionner comme objectivation d'une appréciation esthétique[12]. »

Or, si la première proposition est vraie — une œuvre réussie peut fort bien me laisser indifférent —, la seconde est fausse. Les dadaïstes du début du XXe siècle avaient inscrit dans leur programme le refus du beau — « merde à la beauté » — en raison même du fait que le prédicat beau pouvait continuer à fonctionner comme objectivation d'une appréciation esthétique. Une grande partie de l'art actuel est fondée sur cet apparent paradoxe consistant à dresser en quelque sorte la beauté contre elle-même. Et je peux aussi, selon cette logique, affirmer résolument et avec conviction que tel tableau, telle sculpture, telle musique sont d'une sidérante beauté et déclarer, dans le même temps, que je m'en contrefiche ; rien ne m'empêche, dans la foulée, d'ériger ce « je m'enfoutisme » en acte artistique !

Nécessité d'une argumentation esthétique : Rainer Rochlitz

Le recours à la philosophie anglo-saxonne prôné par les théoriciens français était censé

résoudre les impasses de l'esthétique européenne et répondre à la « crise de légitimation »
qui frappe l'art contemporain. Elle aboutit, à
l'évidence, à des résultats incertains. Notons,
au demeurant, que les ouvrages de Jean-Marie
Schaeffer et Gérard Genette contiennent fort
peu de références aux pratiques artistiques des
vingt dernières années. Outre le fait que la
création contemporaine ne fait guère partie du
domaine de prédilection de ces auteurs, on
imagine mal comment de simples descriptions
et analyses des œuvres actuelles, déroutantes,
transgressives, provocantes, choquantes — ou
du moins jugées telles —, pourraient, à elles
seules, dissiper le malaise qu'elles provoquent
auprès d'un public préoccupé, à juste titre, par
la question de l'évaluation.

L'argumentation développée par Rainer
Rochlitz entend précisément résoudre l'épi-
neuse question des critères d'évaluation et
d'appréciation des œuvres actuelles. S'il réfute,
tout comme Schaeffer et Genette, l'hypothèse
kantienne du « sens commun », il rejette en
revanche radicalement l'approche descriptive
et analytique ainsi que la réduction du jugement de goût à une simple expression subjective et idiosyncrasique. Persuadé que les œuvres
modernes et contemporaines, quelle que soit
leur volonté ou leur puissance de déstabilisation vis-à-vis de la sensibilité et de l'opinion

commune, répondent à une logique esthétique,
Rochlitz part en quête de nouveaux critères. Il
ne nie pas la subjectivité du jugement de goût,
mais considère que cette dimension subjective
est déterminée de façon objective. Et s'il est possible de fonder rationnellement, objectivement,
le jugement de goût, point n'est besoin d'avoir
recours à un prétendu sens commun. Pour
convaincre un contradicteur du bien-fondé de
mon jugement en faveur d'une œuvre d'art, il
me suffit, par exemple, de développer des arguments susceptibles de modifier favorablement
son jugement initial : « [...] c'est un fait que
nous échangeons des arguments pour nous persuader les uns des autres des mérites de telle ou
telle œuvre d'art[13]. » Je crée ainsi les conditions
favorables à une intersubjectivité qui se substitue avantageusement, à la fois au *sensus communis* — hypothèse kantienne — et à la
subjectivité « solipsiste » ou idiosyncrasique.

Selon Rochlitz, trois critères, ou paramètres,
constituent d'indispensables références pour
déterminer la valeur d'une œuvre et servir de
référence à une argumentation rationnelle : la
cohérence, l'enjeu, l'originalité. La cohérence
concerne la forme ou l'unité de l'œuvre. Elle
est en rapport avec l'unité d'une vision, d'un
projet, d'une intention ou d'un style. Une inco-
hérence volontaire — dislocation des formes,
dissonances, etc. — est un type de cohérence

dès lors qu'elle répond à un choix sciemment assumé par l'artiste. L'enjeu, ou la « profondeur », renvoie à la pertinence artistique ou esthétique de l'œuvre, qualifiant ainsi son degré de cohérence. Un carré, un rectangle, un rond dessinés sur une feuille de papier sont des formes géométriques cohérentes. Elles ne sont pas pour autant des œuvres d'art sauf si elles sont exécutées par un artiste minimaliste à l'intérieur d'un projet clairement défini. Une œuvre d'art doit enfin satisfaire à une exigence de « nouveauté »[14], d'originalité, et répondre à une « attente historique », immédiate ou différée dans le temps.

Il reste à tester la validité de ces critères, à vérifier leur pertinence, à voir s'ils permettent de comprendre en quoi une œuvre est réussie ou ratée. Dans *L'art au banc d'essai. Esthétique et critique*[15], Rochlitz se risque à l'expérience et soumet sa réflexion théorique à l'épreuve concrète de la critique d'art en prenant comme exemple les œuvres de Jeff Wall et de Gerhard Richter[16].

Et, de fait, l'interprétation, le commentaire et la critique des œuvres de ces deux artistes correspondent aux *desiderata* d'une esthétique argumentative. Mais paradoxalement, ce résultat — ce succès ! — doit moins à l'utilisation des critères en question qu'à la conception globale de l'esthétique exposée par Rochlitz.

Voyons cela de plus près.

Cohérence, enjeu, nouveauté, profondeur, actualité, caractère public de l'œuvre ne sont guère spécifiques aux œuvres contemporaines. Et l'on ne saurait suspecter les œuvres classiques ou modernes, encore reconnues de nos jours, d'être dépourvues de toutes ces caractéristiques.

S'agissant de peintres et de photographes, tels Gerhard Richter et Jeff Wall, qui figurent déjà au hit-parade des artistes les plus cotés et les plus vendus au monde, le risque de mettre les critères en échec est inexistant. Leur opérativité *a posteriori* ne fait que confirmer une reconnaissance établie depuis longtemps par le monde de l'art : institutions, galeries, marchands, critiques et public !

Enfin, et surtout, on ne voit guère dans quelle mesure ces critères pourraient aider à évaluer des pratiques actuelles dont la caractéristique essentielle est précisément de remettre en cause toutes les normes habituelles de légitimation, à commencer par les concepts mêmes d'art et d'œuvre d'art[17].

Les positions théoriques visant à élaborer une esthétique de l'argumentation intersubjective sont beaucoup plus convaincantes. Qu'un jugement de goût soit subjectif est indéniable. Il n'est pas pour autant idiosyncrasique et arbitraire, ni dépendant du tempérament, de l'humeur du moment ou bien de préférences conditionnées par l'éducation ou le milieu.

Rochlitz insiste à plusieurs reprises sur le fait que «c'est aux récepteurs et aux critiques de confronter toujours à nouveau la diversité de leurs appréciations et de se livrer à des arguments contradictoires[18]». Il ne cesse de réaffirmer le rôle du débat critique qui est précisément de parvenir «à faire la différence entre les préférences de chacun [...] et les arguments qui militent en faveur de l'évaluation favorable ou défavorable d'une œuvre[19]».

Si nos jugements concernant les œuvres actuelles sont devenus fragiles, incertains ou parfois absents, raison de plus pour ne pas déléguer aux institutions, au monde de l'art, aux experts et critiques spécialisés, le soin d'imposer leur choix et de décréter «d'en haut» de la qualité ou de la médiocrité d'une œuvre. Et raison de plus surtout pour se persuader que «l'évaluation d'une œuvre ne dépend pas d'un seul jugement; elle dépend de la convergence ou de la divergence des verdicts argumentés, autrement dit de l'accumulation des arguments au cours du débat critique qui, au fil du temps, fait la "réputation" d'un artiste et la "renommée" d'une œuvre[20]».

Conformément à ses propres positions théoriques et philosophiques sur la nécessité d'une argumentation fondée sur des propositions rationnellement établies, Rainer Rochlitz n'a cessé de débattre avec les théoriciens français acquis aux bienfaits de la philosophie analytique. La confrontation fut souvent âpre et les controverses frôlèrent la polémique, notamment avec Gérard Genette et Jean-Marie Schaeffer. En réponse à celui-ci, partisan d'une esthétique descriptive, Rochlitz déclare à propos des œuvres d'art : « Si on ne peut jamais en établir la valeur universelle en termes irréfutables, les œuvres d'art sont des symboles en quête de reconnaissance intersubjective et à propos desquels l'argumentation est possible ; c'est même à cela que sert l'institution moderne de la critique dans les différents médias, universités et espaces publics[21]. »

Reste à comprendre, au-delà de la discussion sur les critères esthétiques entre Jean-Marie Schaeffer et Rainer Rochlitz, l'enjeu de cette opposition entre l'approche descriptive et l'approche évaluative.

Le cas King Kong

L'interprétation contradictoire que font les deux auteurs du film *King Kong* est, à cet égard, révélatrice. Dans *Subversion et subvention*, Rainer Rochlitz prend pour cible certains produits de l'art de masse, tel le film *King Kong*. Ce cinéma grand public entre dans la catégorie des films-catastrophe, pur produit conformiste d'une culture américaine qui, selon Rochlitz, « décharge ainsi sa violence à l'encontre des monstres qui menacent son innocence imaginaire, son identité rigide et son besoin de sécurité[22] ». Dès lors, cette production, véhicule de fantasmes collectifs plutôt méprisables, ne saurait être considérée comme « de l'art ». Rochlitz ne précise pas si, en dépit de ces griefs, ce film lui a procuré un plaisir quelconque, ou s'il en a aimé certains passages.

Schaeffer, en revanche, reconnaît que ce film lui a procuré une « grande satisfaction intellectuelle et émotive ». Pas question de réduire cette œuvre à un quelconque symptôme d'une Amérique profonde ! Les divergences d'appréciation résultent donc uniquement d'une différence de goût, différence compréhensible, mais non légitime dès l'instant qu'un certain « bon goût » autoproclamé cherche à prévaloir sur un supposé « mauvais goût ».

Ces analyses apparaissent l'une et l'autre insuffisantes et superficielles. En ne précisant pas la nature de ses sentiments vis-à-vis de *King Kong* — satisfaction ou aversion —, Rochlitz prête le flanc aux objections de Schaeffer libre de répliquer que tout cela se résume néanmoins à une affaire de goût, sans plus. Or, on peut trouver intérêt à un film, l'apprécier ou en aimer certains passages, et même prendre du plaisir à certaines scènes tout en considérant, dans le même temps, que ce divertissement temporaire ne mérite pas pour autant le label « œuvre d'art ». Qui donc ne s'est pas surpris à rester « planté » des heures devant son téléviseur, vexé après coup de s'être stupidement laissé séduire par une émission jugée finalement médiocre et sans aucun intérêt ?

En excluant toutes les raisons « objectives » de détestation ou du moins de réserves à l'égard de *King Kong* — symptôme et expression d'une certaine idéologie américaine dans les années 30 —, Schaeffer, quant à lui, omet étrangement les circonstances sociales, économiques et historiques dans lesquelles le film voit le jour : grave récession économique aux États-Unis aux lendemains du krach de 1929 et du fameux *Black Thursday*, ce « jeudi noir » du 24 octobre qui connut une chute vertigineuse des cours à Wall Street et déstabilisa l'industrie américaine.

King Kong, à l'instar de beaucoup d'autres productions cinématographiques tournées à cette époque, tombe donc « à pic » pour restaurer le mythe quelque peu écorné du rêve américain. Ce film, aux effets spéciaux surprenants et inédits, a ravi des millions de spectateurs (Ah, Fay Wray, proie minuscule et innocente dans la grosse main de Kong !), au point d'inspirer un *remake* plus de quarante ans après (Ah, la belle Jessica Lange, blanche à demi nue, sensuelle, gigotant dans la patte noire de la bête enamourée !). Comment nier que la vision du monde américaine de cette époque imprègne de part en part chacun des épisodes du film ? Car tout y est : impérialisme, colonialisme, racisme, puissance militaire, *big business* et... bons sentiments au final !

Mais de quelle version de *King Kong* parlent Rochlitz et Schaeffer, de celle de Merian C. Cooper, en 1933, ou de celle de Dino De Laurentiis, en 1976 ? Une « ontologie de l'œuvre d'art » — au sens de Pouivet — montrerait que la vision du monde est, *grosso modo,* la même, en pire. Dans la seconde version, c'est en effet le temple du capitalisme américain, les Twin Towers du World Trade Center, qui remplace le vieil Empire State Building !

Une telle imprécision est surprenante, surtout de la part d'un théoricien comme Jean-Marie Schaeffer pour qui l'analyse de la conduite esthétique, relative aussi bien aux œuvres d'art qu'à la nature, suppose une « approche descriptive du fait d'art » ainsi que l'analyse et la connaissance de l'objet considéré.

Cette lacune, cependant, est révélatrice du fonctionnement d'un discours esthétique qui, à l'évidence, préfère rester à une prudente distance des œuvres, notamment de celles qui ont vu le jour au cours des dernières décennies.

Schaeffer assimile la conduite esthétique à un fait anthropologique. Personne ne le conteste. Il feint de croire que d'aucuns — d'Adorno à Rochlitz — veulent réduire cette conduite à une simple contemplation extatique ou saisie intuitive de l'essence des choses, alors que cette question est obsolète depuis belle lurette et n'intéresse en aucune manière ceux qui tentent de comprendre l'art contemporain. En réalité, en incluant notre rapport aux pratiques artistiques actuelles dans une théorie généraliste sur la conduite esthétique, les déterminations sociales et historiques susceptibles d'expliquer la genèse et la raison d'être des œuvres n'apparaissent plus. Celles-ci, tout comme la conduite humaine elle-même, risquent fort, dès lors, de rester incompréhensibles.

Cela dit, rien n'empêche de prendre du plaisir au spectacle de *King Kong*, de frissonner d'angoisse ou de plaisir pendant les moments de *suspense* — le film est conçu pour cela —, sans pour autant être dupe, à la fois de la qualité de ce plaisir et du mode de fonctionnement clairement idéologique d'une telle production.

Le rôle de l'expérience esthétique

Une philosophie de l'art contemporain ne saurait s'élaborer sur la base du seul constat de l'hétérogénéité des goûts, de la disparité des pratiques artistiques et des expériences esthétiques. Si elle parvient à se « construire », c'est en prenant en compte la logique artistique, en particulier celle du créateur qui ne coïncide pas toujours avec la logique extra-artistique de la culture marchande. C'est aussi en prêtant attention aux multiples contraintes imposées par le processus d'instauration de l'œuvre. Ces contraintes sont nombreuses. Elles tiennent aussi bien aux héritages inévitables, au matériau rebelle, aux normes et aux conventions prescrites, ou infligées, par la mode et l'esprit du temps, qu'au public éduqué, modelé ou conditionné au sein d'une communauté, d'une culture et d'une société. L'autonomie réelle de l'artiste, qui n'a rien à voir avec l'illusion d'une prétendue liberté créatrice, réside uniquement dans la liberté de choisir, de surmonter cet ensemble de contraintes dans l'espoir d'une rencontre, toujours incertaine, avec autrui. Ce choix pourrait bien viser ce que le philosophe Jacques Rancière nomme pertinemment le « partage du sensible[23] ». À l'origine, il est sans aucun doute subjectif mais ses conséquences, sa visée, ses enjeux dépassent la sphère privée. Il revient à la philosophie de l'art contemporain d'interroger la signification d'une expérience qui, aujourd'hui comme hier, demeure inter-subjective. Si elle veut relever le défi des artistes et faire valoir ce que les œuvres recèlent encore comme potentiel de fantasmes, de pulsions, d'imaginaire et de désirs, une esthétique de l'art actuel se doit de prendre en charge, sur le plan théorique, les productions qui n'entrent pas d'emblée dans le jeu institutionnel et promotionnel du système culturel. Et si l'art, selon la formule de Nelson Goodman, est aussi une « manière de faire le monde », la réciproque est vraie aussi. Le monde, ses tensions, ses conflits et ses désordres font irruption dans l'art contemporain et, d'une certaine manière, ils le « font ». C'est bien cette réalité contrastée qu'enregistrent la plupart des productions contemporaines. Nombreuses sont celles qui s'efforcent, tant bien que mal, de restituer une image inversée de l'idéologie consensuelle qui s'impose chaque jour davantage, grâce à la rhétorique postmoderne, dans les domaines de l'art et de la culture.

CINQUIÈME PARTIE

ART, SOCIÉTÉ, POLITIQUE

Quels temps que ceux où parler des arbres est presque un crime, parce que c'est faire silence sur tant de forfaits.

BERTOLT BRECHT,
Poèmes de Svenborg,
« À ceux qui naîtrons
après nous », 1939.

XV

ART, SOCIÉTÉ, POLITIQUE

L'art du vide

« L'un verse du lait par terre, l'autre installe un salon de coiffure au rez-de-chaussée d'un musée, d'autres encore empilent des rouleaux de papier gommé dans une arrière-salle de galerie, quelques-uns se contentent de signaler qu'ils existent en faisant figurer leur nom sur une liste dans un "café électronique". D'autres inscrivent le nom d'un artiste du temps passé sur des panneaux de verre, quelques-uns pensent qu'il faut penser, d'autres qu'il faut agir, ou collectionner, ou détruire. Ou se contenter de propositions ? Ou cacher ce qui existe déjà, ou ajouter à ce qui existe encore. Ou[1]... »

Des actions semblables, incongrues parfois, le plus souvent dérisoires, sont légion dans le domaine de l'art contemporain. On dirait des caricatures. Ce n'en sont pas... toujours. Du moins pas toutes. Réelles ou feintes, elles justi-

fient amplement, le plus souvent, les vives réactions de rejet qui se sont manifestées durant le
débat sur l'art contemporain.

Oublions toutefois les jugements un peu
hâtifs et faciles condamnant le fameux « n'importe quoi » de certaines pratiques actuelles et
interrogeons-nous sur les exemples en question. Anne Cauquelin fait allusion à l'une des
tendances maintes fois observées au cours du
XXe siècle, à savoir celle de la disparition de l'objet d'art. Le mot, le signe, parfois simple signal,
l'intention, le projet tiennent lieu d'œuvre et
remplacent la chose concrète, matérielle. L'air,
le vide eux-mêmes deviennent des thèmes artistiques.

Dès la fin des années 50, Yves Klein réalise
une maquette de chèque « pour une vente de
zone de sensibilité picturale immatérielle ». Il
s'agit d'un papier collé — encre et peinture
dorée — sur papier gouaché de 15,5 × 37 cm. Ce
« chèque » n'a pas intrinsèquement de valeur
d'échange — hormis celle, *a posteriori*, de la
galeriste Iris Clert. C'est un reçu que l'artiste
remet à celui qui acquiert une « zone de sensibilité picturale immatérielle », autrement dit
du vide.

Plus spectaculaire — si l'on peut dire — est
la manifestation connue justement sous le titre
Le vide. Le public, invité au vernissage d'une
exposition sous le titre « La spécialisation de la

sensibilité à l'état de matière première en sensibilité picturale stabilisée », pénètre dans une
pièce entièrement vide. Rien à voir, sinon les
vitres de la galerie évidemment peintes en bleu
IKB (« International Klein Blue »).

Du vide à l'espace, il n'y a qu'un pas.

En octobre 1960, à Fontenay-aux-Roses, sur le
lieu de la chapelle Sainte-Rita, Yves Klein, dési-
reux de s'approprier l'espace, et de montrer un
homme en lévitation, effectue (aurait effectué !)
un saut dans le vide. Même pour un judoka
confirmé comme Klein, l'entreprise paraît
périlleuse. Heureusement, des précautions sont
prises et la réception de l'artiste volant s'effectue confortablement dans une bâche. Des photos immortalisent la scène.

Yves Klein a raconté l'épisode de la façon suivante : « Ce Mercredi 19 Octobre 1960, rue
Gentil-Bernard à Fontenay-aux-Roses, les duettistes du Rolleiflex, Harry Shunk et John Kender,
étaient présents pour immortaliser sur papier
la scène qui allait se dérouler sous leurs yeux.
Ce jour-là, j'ai effectué cinq sauts à la file, et ce,
afin d'obtenir un bon choix de clichés. Ma
réception a eu lieu dans une bâche solidement
tenue par huit judokas. Ensuite, s'en est suivi
un habile montage faisant disparaître cette
bâche. Le but n'était pas de montrer un homme
cherchant à défier les lois de la nature au

risque de se tuer, mais de montrer un homme
en lévitation ! »

On a vu que, sous l'expression « dématérialisation de l'objet d'art », Lucy R. Lippard dési-
gnait une tendance artistique des années 60-70
aboutissant progressivement à la disparition de
l'œuvre d'art au profit du concept. Nous avons
souligné combien ce processus pouvait paraître
paradoxal si l'on tient compte, dans le même
temps, de l'irruption des matériaux les plus
divers et parfois les plus incongrus dans le
domaine des pratiques artistiques : objet banal
à usage quotidien, déchets et rebuts de la société
de consommation, éléments naturels, sécrétions
corporelles, etc. Mais ce paradoxe n'est qu'apparent. Il résulte d'une confusion fréquente
entre matériau et matière. En dépit de la prolifération des matières, des plus solides aux plus
éthérées, à usage artistique, c'est bien l'objet
classique, l'œuvre d'art au sens traditionnel,
support sensible et perceptible, tels le tableau ou
la sculpture saisis dans une forme définie, qui
s'amenuisent jusqu'à disparaître parfois totalement. Restent alors pour seuls témoignages le
jeu de la mémoire, le souvenir, la trace, la
parole, ou bien, dans le meilleur des cas, une
photo, un film ou une vidéo.

En 1990, Christian Boltanski remarque un
vide entre deux maisons de la Hamburgerstrasse
à Berlin (dans l'ex-RDA). Détruits pendant la

Seconde Guerre mondiale, les appartements n'ont jamais été reconstruits. Sur les murs intacts des maisons mitoyennes, l'artiste appose des plaques portant le nom des anciens occupants de la « Maison manquante » ainsi que la date de leur décès.

Dans le même esprit, il est possible d'aller plus loin encore. Lorsqu'il parcourt la place centrale du château de Sarrebruck, le badaud ne se doute pas qu'il participe, à son insu, à une commémoration. Sur les 8 000 pavés qui composent le lieu, 2 164 comportent une inscription à leur base : le nom d'un cimetière juif profané par les nazis. En 1993, l'artiste Jochen Gerz réalise ainsi un monument « invisible », une sorte de « contre-monument » où l'invisibilité conjure paradoxalement l'oubli : ensevelir la mémoire pour mieux évoquer le souvenir.

Les œuvres de Jochen Gerz et de Christian Boltanski témoignent clairement d'un engagement politique et idéologique. Les références à l'absence, au vide, à la dématérialisation de l'objet d'art constituent des prises de position affirmées face à un passé tragique qu'il convient de conserver en mémoire au prix, parfois, d'une posture contradictoire.

Il est certain que ce type d'action artistique exposée dans des lieux publics, mais dont la signification demeure dissimulée, invisible, non révélée par l'œuvre elle-même, ne peut être

compris que par le commentaire et l'interprétation ou, du moins, grâce à une information
donnée par l'artiste sur ses intentions.

L'art contemporain joue sur cet aspect à première vue hermétique et crypté où le lien avec
la réalité, la vie quotidienne, avec l'histoire
concrète est loin d'apparaître clairement. On
imagine sans peine l'incompréhension que
peuvent susciter des « œuvres » de ce genre dès
lors qu'elles sont réalisées par des artistes inconnus ou connus des seuls spécialistes. Et l'on
conçoit aussi combien cet art, dématérialisé au
point de s'abstraire jusqu'à l'évanescence absolue, peut susciter de malentendus.

Parce qu'il devient banal et s'inscrit dans les
multiples aspects de la vie quotidienne, l'art
semble donc de moins en moins identifiable en
tant que tel. En outre, les liens multiples qu'il
entretient avec les nouvelles technologies, telle
l'appropriation croissante de l'outil informatique (numérisation, infographie), et plus généralement avec les technosciences (bio- et
nano-technologies), abolissent les frontières
entre les disciplines. Ces interférences rendent
parfois difficile la spécification de l'activité artistique. Nombreux sont les travaux de ces dix
dernières années présentant un caractère
hybride, à la fois œuvres d'art, recherches technologiques et expérimentations scientifiques[2].

Antony Aziz (1961) et Sammy Cucher (1958),

dans leur série *Dystopia*, exposent par exemple d'étranges photos, travaillées et retouchées sur ordinateur. Ces clichés, initialement sur support argentique puis traités partiellement par la technologie numérique, représentent des têtes d'hommes dont les yeux et la bouche ont été effacés. De tels clichés n'entendent évidemment pas séduire. Souffrant du sida, Sammy Cucher invite à une réflexion approfondie sur la dégradation puis la résurrection momentanée du corps malade grâce aux biotechnologies[3].

Dans ses compositions intitulées *Untiere* — des animaux monstrueux, exposées pour la première fois à Berlin en 1994 —, Iris Schieferstein (1966) reconstitue des créatures hybrides. Elle coud entre elles des parties de cadavres d'animaux ou des fragments organiques qu'elle conserve dans du formaldéhyde, notamment des foies de volaille, des pattes de chat, des poissons. Elle obtient ainsi des tableaux ou des sculptures et joue sur le contraste entre la trivialité du matériau utilisé et l'effet esthétisant qu'elle parvient à obtenir[4].

Assistante au département d'Histoire de l'art de l'université Standford, Gail Wight (1960), une artiste conceptuelle américaine, a étudié les sciences cognitives et la philosophie. Préoccupée par le danger que peuvent faire courir les progrès génétiques à la liberté de l'individu, elle conserve dans une boîte des échantillons d'ADN prélevés sur des mammifères, oiseaux ou poissons.

Très controversée, la démarche de l'artiste brésilien Eduardo Kac (1962) est à la fois fascinante et dérangeante. Initiateur de l'« holopoésie », autrement dit de performances publiques qui associent l'holographie et la poésie, Kac est également le promoteur de l'« art transgénique ». En collaboration avec l'INRA (Institut national de la recherche agronomique), il a créé un lapin albinos génétiquement modifié grâce à un gène fluorescent extrait d'une méduse. Les oreilles, la queue et les pattes d'*Alba*, nom du rongeur vert fluo, brillent sous les rayons ultraviolets. Considéré comme novateur par certains, comme charlatan et manipulateur par d'autres, Eduardo Kac pose de façon spectaculaire la délicate question des manipulations génétiques. Dans *Genesis*, œuvre réalisée en 1998, il crée un gène ADN à partir d'une transposition en morse d'un verset de la Bible[5]. Ce code ADN a ensuite été incorporé dans des bactéries.

Oron Catts (1967) et Lonat Zurr (1970), bio-artistes australiens, sont parvenus à obtenir le concours des services de la recherche du Massachusetts General Hospital à Boston. Formés aux techniques de greffe de tissu organique, ils réalisent des poupées recouvertes de peau vivante. Celles qu'ils nomment les « poupées du souci » sont censées exprimer des émotions, des peurs et des frayeurs humaines.

D'autres artistes se consacrent à des activités moins ludiques et s'interrogent sur les consé-quences physiologiques, sociales, métaphysiques et religieuses qu'entraînent les découvertes scien-tifiques. Depuis 1996, Catherine Wagner (1953) collectionne ainsi des « natures mortes concep-tuelles » dans des congélateurs à – 43 degrés, destinées au décryptage du génome humain. Il s'agit en fait d'échantillons génétiques concer-nant aussi bien la synthèse d'ADN que diverses anomalies ou affections, tels le sida, la maladie d'Alzheimer ou le cancer.

La liste de ces exemples pourrait s'allonger indéfiniment[6]. Elle croît au rythme des décou-vertes scientifiques et des sollicitations qu'elles provoquent chez les artistes. Ces pratiques, dont la finalité n'est pas toujours clairement définie, révèlent l'ambiguïté de l'autonomie de l'art. Elles ont un aspect exploratoire, voire expéri-mental. S'agit-il toutefois d'investir un territoire indéfiniment extensible de liberté toujours à conquérir ? Ou bien n'est-ce pas aussi la preuve d'un assujettissement irréfléchi aux progrès technologiques, voire une sorte de pure et simple fascination devant les pouvoirs de la science, c'est-à-dire, finalement, devant la puissance de l'industrie et des intérêts financiers ?

Déjà sous la modernité, mais plus encore à

notre époque dite « postmoderne [7] », la sphère
artistique, à l'intérieur de laquelle il est possible, en théorie, de tout faire, est inséparable
de la connaissance, de la science, mais aussi de
l'éthique et de la politique. L'art actuel s'élabore sur la base de ces interrelations et du
décloisonnement entre les disciplines. Il
engendre des pratiques multiples et interfère
avec la vie quotidienne. Il exprime de façon
inhabituelle le monde, la société, l'environnement dans lesquels nous vivons. Au grand
regret des tenants de la tradition, il n'est plus
uniquement ce domaine de sublimation, de
beauté, de perfection et d'idéalisation auquel
on l'assimilait jadis. Dans ce sens, l'art actuel
est devenu une fiction réaliste, même si, en
dépit de ses excès, il est largement dépassé,
dans le spectaculaire, le scandaleux ou l'horreur, par le réalisme souvent cru et violent de la
« vraie » réalité.

De l'immatériel au gazeux

Présentée en 1985 au Centre Georges-
Pompidou, l'exposition « Les immatériaux »,
placée sous le commissariat du philosophe
Jean-François Lyotard et de Thierry Chaput,
entendait précisément mettre en évidence l'influence des nouvelles technologies sur notre

rapport au monde, au savoir, à la culture et aux
arts. L'immatérialité est, selon le philosophe,
l'une des caractéristiques fondamentales de
l'âge postmoderne. Elle renvoie à l'outil infor
matique, au numérique, au virtuel, aux manipulations génétiques, aux techniques multimédias,
à l'impalpable, au *software* plutôt qu'au *hardware*.

Point de cimaises dans cette exposition de
conception inédite, mais vingt-cinq murs gris et
des semi-écrans montrant des hologrammes, des
photos du cosmos, des vues de métaux prises par
un microscope électronique. Les spectateurs
cheminent à leur gré, avec un casque récepteur
diffusant de la musique, des commentaires
ou les sons mêmes de l'exposition. Selon Jean
François Lyotard, ni les arts plastiques ni la
peinture en particulier ne peuvent exprimer,
« présenter » la nature des bouleversements en
cours. Ce que les avant-gardes avaient pressenti
— à savoir l'imbrication de l'art et de la vie —,
l'art contemporain, étroitement lié à l'ensemble
des activités humaines, le réalise, démontrant
l'impossibilité de retours en arrière, retours à
l'ordre, à la prétendue clarté, aux valeurs sûres.

Bien plus encore que l'art moderne
— annonciateur des mutations actuelles —,
l'art contemporain postmoderne ne peut être
évalué par sa conformité à des normes préexis-
tantes. Lyotard précise : « Un artiste, un écrivain
postmoderne est dans la situation d'un philo-

sophe : le texte qu'il écrit, l'œuvre qu'il accomplit ne sont pas en principe gouvernés par des règles déjà établies, et ils ne peuvent pas être jugés au moyen d'un jugement déterminant, par l'application à ce texte, à cette œuvre de catégories connues. Ces règles et ces catégories sont ce que l'œuvre ou le texte recherche. L'artiste et l'écrivain travaillent donc sans règles, et pour établir les règles de ce qui aura été fait. »

C'est bien là une manière de rappeler cette évidence, souvent occultée de nos jours, à savoir que ce sont les œuvres d'art qui engendrent les critères et non pas l'inverse.

Le succès public de l'exposition « Les immatériaux » n'est pas exempt de malentendus. L'immatérialité, ici, n'est pas synonyme d'évanescence ni de mise à distance de la réalité concrète, quotidienne. Les avancées irréversibles de la science et de la technique — la technoscience — engendrent, d'après Lyotard, une complexification qui affecte jour après jour non seulement notre mode de vie, mais également notre sensibilité langagière, auditive, visuelle et motrice.

Cet aspect de l'art contemporain, impliqué dans les affaires du monde, à chaque fois « événement » — terme de Lyotard —, n'a guère été traité lors du débat sur l'art contemporain.

La dépolitisation des artistes, leur manque d'engagement, leur indifférence au monde, leur asservissement au marché sont, outre la prétendue nullité des œuvres actuelles, les *leit-motive* qui ont accompagné sans relâche les controverses. En 1990, interrogés par *Le Monde diplomatique*[8], les artistes eux-mêmes dressent un paysage assez démoralisant de la situation de l'art. Certains, comme Jochen Gerz, déclarent qu'en démocratie la liberté artistique ne sert guère à grand-chose ; d'autres, tel Olivier Mosset, considèrent que cette liberté n'existe tout simplement pas. Pour Piotr Kowalski, architecte et sculpteur, l'art n'est probablement pas porteur de nouvelles attitudes critiques. Dans l'ensemble, les artistes interviewés entendent toujours se situer dans une perspective critique ou de résistance mais « sans réel besoin de rupture avec l'ordre existant ». En somme, ils n'auraient « d'autre projet que celui induit par le libéralisme marchand, et ne cherchent pas les moyens théorique et pratique pour sortir des voies de garage ainsi réservées à l'art ».

S'est donc progressivement forgée, tout au long de la décennie, une image étrange de la pratique artistique contemporaine, considérée comme soumise au système marchand, promotionnel et médiatique, à l'instar de la mode, du tourisme, de la gastronomie ou de la parfumerie.

Aux audaces artistiques de la modernité et des avant-gardes on oppose un art contemporain — occidental — timoré, désabusé, ayant enté-

riné tout à la fois la «fin des idéologies», la
«fin de l'histoire»... et sa propre fin.

Cette vision peu engageante et assez désen-
chantée de l'art contemporain se retrouve chez
les penseurs, les philosophes et les esthéticiens
qui, se posant en observateurs distanciés de la
réalité, développent finalement un discours
conforme à l'esprit du temps.

Il est assez paradoxal de constater que l'art
contemporain, celui qui apparaît dans les
années 90, sans doute plus proche de la quotidienneté qu'il ne l'a jamais été dans le passé,
peut susciter autant de discours sur l'irrespon-
sabilité de l'artiste, sur son désengagement ou
sur sa dépolitisation. Il est vrai que certaines pratiques artistiques actuelles semblent s'exposer à
maints griefs : absence de sens, de projet, de
forme, dilution dans la banalité, plongée dans
l'univers plus ou moins futile de la distraction
ou bien, comme nous l'avons dit, du tourisme
ou de la mode. Mais peut-on, comme certains
s'y risquent, prendre prétexte de quelques cas
pour généraliser ce genre de reproche à l'ensemble de la création contemporaine ?

C'est pourtant ce que n'hésite pas à faire Yves
Michaud, lequel prend acte d'un «nouveau
régime de l'art». Selon lui, l'esthétique remplace l'art, et l'expérience de l'art prime sur les
œuvres et les objets au profit de simples attitudes. Réduit à l'état de simples procédures, le

travail de l'artiste consiste à adopter des postures dont le sens est plus ou moins éphémère, dilué dans la multiplicité des comportements hédonistes auxquels invite la société de consommation et de communication[9].

Michaud interprète ce changement, caractéristique, d'après lui, des années 90, comme le triomphe de l'esthétique. Le passage à l'état «gazeux», qu'il repère dans nombre d'actions sans réelle consistance, apparaît comme le stade ultime de la dématérialisation de l'objet, commencée dans les années 60, et de l'immatérialisation annoncée dans les années 80. L'art se volatiliserait dans de vagues expériences esthétiques plus ou moins éthérées, contribuant ainsi à une désagrégation du Grand Art, dégradation évidemment scandaleuse aux yeux des nostalgiques, «modernistes attardés» ou «classiques désabusés».

Michaud retient néanmoins comme plausibles deux autres interprétations, plus conformes à l'esprit du temps, susceptibles d'expliquer cette situation : «Mondialisation et commercialisation font entrer dans un monde où l'art est plus proche de la mode, du *clip* et des loisirs touristiques que de la recherche métaphysique. On célèbre alors une profusion, un changement accéléré, une diversité bariolée qui étourdissent et divertissent plus qu'ils n'éclairent et n'élèvent[10].»

Une autre approche plus adéquate à la réalité serait, toujours selon Michaud, celle qui met l'accent sur le multiculturalisme, sur les métissages entre les cultures, le pluralisme pouvant être soit l'effet pervers de l'homogénéisation planétaire, soit une forme de résistance à la globalisation.

Quant aux relations entre l'art, la politique et la société, elles se seraient distendues comme jamais par le passé. L'artiste, militant engagé dans les années 70, serait devenu un simple « médiateur au sein de la communauté » et l'art, incapable de délivrer un quelconque message, aurait sombré dans une futilité qui le rapprocherait « du monde de la communication et de celui de la mode »[11].

Pour une esthétique de l'art contemporain

Ce type de discours sur l'art actuel, assez répandu de nos jours[12], croit pouvoir prendre acte de la prétendue déliquescence d'un art considéré globalement comme non identifiable et littéralement innommable. Mieux encore, il légitime, d'une certaine manière, une évolution qu'il considère comme inéluctable, liée aux transformations irréversibles que subit le monde contemporain. De l'art actuel, il donne l'image la plus convenue et la moins flatteuse, à savoir

celle d'un magma informe, hétérogène, composé de toutes les figures — complaisamment
citées — de l'insignifiant, de l'abject ou de
l'ignoble, et de celles, beaucoup plus rares, du
passionnant ou de la provocation intelligente
et critique. Bien peu nombreux sont les ouvrages
qui, à défaut de prendre la défense de l'art
contemporain, incitent du moins à la découverte de ses œuvres — car elles existent — les
plus intéressantes et les plus remarquables.

Ce que nous disions pour la fin du xxᵉ siècle
vaut aussi pour le début du xxiᵉ, à savoir que « la
philosophie de l'art est contrainte de renoncer
à son ambition passée : celle d'une théorie
esthétique générale embrassant l'univers de la
sensibilité, de l'imaginaire et de la création ».
Mais nous souhaitions aussi pouvoir nous donner les moyens d'« accommoder le regard sur
les propositions des artistes et de retenir leur
invitation à vivre intensément une expérience
en rupture avec la quotidienneté[13] ».

Cette exigence, plus que jamais d'actualité,
est certainement contraire aux lamentations qui
se complaisent devant le spectacle de désolation
que semble offrir l'art contemporain. Élaborer
une esthétique de l'art contemporain — travail
de patience et de curiosité — signifierait rendre
justice aux pratiques actuelles en évitant de les
ranger d'emblée dans la catégorie des nullités,
des médiocrités et autres « n'importe quoi ».

Renouer avec l'interprétation, le commentaire et la critique des œuvres actuelles, c'est se refuser à déléguer au seul monde de l'art — microcosme extrêmement restreint — le soin de décréter d'en haut ce qu'est l'art contemporain et surtout ce qu'il doit être. Contre-discours aux arguments actuellement en vogue, largement négatifs et dépréciatifs, une telle réflexion pourrait bien être en mesure de montrer combien la production artistique des années 90 présente un décalage surprenant avec les œuvres mises en cause lors du débat sur l'art contemporain.

L'art contemporain pense le monde

De nombreux exemples démentent radicalement l'idée d'une démission des artistes, repliés sur eux-mêmes, renonçant à investir le domaine social et politique, uniquement obsédés par les fluctuations du marché de l'art international. Un simple aperçu d'œuvres récentes révèle l'étonnante diversité des préoccupations liées à la réalité la plus tangible, qu'elle soit sociale, politique, religieuse ou idéologique.

Teresa Margolles, artiste mexicaine (1963), titulaire d'un diplôme de médecin légiste, dénonce sans relâche l'insécurité qui règne dans la capitale de son pays et lutte, à sa manière, contre la violence urbaine. L'une de ses installations les plus spectaculaires, commencées dans les années 90, a lieu dans une salle d'exposition. Des humidificateurs vaporisent l'eau ayant servi à désinfecter les cadavres lors des autopsies pratiquées dans les morgues accueillant les victimes de mort violente. Membre de l'ancien groupe Semefo[14] (Service de médecine légiste), elle n'hésite pas à intervenir dans les espaces publics par des performances, se servant au besoin de la vidéo.

Ce n'est pas la mort en tant que telle qui intéresse Teresa Margolles mais les implications sociales, culturelles et politiques de la violence urbaine dans une société individualiste et brutale où attenter à la vie est devenu une habitude. Reconnaissons qu'il est bien difficile d'inscrire ce type d'action dans la catégorie d'un art réduit à l'état gazeux !

En 1999, Teresa Margolles réalise un bloc de béton aplati, d'aspect plutôt anodin. Rien à voir avec le sculpteur minimaliste Carl Andre. Il s'agit en réalité d'une tombe dans laquelle repose le corps d'un fœtus offert par la mère à l'artiste contre dédommagement. En 2003, à Vienne, elle expose un « Suaire », un drap de 2 × 24 m montrant des empreintes de corps humain : traces consécutives à l'autopsie de sans-abri non identifiés.

Mélange d'humour, de dérision et d'ironie, les œuvres de Maurizio Cattelan (1960) s'apparentent à des farces guignolesques ou puériles.

En 1995, l'artiste demande à son galeriste parisien, Emmanuel Perrotin, de porter pendant
cinq semaines un déguisement de lapin rose
fuchsia. Simple détail : « Errotin, le vrai lapin »
reproduit la forme non ambiguë d'un phallus
géant croisé avec le lapin fou Roger Rabbit.
Invité en 1998 par le MoMa de New York, l'artiste demande à un acteur portant le masque
de Picasso d'accueillir les visiteurs. En 2002, il
« pend » trois mannequins d'enfants en plastique
aux branches du plus vieil arbre de Milan... et
provoque indirectement la chute d'un habitant
du quartier. Offusqué par le spectacle des suppliciés, ce Milanais, muni d'une échelle et d'une
scie, avait tenté de décrocher l'œuvre lui-même !
Sans doute s'agit-il là de facéties d'un goût douteux et parfois dangereux.

Mais le travail de Cattelan ne se réduit
pas uniquement à un jeu frivole et anodin. Sa
fameuse statue de cire *La Nona Ora* (*La neuvième
heure*), montrée en 2001 à la Biennale de Venise,
et représentant Jean-Paul II écrasé par une
météorite — don du ciel quelque peu blasphématoire —, n'a pas suscité que des sourires
amusés au sein de l'Église apostolique et
romaine, vénitienne et polonaise (l'œuvre fut
également présentée à Varsovie). Son mannequin évoquant un *Führer* au visage d'enfant
moustachu agenouillé pour la prière — œuvre
exposée à Stockholm en 2001 — joue sur le

contraste entre une icône faussement innocente, exhibée en pleine lumière, et ce qu'elle
incarne en réalité de ténèbres. Et Cattelan de
justifier sa mise en scène : « Ma mère disait toujours qu'il est impossible de bien nettoyer un
carreau si on ne voit pas où se trouve la saleté. »

Certains artistes n'hésitent pas à utiliser des
supports et des matériaux inédits, tels les clichés
de l'imagerie médicale obtenus par rayons X
ou scanner, quitte à sombrer dans une sorte
d'esthétisme morbide[15]. En 1999, David Buck-
land, artiste anglais, réalise son *Self-portrait* à partir d'une radiographie de sa cage thoracique.
Alexander de Cadenet soumet à la même technique le visage de différents individus, obtenant
des images de crânes qu'il agrandit et peint de
couleurs vives.

Plus troublant est le portrait en taille réelle
que l'artiste anglaise Marilene Oliver (née en
1977) réalise à partir du cadavre d'un meur-
trier, Joseph Jernigan, condamné à mort et exécuté en 1993. Congelé, le corps fut découpé en
1 871 fines tranches, lesquelles furent photographiées puis diffusées sur internet (*I Know
You Inside Out*, 2001). L'artiste, qui milite contre
la peine de mort, parvint à télécharger les
images et reconstitua le corps de l'individu sous
forme de feuilles plastifiées qu'elle disposa à
l'intérieur d'une vitrine[16].

Mais d'autres œuvres utilisant des techniques

similaires s'inscrivent dans un projet esthétique
plus systématique et cohérent.

Le travail d'Ernest Breleur (1945), artiste mar-
tiniquais, s'effectue à partir de radiographies du
corps humain. Il choisit des personnes vivantes
de toutes races et nationalités. Les clichés frag-
mentaires, morcelés, sont assemblés, collés,
parfois superposés, « suturés », peints, composant parfois de grands formats : *4 chirurgies sur
4 crânes* (140 × 140 cm, 1997), *Multitudes de têtes*
(1 100 × 230 cm, 1997), *Chirurgie sur jeune prin-
cesse* (235 × 165 cm, 1997), *Chirurgie sur jeune
femme rêvant de porter dans ses bras le roi des oiseaux*
(235 × 165 cm, 1997).

En dépit de leur titre, ces œuvres n'expriment aucune morbidité. L'artiste justifie le passage de l'immatérialité des supports qu'il utilise
(radio, photo, vidéo, média, infographie, etc.) à
l'ancrage très concret de son œuvre dans le
contexte artistique caribéen : « Le peintre figuratif que j'étais est sur la voie d'une abstraction
chaque jour plus affirmée, le signe occupe la
totalité du visible dans mon travail. Je m'écarte
d'une pratique conventionnelle qu'est la peinture sur toile avec une certaine vision de l'espace
[…]. C'est une rupture avec la peinture traditionnelle qui me permet de regarder davantage
vers le multimédia, la photographie, l'infographie, etc. Les nouveaux outils et les nouveaux

matériaux m'invitent à réfléchir sur le langage de demain [17]. »

Explicitement, Ernest Breleur conçoit cette appropriation des nouvelles technologies dans la perspective d'un dépassement des particularismes identitaires, des clivages culturels locaux ou régionaux, convaincu que l'art d'aujourd'hui, toujours surprenant et imprévisible, conduit à renouveler notre perception du monde et les relations entre les individus qui y vivent.

Sans recourir à des technologies sophistiquées, certaines œuvres d'apparence plus modeste, parfois aux allures de facéties ou de jeux pour enfants, recèlent une critique acerbe de la réalité quotidienne.

Alain Séchas (1955) dessine et sculpte en polystyrène des animaux familiers, des chiens et surtout, depuis 1996, des chats (ses chats!) plus grands que nature et placés dans des situations particulières renvoyant à la vie quotidienne. Ces figures apparemment ludiques et innocentes sont mises en scène pour renvoyer au spectateur l'image des multiples petites aliénations, des conditionnements sociaux, des angoisses et des peurs parfois raisonnées — la malbouffe, les risques écologiques — ou irraisonnées — le suicide — qui ternissent ou entravent son existence. En 2001, un petit Martien vert (*Martien Hamburger*, polyester et acrylique, 60 × 80 × 80 cm) tient dans sa main un ham-

burger dégoulinant de sauce tomate et déclare
sans ambages : « Ça fait bien longtemps que je
n'ai pas mangé de cette merde ! » Finalement, à
bien les regarder, ces minous au visage souvent
impassible ne font plus rire, ou bien le rire, ou
le sourire, vire assez rapidement au jaune. Le
monde au jour le jour, s'il prend parfois l'apparence d'un gag, n'en est pas un. Telle est bien
la leçon des chats anthropomorphes : « Des chats
et des Martiens, il y en a partout, c'est pour ça
que je les dessine, pour qu'on s'en souvienne
encore plus, pour se dire qu'on ne pourra jamais
tirer un trait dessus, même double. Contre tous
les *Big Brothers* de la planète ! Yeah ! […] Je suis
moraliste. Pour moi, art égale responsabilité »,
explique Séchas.

C'est une œuvre tout en nuances que présente depuis 1990 l'artiste d'origine égyptienne
Ghada Amer (née en 1963). Traductrice de
l'arabe en anglais et en français, Amer brode sur
tissu des images extraites de textes islamiques
traditionnels, des légendes et des poèmes
qu'elle réinterprète à sa manière. Mais les déli-
cates coutures aux fils de couleur ne se contentent pas de représenter des scènes domestiques
innocentes, telles que la lessive, le repassage ou
la cuisine, etc. Au regard attentif, apparaissent
des représentations moins conventionnelles,
discrètement pornographiques, qui dénoncent
le statut des femmes dans les sociétés dominées

par le fondamentalisme islamique : des nus
féminins aux poses provocantes, des scènes
saphiques, des exhibitions discrètes d'autant
plus corrosives et subtilement subversives
qu'elles ne sont pas montrées ostensiblement
mais juste suggérées.

Moins discrète dans la représentation de l'intimité féminine, Natacha Merrit (1977) se propose de bousculer hardiment les stéréotypes
machistes véhiculés par le commerce pornographique. Publiés sous le titre *Digital Diaries*[18] —
premier ouvrage de photographie numérique —,
les clichés souvent en gros plan, cadrés de façon
insolite, montrent sans fard des scènes d'actes
sexuels.

L'artiste chinois Wang Du (1956) se passionne
pour des installations monumentales à partir
de photos de presse, modélisées en 3 D puis
réalisées en plâtre, en résine ou en argile. En
2001, il expose des tas de papiers de journaux
froissés, déchiquetés de *Newsweek*, du *Monde*. Le
contenu de l'information ne l'intéresse pas.
Seuls comptent le dispositif médiatique et l'im-
mense pouvoir que celui-ci exerce sur des individus abreuvés jusqu'à la nausée de nouvelles
qu'ils sont incapables d'ingérer. Surdimension-
nés, hyperréalisés, ces objets quotidiens apparaissent comme des caricatures d'un système
médiatique qui réquisitionne littéralement la
réalité pour imposer à des millions d'individus

sa propre lecture, fatalement partielle et par-
tiale, des événements du monde[19].

En 1999, Bruno Gironcoli (1936), sculpteur,
participe à l'exposition « Les champs de la sculpture » à Paris. Il y présente *Soap Lux* (*Savon Lux*),
une œuvre monumentale réalisée en fonte
d'aluminium. Gironcoli utilise aussi volontiers
le polyester, le fer et le bois, créant d'étranges
objets de grandes dimensions. Ces sculptures
font penser, en effet, à des machines ou à des
appareils industriels aux formes géométriques
dans lesquelles l'artiste inclut des figures
anthropomorphes, notamment des petits personnages à l'allure de statuettes. L'austérité et
la froideur de ces compositions hybrides décon-
certent. Ne livreraient-elles pas, sur le mode
symbolique et métaphorique, les images de
l'univers absurde, réifié et aliéné dans lequel
nous vivons ? Ne seraient-elles pas la représentation plastique du « monde administré » dont
Gironcoli, rebelle à tout excès de promotion
médiatique, avait pu lire la description chez les
philosophes de l'école de Francfort, Adorno et
Horkheimer, ses auteurs de prédilection dans
les années 60 ?

On ne compte plus les œuvres réalisées au
cours de ces dix dernières années qui n'ont strictement rien à voir avec ce fameux « art contemporain » vilipendé lors du débat des années 90.
Impliqués dans le développement des techno-

logies nouvelles et des progrès scientifiques, les artistes révèlent chaque jour leur extrême perméabilité aux problèmes actuels, qu'il s'agisse du sida, des menaces écologiques, de l'économie libérale, du pouvoir des médias, des guerres, du terrorisme, etc.

Lieu habituellement couvert où les produits sont rangés par rayons et à prix fixe, le bazar, auquel certains assimilent l'univers de la création actuelle, constitue une métaphore particulièrement impropre pour désigner l'art contemporain de ce début de siècle. Le qualifier de souk — cela aussi se produisit — est pour le moins péjoratif et désobligeant. Reste la caverne d'Ali-Baba, ou bien le capharnaüm — terme importé de Galilée —, où les objets s'entassent pêle-mêle dans une totale confusion, mais où l'on parvient par trouver, avec un peu d'attention, de patience et surtout beaucoup de chance, quelques trésors.

L'art actuel n'est plus assujetti, à l'évidence, au régime du beau platonicien, ni à celui des beaux-arts — au sens classique. On l'a bien compris. Mais qu'il soit en mesure de surprendre, d'irriter, de séduire, d'enthousiasmer, de provoquer, de choquer, d'ennuyer prouve bien qu'il relève toujours du régime de l'esthétique. Toutefois, comme l'a montré la querelle de l'art contemporain, l'élaboration d'une réflexion esthétique, mettant en jeu notre faculté de juger, de critiquer, d'évaluer des œuvres ou des actions hors normes, n'est pas chose aisée car se pose inévitablement le problème des frontières, des délimitations, des transgressions : art ou non-art ? provocation artistique ou charlatanisme ? esthétique ou opération commerciale ?

Désordres de l'art/désordre du monde

On a évoqué, ci-dessus[20], le cas de Günther von Hagens et de ses « plastinats ». Libre à chacun, ainsi qu'à la justice, saisie de l'affaire[21], de se faire son propre jugement. Toutefois, l'audience massive dont bénéficie ce genre d'exhibition dépasse le cadre de l'appréciation individuelle. Il est certain que le succès d'une manifestation capable d'attirer et de fasciner plusieurs millions de spectateurs interdit qu'on se débarrasse allégrement de la question artistique en qualifiant purement et simplement cette entreprise d'imposture. Certes, discerner l'esthétique du non-esthétique suppose qu'on en finisse avec une forme d'hypocrisie communément partagée de nos jours. On ne saurait, en effet, prendre prétexte du système culturel, marchand, récupérateur, consensuel, pour condamner les artistes qui s'y soumettent complaisamment et en tirent parfois d'importants bénéfices. Rejette-t-on Picasso ou Francis Bacon parce que leurs œuvres font l'objet de spéculations et de surenchères atteignant plusieurs millions de dollars?

Sans doute faudrait-il aussi dénoncer cette autre tartufferie qui consiste à s'offusquer des aspects morbides, scatologiques, abjects, infâmes, mortifères de certaines productions actuelles, tout en acceptant sans sourciller le voyeurisme indécent auquel incite l'exhibitionnisme souvent obscène des médias et de l'industrie culturelle. Mais les plastinats de von Hagens font partie de ces cas limites, ceux pour lesquels la frontière est difficile à établir entre art et non-art, entre provocation gratuite, exhibition sadique et mise en scène dénonciatrice de l'horreur. Seul un débat esthétique argumenté, contradictoire et, si possible, public permettrait d'en décider.

Moins spectaculaire que la mise en scène, type « showbiz », des « Mondes du corps », l'esthétisation de la morbidité peut aussi atteindre des formes paroxystiques. L'artiste chinois Zhu Yu, appartenant au groupe chinois « Cadavre », doit sa notoriété à l'utilisation qu'il fait précisément de cadavres tirés des prisons, des morgues ou des hôpitaux. Possédant un goût gastronomique assez particulier, et doté d'un solide appétit, il n'a pas hésité à se mitonner des plats d'un genre spécial : un fœtus qu'il s'est plu à consommer dans la tradition d'un rituel anthropophagique[22].

Aussi sordide mais dans un genre moins
« gore » : l'artiste mexicain Santiago Sierra (né
en 1966) fait régulièrement scandale par des
performances qui reproduisent, sous une forme
caricaturale, le système de l'économie libérale
fondé sur la rentabilité. Il « emploie » des personnes anonymes, chômeurs, sans-abri, toxico-
manes, qu'il rétribue chichement pour se faire
tatouer en public ou teindre en blond, se mas-
turber ou bien rester enfermé six fois quatre
heures dans six cartons composant son installation.

Lors de sa première exposition en Autriche,
Sierra « loue » trente ouvriers d'origines eth-
niques différentes. Il les classe selon la couleur
de leur peau. La scène est retransmise par une
vidéo en noir et blanc qui restitue à l'image les
diverses nuances de pigmentation. Sur une col-
line surplombant le détroit de Gibraltar, une
vingtaine d'immigrés africains embauchés pour
des sommes dérisoires — 54 euros par jour —
creusent 3 000 trous... inutilement, à moins
qu'il ne s'agisse de fosses pour les futurs et mal-
encontreux candidats réels à l'émigration. Qui
est donc Santiago Sierra ? Un manager avisé, un
dirigeant d'entreprise rentable — sauf pour les
cobayes —, ou bien le dénonciateur du mécanisme d'exploitation et d'aliénation dans une
société capitaliste et libérale minée par nombre
de dysfonctionnements sociaux, économiques

et politiques[23] ? Les performances collectives organisées par Sierra miment crûment l'« horreur économique ». Toutefois, à approcher le réel de trop près, ne risquent-elles pas de manquer leur objectif ?

Gilles Peress (1946) expose des photographies grand format montrant l'atrocité des épurations et des génocides commis en Bosnie et au Rwanda. Il privilégie les gros plans et les images nettes visant à accroître la dureté des scènes captées. C'est un choix esthétique. Quels que soient le bien-fondé de sa dénonciation et l'authenticité de sa révolte, on peut lui préférer la posture de l'artiste chilien Alfredo Jarr (1956). Celui-ci refuse l'exhibition et la monstration brutale. Il expose 550 boîtes en carton, closes, recelant chacune une photographie de victimes de guerre. L'horreur est bien là, mais cachée. Pour y accéder, il faut lire sur le couvercle la description du cliché. Ni documentaire ni reportage, le travail de Jarr constitue une redoutable dénonciation de l'exploitation des images médiatiques, de celles qui saturent, parfois jusqu'à la nausée, les informations télévisées et internet. Le pouvoir des mots ne serait-il pas parfois aussi corrosif que le choc des photos, dès lors qu'il s'agit de l'irreprésentable ?

L'écart de l'art

Il convient de mettre un terme à ce passage en revue, apparemment chaotique, de l'art actuel. Ce chaos traduit surtout l'effervescence des pratiques artistiques désormais totalement perméables au monde, tout comme le monde ne cesse de révéler son étonnante porosité aux œuvres d'aujourd'hui. À travers ses provocations, ses surenchères, ses transgressions réitérées, l'art avance au rythme d'un univers soumis à d'incessants et rapides bouleversements, scientifiques, technologiques, sociaux et politiques. Et, dans cette course, il lui arrive d'être loin du compte, à la fois impliqué et à distance, contraint de remettre constamment en cause son statut dans une société toujours prête à l'instrumentaliser.

Cette idée d'un art décalé, parfois en retard par rapport à une réalité riche en outrances de toutes sortes, peut surprendre. L'art moderne et les avant-gardes recherchaient délibérément la rupture avec l'ordre existant. Leurs manifestes, souvent virulents, reposaient sur une stratégie militante, agressive et polémique. Cette stratégie est devenue inopérante dans une société soumise au principe de la rentabilité et du tout échangeable, capable d'absorber une activité qui ne répond en apparence à rien et n'a, en principe, à répondre de quoi que ce soit auprès de quiconque.

L'art contemporain joue donc sur un autre registre. La stratégie militante, moderne et avant-gardiste cède la place à une multitude de postures artistiques qui brouillent sans cesse les signes, frôlent le réel par glissements et dérives, sans jamais l'excéder, sinon de façon imaginaire et fantasmatique. Et rien n'est sans doute plus exaspérant pour les adversaires de l'art contemporain et pour les représentants des ordres établis — moraux, religieux ou politiques — que la déstabilisation et le dévoiement permanents des codes et des normes en vigueur, quand bien même cette déstabilisation et ce dévoiement deviennent parfois des modes de gestion programmés. Au-delà de tous les doutes, des incertitudes, des suspicions et des tentatives d'absorption par l'institution ou le marché, on continuera donc d'appeler « art » cette pratique délibérément « à l'écart », ni moderne ni postmoderne, rebelle au formatage culturel, médiatique et consumériste de la « société du spectacle ». La transgression elle-même n'est sans doute plus de mise. Elle se révèle obsolète devant le renouvellement imprévisible des matériaux, des procédures et des formes. Il n'empêche qu'en se donnant pour tâche de *dé-visager* crûment et parfois cruellement la réalité, l'art

du xxie siècle s'annonce comme étant l'art de
l'iconoclastie permanente.

Les plastinats de von Hagens, les excentrici-
tés sexuelles de Jeff Koons[24], *Cloaca* de Delvoye,
Alba, le lapin vert transgénique d'Eduardo Kac,
les mises en scène du crémastère par Matthew
Barney, et même les délices cannibales de Zhu
Yu relèvent d'un jeu parodique nommé « art »
qui n'a de cesse de réinventer et de redéfinir
ses propres règles. Déconcertant, dérangeant,
scandaleux pour certains, innovant, inventif
pour d'autres, ce jeu est bien peu de chose
comparé à ce que le monde dans son organisation actuelle est capable d'engendrer. Quoi que
fassent les artistes contemporains, leurs œuvres
les plus incongrues, les plus provocantes et en
apparence les plus barbares ne sont guère en
mesure de concurrencer en atrocité et en épisodes sanglants le réel tel que nous le renvoie
quotidiennement son écho médiatique et électronique : victimes déchiquetées par les atten-
tats, otages suppliciés, prisonniers torturés,
violés, égorgés[25] !

La haine de l'art, l'indignation qu'il suscite,
le ressentiment et l'exaspération qui s'expriment
parfois bruyamment à son encontre paraissent
à cet égard étonnamment hors de propos, voire
indécents.

La position de l'art contemporain, sa lointaine
proximité à l'égard du réel n'est aucunement

assimilable à celle d'un désengagement ou d'un désinvestissement hors du champ social et politique. Elle caractérise bien plutôt la marge d'autonomie qu'il revendique et s'efforce de conserver pour se prémunir d'une mort maintes fois annoncée.

L'informe que l'on reproche parfois à l'art contemporain est là pour dire le monde tel qu'il est. Et cet informe est toujours déterminé par les circonstances historiques et sociales, qu'il s'agisse des déconstructions et des dissonances de l'art moderne ou de l'art d'aujourd'hui. La déstructuration et la restructuration formelles que la création artistique actuelle fait subir aux fragments de réalité ne réduisent donc pas l'art contemporain à un immatériel gazeux et inconsistant.

Y a-t-il vraiment lieu de s'étonner ou de s'offusquer que l'art, aujourd'hui comme hier, traite du monde dans sa diversité, riche en contrastes et en contradictions, en lumières et en ténèbres? Les artistes du xxie siècle se refusent à livrer une représentation édulcorée et complaisante du réel, placée sous le signe de la Beauté et du Sublime considérés, jadis, comme des valeurs transcendantes, intemporelles et immuables. Nombreux sont les nostalgiques de l'art classique — du grand Art — à ne pas admettre que la fin de l'harmonie signifie aussi la fin de l'innocence. La « crise de l'apparence » qui, selon

Adorno, caractérise l'art moderne dès le début du XXᵉ siècle, trouve son prolongement dans l'art contemporain, dans cette révolte contre la fausse réconciliation entre l'art et la vie, entre la « belle apparence » — précisément — et une réalité qui ne cesse de dénoncer comme mensonges ses promesses de bonheur, réitérées mais toujours démenties et probablement intenables.

Le philosophe de l'école de Francfort a parfaitement exprimé l'incompatibilité irréductible entre la forme artistique et une réalité informulable et donc « informable ». Lorsqu'il se résout à écrire sur Auschwitz et sur la Shoah, il prend soin de préciser qu'il lui fut impossible de travailler la qualité de l'expression car, écrit-il, « lorsqu'on parle des choses extrêmes, de la mort atroce, on éprouve une sorte de honte à l'égard de la forme, comme si celle-ci faisait outrage à la souffrance en la réduisant impitoyablement à l'état d'un simple matériau ». Mais il met le doigt simultanément sur l'ambiguïté redoutable de cette attitude : « Il est impossible de bien écrire sur Auschwitz ; si l'on veut rester fidèle aux émotions, il faut renoncer aux nuances, et du fait de ce renoncement même, on cède à son tour à la régression générale. »

Ce dilemme est au cœur de la problématique d'une bonne partie de l'art contemporain[26].

L'art actuel, par définition, n'a pas encore subi la sélection ni la sanction du temps. Et tout ce qui se crée aujourd'hui ne s'inscrira pas dans l'histoire de l'art. Seules s'imposeront quelques rares œuvres marquantes, les autres, plus nombreuses, sombreront dans l'oubli. Ce sont là des évidences. Il en a toujours été ainsi. Rien ne permet de penser qu'il n'en sera pas de même dans l'avenir.

Mais l'histoire n'est pas ce tribunal ordonnateur d'une justice immanente qui évaluerait les œuvres en fonction de leur propre régime d'excellence. L'art a mis plus d'un siècle pour s'affranchir des normes, des critères et des conventions classiques, idéalistes et romantiques. Ces déliaisons et ces ruptures successives le font apparaître désormais pour ce qu'il est réellement, c'est-à-dire comme objet d'expérience en relation avec toutes les autres activités de l'existence.

Cette expérience n'est plus isolée ni circonscrite au seul domaine des beaux-arts. Dès lors, la tâche d'une philosophie de l'art contemporain serait de permettre à cette expérience d'aboutir à l'esthétique afin d'ériger « en cohérence et conscience ce qui se produit de façon incohérente et confuse dans les œuvres d'art[27] ».

Une telle esthétique accomplirait ce que n'a pu faire la querelle de l'art contemporain : mettre un terme au monopole élitiste du monde de l'art, en finir avec la réquisition à laquelle procèdent les institutions officielles et, hors des sentiers battus de la Culture, ouvrir le vaste champ de l'expérience artistique à tous ceux qui souhaitent ou oseraient la tenter.

Critique et arguments esthétiques

« Ériger en conscience et en cohérence » ce qui est perçu de façon floue, indistincte, telle est bien l'une des tâches du discours esthétique face à des créations qui, dans leur diversité et leur hétérogénéité, se sont fait une vocation de troubler sciemment notre perception du réel — à la différence des produits de l'industrie culturelle, voués à la consommation immédiate et n'exigeant que notre adhésion spontanée.

En l'absence de critères sûrs, l'une des difficultés que rencontre une esthétique de l'art contemporain réside dans cette fragilité et variabilité des jugements formulés sur les œuvres du temps présent ; tous peuvent êtres inversés et tous peuvent cependant prétendre à la même légitimité.

Je peux trouver puérils les chats de Séchas — minets tantôt charmeurs et paisibles, tantôt ironiques, agressifs et inquiétants. Et les œuvres m'apparaissent alors dérisoires ou gratuitement provocantes, tels les animaux, parfois coupés en deux ou dépecés, que Damien Hirst (1965) conserve dans du formaldéhyde — action encore bien innocente si on la compare à son installation *Two Fucking, Two Watching* qui montre une vache et un taureau morts en train de copuler, aidés dans leur fornication par une machine[28]. Peuvent également sembler d'une obscénité passablement régressive certaines performances des duettistes Gilbert & George qui persistent dans la provocation à l'aide de sperme et d'excréments. Les empreintes de corps meurtris exposées par Teresa Margolles, tout comme son achat d'un enfant mort-né à une mère éperdue et sans moyens, heurtent assez violemment la sensibilité. La performance *Art à mort* de Marina Abramovic, allongée sur un sol jonché d'os et de chairs sanguinolantes, barbouillée et maculée d'hémoglobine animale, est dépourvue de tout esthétisme affriolant. Les plaisanteries douteuses de Maurizio Cattelan ressemblent fort à des facéties de potache. La grande poubelle à journaux de Wang Du apparaît bien inoffensive au regard de ce qu'elle entend dénoncer, et l'*Hybertmarché* de Fabrice Hybert se révèle beaucoup trop complaisant à l'égard de la grande distribution dont il semble, en fin de compte, vanter les mérites.

Cette posture pourrait inciter à dénoncer, à l'instar de Michel Onfray, la complicité entre les artistes et le système qui cautionne tout ce qui s'apparente à des débordements, notamment la transgression des convenances et du bon goût, l'inversion des valeurs, l'exploitation éhontée de la vulgarité et du cynisme, ici confondus. Très critique vis-à-vis de certaines productions artistiques actuelles, le philosophe déclare : « Cette scénographie se propose trivialement d'occuper un créneau dans lequel se joue paraît-il la carte de l'humour, du ludique, du gratuit par un improbable artiste habile pour ramasser les bénéfices sonnants et trébuchants de cette part de marché — facile, à la mode, en vogue — du monde de l'art contemporain[29]... »

La réaction de l'auteur contre les ravages du nihilisme, de la thanatomanie, et de l'orgiaque dans les productions actuelles est salutaire. L'argumentation, riche d'exemples et de choix personnels, se révèle un peu plus convaincante que la complainte des adversaires déclarés de l'art actuel lors de la fameuse querelle.

La distinction qu'il établit entre le mauvais et le bon cynisme, entre le cynisme vulgaire, corrompu, et le cynisme constructif, ironique, volontariste et revitalisant est toutefois problématique. Seraient « cyniques vulgaires les artistes qui optent pour le pouvoir, l'institution, l'académisme des avant-gardes, la facilité du néo et du copiage ou l'inscription de leur travail dans une mode porteuse ». Ainsi que les « fabricants de réputations utilisant la transgression et le scandale pour accélérer la transformation d'un nom en une soudaine valeur marchande ».

Bien que légitimes, ces griefs sont imprécis et susceptibles de concerner une bonne partie du monde de l'art. Et l'on se demande bien qui est en mesure de séparer le bon grain de l'ivraie !

Selon Michel Onfray, le cynisme qui ouvre sur des possibilités esthétiques et existentielles nouvelles est celui qui, notamment, « préfère la valeur intellectuelle critique à la fétichisation de la marchandise » et « l'intersubjectivité des consciences aux égotismes autistes »[30].

Comment ne pas approuver cette mise en cause du système marchand et du commerce artistique ? Peut-on refuser l'instauration d'échanges intellectuels entre individus rebelles à la massification culturelle ? Les propositions de Michel Onfray rejoignent ici les arguments de Rainer Rochlitz en faveur d'un débat qui permettrait de confronter les appréciations formulées par chacun sur les diverses expériences esthétiques vécues[31]. Mais l'auteur ne règle pas vraiment la question esthétique de l'évaluation et de la critique. Je peux, en effet, accorder mon goût personnel avec le sien en ce qui concerne Maurizio Cattelan, Panamarenko[32] et Eduardo Kac, mais être en total désaccord avec lui à propos de Teresa Margolles, Alain Séchas et Jeff Koons. Nous sommes dès lors partagés entre deux jugements de goût subjectifs diamétralement opposés. La seule façon de résoudre la contradiction serait certainement de recourir à

une forme de discussion argumentée sur les
œuvres elles-mêmes. Michel Onfray appelle de
ses vœux ce type de confrontation. Cependant,
il ne satisfait pas totalement à sa propre exigence, et il est prompt à exclure de sa sélection
ce qu'il considère comme autant de témoignages
du nihilisme contemporain. On peut ainsi trouver surprenant qu'il classe hâtivement dans
le futile (Séchas, Koons) ou le morbide (Margolles) des productions qui pourtant ne semblent contredire en rien son plaidoyer en faveur
d'une « esthétique cynique ». De telles prises de
position, fondées sur l'analyse d'exemples précis, ont toutefois le mérite d'éviter l'abstraction
et les généralisations qui furent si préjudiciables
à l'originalité et à la cohérence du débat des
années 90. L'ouvrage *Archéologie du présent* montre
bien qu'il est possible d'élaborer une philosophie de l'art contemporain à contre-courant
des poncifs et des préjugés habituels.

Art versus *culture*

Le processus d'intégration de l'art dans l'industrie culturelle paraît irréversible. Il n'est
plus limité aux sociétés postindustrielles et se
généralise sous l'effet de la mondialisation.
L'absorption de toutes les formes de création
artistique dans le divertissement, le tourisme, la

mode et la communication sert les intérêts d'un système économique fondé sur la rentabilité selon un processus qui confirme les inquiétudes et le pronostic établi il y a plus d'un demi-siècle par Max Horkheimer, l'un des fondateurs de la théorie critique : « Dans le contexte de l'économie capitaliste, [la] relative indépendance de l'individu n'est plus [...] qu'un souvenir. L'individu ne pense plus par lui-même. Le contenu des croyances collectives auxquelles personne ne croit vraiment est le produit direct des bureaucraties au pouvoir dans l'économie et l'État, et leurs adeptes ne font qu'obéir en secret à des intérêts personnels atomisés et par là même inauthentiques ; ils n'agissent plus que comme simples rouages économiques[33]. »

C'est en des termes étonnamment actuels qu'il tire les conséquences de cette double assimilation art-culture-économie et de ses effets sur le comportement des individus : « C'est pourquoi la dépendance de la culture par rapport à l'économie n'est plus conçue comme autrefois. Avec l'anéantissement de l'individu comme type, elle doit être comprise, en quelque sorte, dans un sens plus vulgairement matérialiste. L'explication des phénomènes sociaux devient à la fois plus simple et plus compliquée. Plus simple, parce que l'économie détermine les hommes de façon plus directe et plus accessible à la conscience, et que la faculté de résistance relative des sphères culturelles et leur consistance même ne cessent de s'amenuiser ; plus compliquée, parce que la dynamique économique effrénée au service de laquelle la plupart des individus ne sont plus que simples moyens ne cesse de susciter, sur un rythme accéléré, des figures et des fatalités toujours nouvelles[34]. »

L'actualité de ce texte est patente. Délibérément orienté vers la production et la diffusion d'une culture de masse, le fonctionnement de l'industrie culturelle ne semble guère en mesure de favoriser une expérience esthétique d'une qualité et d'une profondeur telles qu'elle puisse être partagée. Cette situation rend parfaitement illusoire et problématique l'étonnante réconciliation, souhaitée par Onfray, entre l'éthique, l'esthétique et la politique. Au demeurant, ce n'est guère cette voie que les artistes actuels semblent décidés à suivre, beaucoup plus réticents au consensus et au compromis avec l'ordre existant que ne le laisse croire le discours dominant sur l'art contemporain.

La substitution de l'art par la culture et par la prétendue communication — dont on ne cesse d'attendre les effets bénéfiques — apparaît comme la forme postmoderne d'une mort effective de l'art. Cette fin n'est pas celle annoncée par Hegel, ni celle proclamée par Danto. Il s'agit d'une mort par substitution qui — selon la formule de Luigi Pareyson — résulte du fait que notre époque « remplace l'art par son *ersatz*[35] ».

Ce qu'on déplore sous le nom d'échec de la démocratisation culturelle repose en partie sur cette commutation : la culture, produit de consommation, apparaît bien comme un succédané de l'expérience esthétique. Ce phénomène offre un démenti radical aux discours lénifiants sur la diversité et la pluralité culturelles affirmant que tous les clients répondent aux sollicitations du système, unis dans une même ferveur communicationnelle et consumériste. Or il n'est pas certain, contrairement aux affirmations des théoriciens du pluralisme, qu'à l'ancien rôle naguère assigné au Grand Art, celui de lien ou ciment social, succède le jeu consensuel et participatif d'une culture plurielle devenue comme par magie le privilège de tous.

La réalité est plus complexe. Les récentes enquêtes effectuées en France[36] sur les pratiques culturelles révèlent, en effet, qu'en plus de vingt années de politique artistique et culturelle, l'écart entre les détenteurs d'une culture classique, savante, « légitime », et ceux qui détiennent et pratiquent une culture de masse, populaire, « illégitime », n'a cessé de croître. Certes, les interactions, les passages, les transferts sont plus nombreux qu'à l'époque où le sociologue Pierre Bourdieu rédigeait *La distinction*[37].

Ces transferts créent des dissonances, engendrent des mélanges de genres mais, globalement, le schéma reste le même : la circulation dans le monde de la culture se fait à sens unique. Un intellectuel cultivé peut facilement passer d'une lecture de Jean-Paul Sartre à celle d'un roman policier, alterner un film de Godard avec un western de série B. En revanche, un habitué des sitcoms et des feuilletons télévisés, ou bien un lecteur assidu des romans « de gares », accédera plus difficilement à une culture « légitime », encore considérée comme bourgeoise et élitiste.

Les clivages culturels témoignent ainsi d'une remarquable inertie. Ni l'enseignement des arts plastiques, ni le dynamisme des écoles et des centres d'art, ni le volontarisme d'institutions, tels les Frac — souvent décriés à tort —, ni la pléthore d'essais, de catalogues, de revues, d'expositions, de festivals ne sont parvenus à résoudre cette « fracture ».

L'instauration d'un débat intersubjectif autour de l'art actuel, rendu indispensable après l'effondrement de critères immuables et universels, ne se fera pas à l'aide d'incantations. Elle commencera le jour où la philosophie de l'art et l'esthétique, après la déstabilisation provoquée par l'art contemporain, recouvreront suffisamment de cohérence et de puissance théorique et critique pour faire front contre les discours prônant l'adaptation et la soumission

au temps présent. Le jour, aussi, où elle par-
viendra à montrer que la culture postmoderne,
industrialisée, curieusement dite « de masse »,
loin de s'adresser à tous, parle en réalité à des
publics morcelés, parfois ghettoïsés, sous l'alibi
de la grande réconciliation à l'intérieur de la
démocratie consensuelle.

À cette conception aujourd'hui dominante
de la culture, s'oppose, presque point par point
— comme le rappelle encore Luigi Pareyson —,
une autre idée de la création artistique : « L'art
réalise la notion la plus difficile de socialité, car
l'œuvre d'art s'adresse à tout le monde, mais
en parlant à chacun à sa manière[38]. »

Et cette personnalisation de la relation avec
l'œuvre d'art, bien différente de la consommation culturelle massive, est précisément la condition d'une interprétation toujours renouvelée
et d'un dialogue permanent et inachevé avec
autrui pour autant que face à l'art, aussi
contemporain et actuel qu'il soit, « on se trouve
devant une chose et on y découvre un monde[39] ».

ÉPILOGUE

[...] les épilogues peuvent très bien être les prologues de commencements nouveaux.

GEORGE STEINER

La querelle des années 90 subit le même sort que la plupart des conflits esthétiques : elle est intempestive, décalée, en retard sur la production artistique de l'époque. Il en fut déjà ainsi dans le passé. La querelle des Anciens et des Modernes, celle du Coloris, des Bouffons, de l'abstraction contre le figuratif, du dodécaphonisme contre la tonalité, étaient à la fois inévitables — c'est-à-dire déterminées par des tensions et des conflits antérieurs — mais déjà d'arrière-garde au moment de leur déclenchement.

Chaque fois, passé l'instant de la rupture et le désir de faire table rase, la nouveauté s'est imposée, non pas pour éradiquer l'ancien ni pour se substituer à lui, mais pour élargir le champ de l'expérience esthétique. Le « beau fard » de Rubens — selon l'expression de Roger de Piles — n'a pas tué la « belle méthode de peindre[1] » de Nicolas Poussin ; la peinture abstraite n'a pas supplanté la figuration, et tous les compositeurs ne sont pas devenus sériels. La gamme des possibilités créatrices et expressives s'est simplement élargie, anticipant sur les attentes de l'époque. La sensibilité esthétique s'accommode, chez beaucoup, des contraires et se plie, heureusement, à une multitude de nuances. Je peux, à la fois, aimer les facétieux lapins de Barry Flanagan (1941) —, les préférer malgré tout au lapin fluo d'Eduardo Kac — et continuer à m'extasier devant l'Aurige de Delphes. Je peux apprécier une vidéo d'Antonio Muntadas (1943) et l'*Autoportrait en Bacchus* du Caravage, tout comme je prends un égal plaisir à l'écoute de *Répons* de Pierre Boulez, à l'*Offrande musicale* de Jean-Sébastien Bach ou au rythme *mballakh* de Youssou N'Dour.

Lors de cette décennie de controverses et de polémiques sur la création actuelle, force est de constater que ni la dimension prospective de l'art ni l'aspect polymorphe de l'expérience esthétique n'ont été pris en compte. Le débat s'est focalisé sur un concept bien particulier d'art contemporain, un art conditionné, totalement ou partiellement, par le marché, placé sous la coupe de l'institution et du pouvoir

politique, obsédé par une surenchère trans-
gressive annulant le sens même de la transgression.

Plutôt que d'une crise de la légitimité de l'art
ou d'une crise de la représentation de l'art,
mieux vaudrait parler d'une crise du discours
esthétique dans sa tentative de prendre en
charge la création actuelle[2]. Cette faillite a eu
pour résultat d'engendrer des simulacres de
théories reproduisant, apparemment sans état
d'âme, une série de lieux communs sur le
désengagement des artistes, leur compromission mercantile, leur apolitisme, et leur duplicité vis-à-vis des institutions. En somme, on a
transféré, dans le domaine de l'art et de la culture, les thèses actuellement dominantes légiti-
mant l'évolution économique et politique d'un
certain type de société occidentale.

Il se pourrait bien, alors, que l'intérêt du
débat sur l'art contemporain réside moins dans
ce qui fut dit que dans ce qui fut sciemment ou
inconsciemment passé sous silence.

Inspirées des conceptions anglo-saxonnes,
les théories de substitution, censées disqualifier
la théorie traditionnelle, n'ont guère fait preuve
de pertinence au regard de l'art d'aujourd'hui,
qu'elles ont le plus souvent laissé à l'écart de
leurs préoccupations. Leur seul effet, en apparence bénéfique, est d'avoir permis d'intégrer
dans un ensemble cohérent et dans une vision

bien particulière de l'histoire au xxᵉ siècle une aventure artistique inaugurée par Marcel Duchamp puis poursuivie — et, selon Arthur Danto, achevée — avec le *pop art* et Andy Warhol.

En contrepartie, le recours à la philosophie analytique de l'art n'a guère infléchi la posture franchement ethnocentrique et occidentaliste du débat. C'est là un paradoxe. En effet, la façon même dont l'esthétique analytique étudie le fait artistique et s'interroge en priorité sur la relation esthétique à un objet quelconque lui interdit — en principe — de privilégier une culture particulière au détriment de cultures exogènes et d'autres arts non occidentaux.

En réalité, l'expression même d'« artiste contemporain » demeure un label d'excellence, attribué par un monde de l'art érigé en jury. Ce qui signifie que ce label apparaît comme une invention occidentale aux yeux de ceux qui en bénéficient comme aux yeux de ceux qui aspirent à son attribution.

Et s'il est vrai qu'un certain cosmopolitisme se développe partout dans le monde, grâce aux biennales et aux expositions internationales[3], rien n'est vraiment fait pour que nous jugions et jaugions l'art contemporain occidental à l'aune de ce qui se fait dans d'autres sphères culturelles. C'est toujours l'inverse qui se produit. L'art contemporain, devenu référence

incontestée, continue d'affirmer son hégémonie sur le marché international, imposant ses
modèles, ses tendances et ses styles... et son
économie.

Les tentatives visant à ouvrir la problématique artistique à d'autres horizons culturels,
souvent remarquables et animées des meilleures
intentions, peinent à convaincre le monde de
l'art occidental de la nécessité de porter son
regard ailleurs. En 1989, l'exposition « Les magiciens de la terre », mise en œuvre au Grand
Palais, à Paris, par Jean-Hubert Martin, se proposait de montrer que la production artistique
contemporaine concernant des œuvres dites
« primitives » peut échapper aux préjugés eth-
nocentriques. Cette manifestation cosmopolite
— la première du genre, en France — accueillait
des artistes venus d'horizons culturels mécon-
nus ou négligés, notamment africains et asia-
tiques : Chinois, Zaïrois, Esquimaux, Malgaches,
Indiens, côtoyaient Américains et Européens.
Sur un même lieu se trouvaient réunis,
par exemple, le peintre ivoirien Frédéric Bruly
Bouabré, le sculpteur béninois Dossou Amidou[4], l'Allemand Anselm Kiefer et le Français
Jean-Michel Alberola. Loin des tendances dominantes et des modes éphémères qui agitent
habituellement l'univers de l'art contemporain
occidental, il s'agissait de montrer que l'art
vivant, en particulier en Afrique, peut échap-

per au regard purement ethnologique sans se
réduire à l'«art d'aéroport» ou aux babioles
exotiques à usage touristique.

En dépit de son succès public, l'exposition a
suscité maintes polémiques. Ce genre de manifestation est, en effet, menacé d'emblée de
contradiction. La plupart des œuvres non occidentales sont sélectionnées en fonction des critères de reconnaissance en vigueur en Occident
et dans les réseaux de l'art contemporain. Mais,
s'il n'en était pas ainsi, les œuvres ne seraient
pas acceptées et seraient jugées littéralement
imprésentables.

Plus récemment, la Biennale de Lyon «Partage d'exotismes» (2000)[5], souffre de la même
ambiguïté. Le classement des œuvres en différentes catégories anthropologiques permet
d'éviter l'aspect chaotique et «fourre-tout» des
«Magiciens de la terre». Le terme d'exotisme
n'est pas, en soi, inadéquat puisqu'il est censé
inviter à l'échange réciproque *des* exotismes.
Malencontreusement, le terme s'applique ici à
des objets destinés à être regardés comme des
œuvres d'art, or ces mêmes objets ne renvoient
qu'à des activités ou à des gestes très banale-
ment partagés par tous, totalement dépourvus
du moindre exotisme : aimer, manger, combattre
souffrir, mourir, tatouer, prier, vêtir, exotiser (!),
etc. C'est bien la confirmation que seul un

regard occidental est en mesure de les « élever à la dignité d'objets d'art ».

Plus gênant est le fait que ces catégories anthropologiques et intemporelles ne permettent pas de mettre en évidence le contexte historique à l'origine de ces pratiques. Loin de puiser aux sources de la tradition « artistique » africaine, comme il fut dit inconsidérément par certains critiques hexagonaux, la confection de bibelots ou de sculptures à partir de matériaux pauvres[6] — ferraille, boîtes de conserve, bidons, etc. — renvoie surtout aux séquelles d'une colonisation qui a permis aux sociétés occidentales de semer, ici et là, ses propres déchets industriels.

Et le paradoxe suprême réside certainement dans le fait que ces manifestations, censées résister à l'aplanissement culturel de la mondialisation et lutter contre l'étouffement des différences et des particularismes, aboutissent finalement à la promotion des artistes « exotiques » auprès des grandes galeries d'art contemporain, new-yorkaises, londoniennes ou berlinoises.

La boucle est ainsi bouclée ! Du moins en apparence.

Toutefois, le détour par ces chemins encore mal explorés vaut le déplacement. Et il appartient à la réflexion esthétique et philosophique de s'interroger véritablement sur les enjeux, esthétique, éthique et politique de l'art actuel, fût-ce au prix d'une nouvelle querelle.

Si, comme nous l'avons dit, la crise de l'art contemporain est avant tout une crise du discours supposé, en principe, le prendre en charge, il revient à l'esthétique et à la philosophie de pallier cette faillite. Contrairement au diagnostic d'Arthur Danto, l'art est loin d'avoir achevé « sa mission conceptuelle ». Rien ne fut plus préjudiciable à la réflexion esthétique récente que ce discrédit jeté sur la pensée et sur le concept dans leur tentative de comprendre et d'interpréter les œuvres afin de saisir ce qu'elles suscitent comme expérience mais aussi comme méditation.

À en croire George Steiner, nous vivons aujourd'hui le plus long des jours. Ce jour, nous dit-il, c'est le samedi, le jour de l'Épilogue, qui nous laisse dans l'attente du dimanche, jour de la libération de l'inhumanité et de la servitude, jour aussi de l'utopie où « l'esthétique [...] n'aura plus de raison d'être[7] ».

Mais d'ici là ?

APPENDICES

BIBLIOGRAPHIE SÉLECTIVE

ADORNO (T. W.), *Théorie esthétique*, Paris, Klincksieck, nouvelle édition, 1996, trad. M. Jimenez.

ARDENNE (Paul), *Art, l'âge contemporain. Une histoire des arts plastiques à la fin du xxᵉ siècle*, Paris, Éd. du Regard, 1997.

BELTING (Hans), *L'histoire de l'art est-elle finie ?*, Nîmes, Jacqueline Chambon, 1989.

BOURRIAUD (Nicolas), *Esthétique relationnelle*, Les Presses du Réel, 1998.

BÜRGER (Peter), *Theorie der Avant-garde*, Francfort, Suhrkamp, 1974.

CAUQUELIN (Anne), *Petit traité d'art contemporain*, Paris, Éd. du Seuil, 1996.

CHALUMEAU (Jean-Luc), *Histoire critique de l'art contemporain*, Paris, Klincksieck, 1994.

CHATEAU (Dominique), *La question de la question de l'art*, Paris, Presses universitaires de Vincennes, 1995.

CLAIR (Jean), *Art en France. Une nouvelle génération*, Paris, Éd. du Chêne, 1972.

COMETTI (J.-P.), MORIZOT (J.) et POUIVET (R.), *Questions d'esthétique*, Paris, Presses universitaires de France, 2000.

DAGEN (Philippe), *La haine de l'art*, Paris, Grasset, 1997.

DANTO (Arthur), *La transfiguration du banal. Une philoso-*

phie de l'art, Harvard University Press, 1981, Paris, Éd. du Seuil, 1989, trad. C. Hary-Schaeffer.

DANTO (Arthur), *L'assujettissement philosophique de l'art*, Paris, Éd. du Seuil, 1993, trad. C. Hary-Schaeffer.

DANTO (Arthur), *Après la fin de l'art*, Paris, Éd. du Seuil, 1996, trad. C. Hary-Schaeffer.

DANTO (Arthur), *La Madone du futur*, Paris, Éd. du Seuil, 2003, trad. C. Hary-Schaeffer.

DICKIE (George), *Art and the Aesthetic. An Institutional Analysis*, Ithaca-London, Cornell U.P., 1974.

DUVE (Thierry de), *Au nom de l'art. Pour une archéologie de la modernité*, Paris, Éd. de Minuit, 1989.

DUVE (Thierry de), *Résonances du ready-made*, Nîmes, Jacqueline Chambon, 1989.

DUVE (Thierry de) *Voici. 100 ans d'art contemporain*, Ludio, Flammarion, 2001.

GENETTE (Gérard), *L'œuvre de l'art*, tomes I et II, *Immanence et transcendance* et *La relation esthétique*, Paris, Éd. du Seuil, 1994 et 1997.

GOODMAN (Nelson), *Langages de l'art*, Nîmes, Jacqueline Chambon, 1990, traduit de l'anglais et présenté par J. Morizot.

GOODMAN (Nelson), *Manières de faire des mondes*, Nîmes, Jacqueline Chambon, 1992, trad. M.-D. Popelard.

GREENBERG (Clement), *Art et culture. Essais critiques*, Paris, Macula, 1988.

GUILBAUT (Serge), *Comment New York vola l'idée d'art moderne*, Nîmes, Jacqueline Chambon, 1989.

HABERMAS (Jürgen), *Le discours philosophique de la modernité*, Paris, Gallimard, 1988, trad. de l'allemand par C. Bouchindhomme et R. Rochlitz.

HARRISON (Charles) et WOOD (Paul), *Art en théorie, 1900-1990*, Paris, Hazan, 1997.

HEINICH (Nathalie), *Le triple jeu de l'art contemporain*, Paris, Éd. de Minuit, 1998.

JIMENEZ (Marc), *Qu'est-ce que l'esthétique ?*, Paris, Gallimard, coll. « Folio/essais », n° 303, 1997.

LEVINSON (Jerrold), *L'art, la musique et l'histoire*, L'Éclat, 1998, trad. J.-P. Cometti et R. Pouivet.

LORIES (Danielle), *Philosophie analytique et esthétique*, Paris, Méridiens/Klincksieck, 1988.

LORIES (Danielle), *Expérience esthétique et ontologie de l'œuvre*, Bruxelles, Académie royale de Belgique, 1989.

LUCIE-SMITH (Edward), *Art Tomorrow. Regard sur les artistes du futur*, Paris, Terrail, 2002.

LYOTARD (Jean-François), *La condition postmoderne*, Paris, Éd. de Minuit, 1979.

MÈREDIEU (Florence de), *Histoire matérielle et immatérielle de l'art moderne*, Paris, Bordas, 1994.

MICHAUD (Yves), *La crise de l'art contemporain*, Paris, Presses universitaires de France, 1997.

MICHAUD (Yves), *L'art à l'état gazeux. Essai sur le triomphe de l'esthétique*, Paris, Stock, 2003.

MILLET (Catherine), *L'art contemporain en France*, Paris, Flammarion, 1987, 1994.

MILLET (Catherine), *L'art contemporain*, Paris, Flammarion, 1997.

ONFRAY (Michel), *Archéologie du présent. Manifeste pour une esthétique cynique*, Paris, Grasset/Adam Biro, 2003.

PAREYSON (Luigi), *Conversations sur l'esthétique*, Paris, Gallimard, coll. « Bibliothèque de Philosophie », 1992, trad. de l'italien par Gilles A. Tiberghien.

QUÉMIN (Alain), *L'art contemporain international : entre les institutions et le marché (le rapport disparu)*, Nîmes, Jacqueline Chambon, 2002.

RANCIÈRE (Jacques), *Le partage du sensible. Esthétique et politique*, Paris, La Fabrique, 2000.

RESTANY (Pierre), *Le nouveau réalisme*, Paris, UGE, coll. « 10/18 », 1978.

RICHARD (Lionel), *L'aventure de l'art contemporain de 1945 à nos jours*, Paris, Éd. du Chêne, 2002.

Riout (Denys), *Qu'est-ce que l'art moderne ?*, Paris, Galli-mard, coll. «Folio/Essais», n° 371, 2000.

Rochlitz (Rainer), *Subversion et subvention. Art contempo-rain et argumentation esthétique*, Paris, Gallimard, 1994.

Rochlitz (Rainer), *L'art au banc d'essai. Esthétique et cri-tique*, Paris, Gallimard, coll. «Nrf essais», 1998.

Rosenberg (Harold), *La dé-définition de l'art*, Nîmes, Jac-queline Chambon, 1992, trad. C. Bounay.

Rosenberg (Harold), *La tradition du nouveau*, Paris, Éd. de Minuit, 1992.

Schaeffer (Jean-Marie), *L'art de l'âge moderne. L'esthé-tique et la philosophie de l'art du xviiie siècle à nos jours*, Paris, Gallimard, coll. «Nrf essais», 1992.

Schaeffer (Jean-Marie), *Les célibataires de l'art. Pour une esthétique sans mythes*, Paris, Gallimard, coll. «Nrf essais», 1996.

Ouvrages collectifs et actes de colloques

L'art contemporain en question, Paris, Éd. du Jeu de Paume, 1994.

L'art en temps de crise, Strasbourg, CEAAC, 1994.

Hors limites. L'art et la vie, 1952-1994, Paris, musée natio-nal d'Art moderne, 1994.

Groupes, mouvements et tendances de l'art contemporain depuis 1945, Paris, École nationale supérieure des Beaux-Arts, 1989.

L'art sans compas. Redéfinitions de l'esthétique, Procope, collection dirigée par C. Bouchindhomme et R. Rochlitz, Paris, Éd. du Cerf, 1992.

En outre, ont été consultés, depuis 1989, les articles se rapportant notamment au débat sur l'art contempo-rain, publiés dans les revues *Esprit*, *Art press*, *Le Débat*,

Ligeia, Critique, L'Événement du Jeudi, Krisis, ainsi que dans l'hebdomadaire *Télérama* et les quotidiens *Le Monde* et *Libération.* (Références mentionnées dans les notes, *infra.*)

NOTES

Avant-propos

1. Question posée par la revue *Esprit*, n° 173, juillet-août 1991, « L'art aujourd'hui ». Le débat ouvert dès lors fut relancé dans le numéro 179 de février 1992 sous le titre « La crise de l'art contemporain », et en octobre de la même année dans le numéro 185 dans un dossier intitulé « L'art contemporain contre l'art moderne ». Voir également l'ouvrage d'Yves Michaud, publié en 1997, précisément sous le titre *La crise de l'art contemporain*, Paris, PUF, 1997.

2. Les premières bandes de Daniel Buren (né en 1938) datent de la fin des années 60. La découverte, au Marché Saint-Pierre, d'une toile de store rayée remonte à 1965. Au 18e Salon de la Jeune Peinture, Buren expose une toile de 2,50 × 2,50 m rayée de 29 bandes verticales rouges et blanches de 8,7 cm de large. Ce type d'œuvre, qui se présente comme le « degré zéro de la peinture » doit être interprété *in situ*, soit en fonction de l'environnement, soit en fonction du lieu précis où il intervient.

3. Opérée en urgence une première fois en 1978, l'artiste Orlan décide de faire enregistrer par une caméra

son intervention chirurgicale. Elle arrête ce type de performance en 1993. Entre-temps, elle renouvelle neuf fois, sciemment, ce type d'action « artistique », lors d'opérations de chirurgie esthétique — implants de silicone, « bosses temporales » —, en s'inspirant de représentations extraites de cultures non occidentales, pré-colombiennnes ou mexicaines, notamment. Les *self-hybridations*, plus récentes, remodèlent le visage... sur ordinateur.

4. Le premier *ready-made* est *La roue de bicyclette*, simple roue dont la fourche est enchâssée sur un tabouret. Dans son atelier, Duchamp se plaît à la regarder tourner. Il ne sait pas encore qu'il fait un « *ready-made* ». Il n'emploie cette expression qu'en 1916, dans une lettre à sa sœur.

5. Né en 1952, Jean-Marc Bustamante, peintre, sculpteur et photographe est connu principalement pour ses « tableaux photographiques », clichés grand format réalisés au cours de ses voyages.

6. La mise en place des Directions régionales des Affaires culturelles remonte à 1977 ; celle des Fonds régionaux d'Art contemporain à 1983, avec pour mission l'acquisition, la diffusion et la valorisation d'œuvres d'art contemporain.

7. Gauguin à Fontainas (Tahiti, 1899) à propos de son tableau : *D'où venons-nous ? Que sommes-nous ? Où allons-nous ?* (*Lettres de Paul Gauguin à André Fontainas*, Paris, L'Échoppe, p. 11-19.)

8. Lire les détails de l'« Affaire Brancusi » dans Denys Riout, *Qu'est-ce que l'art moderne ?*, Paris, Gallimard, coll. « Folio essais », n° 371, Avant-propos.

9. Il conviendrait de distinguer « art contemporain » — art institutionnalisé — et « art actuel », désignant l'art d'aujourd'hui, en train de se faire. Il nous arrivera, cependant, d'employer l'expression « art actuel » chaque fois qu'il y aura risque de fâcheuse répétition.

10. Harold Rosenberg, *La dé-définition de l'art*, Nîmes, Jacqueline Chambon, trad. C. Bounay, 1992, édition originale 1972.

11. Expression employée par Anne Cauquelin, *Petit traité d'art contemporain*, Paris, Éd. du Seuil, 1996, p. 163.

12. Cf. Yves Michaud, *La crise de l'art contemporain*, *op. cit.*

13. Nelson Goodman (1906-1998), professeur de philosophie à l'université Harvard, est l'un des principaux représentants de la philosophie analytique. Auteur, notamment, de *Langages de l'art*, Nîmes, Jacqueline Chambon, 1990, et de *Manières de faire des mondes*, Jacqueline Chambon, 1992.

14. Arthur Danto (1924), professeur émérite à l'université de Columbia. Cf. *La transfiguration du banal. Une philosophie de l'art*, Paris, Éd. du Seuil, 1989.

15. Il s'agit de fac-similés d'emballages de tampons à récurer de la marque Brillo réalisés en 1964. Voir ci-dessous, p. 201.

16. Cf., M. Jimenez, *Qu'est-ce que l'esthétique?*, Paris, Gallimard, coll. «Folio essais», n° 303, 1997, p. 421.

PREMIÈRE PARTIE

DE L'ART MODERNE
À L'ART CONTEMPORAIN

I. Un art stercoraire

1. Du latin *stercorarius*: qui a trait aux excréments, au contenu du tube digestif. Dans la valleuse d'Antifer, non loin d'Étretat, des oiseaux au bec crochu, les labbes, harcèlent les mouettes pour les obliger à dégorger le contenu de leur jabot. On croyait, jadis, qu'ils se nour-

rissaient de leur fiente ; d'où leur nom de stercoraires. Stercoraire s'applique au scarabée qui pousse devant lui la boule d'excréments dont il semble être issu.

2. Écrivain et auteur dramatique autrichien, Thomas Bernhard (1931-1989) n'a cessé de dénoncer violemment l'hypocrisie de l'État et la passivité de la société autrichienne face aux résurgences du nazisme. Sa dernière pièce, *Heldenplatz* (*Place des Héros*), allusion à la grande place du centre de Vienne où Hitler prononçait ses discours, a fait scandale.

3. Thomas Bernhard, *Maîtres anciens*, Paris, Gallimard, coll. « Folio », n° 2276, 1988, trad. Gilberte Lambrichs, p. 177.

4. Wim Delvoye pousse très loin la curiosité. Soucieux d'en savoir plus sur la structure interne de son corps, il se badigeonne le pénis avec du sulfate de baryum avant de le passer aux rayons X.

5. Alain Alexanian, Philippe Chavent, Frédéric Côte, Philippe Gauvreau, Jean-Paul Lacombe, Nicolas Le Bec, Christian Têtedoie, Michel Troisgros. Paul Bocuse a décliné l'invitation.

6. Michel Journiac (1935-1995) s'était consacré de façon relativement tardive aux arts plastiques et à l'esthétique après des études de théologie et de philosophie.

7. Cette automutilation eut lieu au musée d'Art moderne de Cali. Coutumier des actions publiques, Pinoncelli s'était fait remarquer, en 1969, pour avoir aspergé d'encre rouge André Malraux, alors ministre de la Culture.

8. Œuvre intitulée *Aquarelle* en 1998.

9. Les photographies de Joel Peter Witkin (né en 1939 à New York) poussent à l'excès la représentation de la monstruosité ou de la dégradation du corps. Ses œuvres furent exposées en 2000 à Paris, à l'hôtel de Sully. Dans *La femme qui devint oiseau* (*Woman once a*

Bird, 1990), hommage à Man Ray et à son tableau *Le violon d'Ingres*, les deux clés de *fa* se transforment en deux profondes blessures, stigmates des ailes arrachées.

10. David Nebreda, né en 1952, artiste atteint de schizophrénie, photographie son corps nu, décharné, lacéré, couvert de sang et d'excréments. Son éditeur, Leo Scheer, évoque à son propos les œuvres d'Antonin Artaud, Sade, Georges Bataille et Francis Bacon. Cf. *David Nebreda*, Paris, Leo Scheer, « Beaux Livres », 2001.

11. Après le décès du prince, furent découverts dans la cave de la chapelle Sansevero de Naples deux squelettes — un homme et une femme — dont le système circulatoire, veines, artères, ramifications capillaires et cœurs y compris, avait été étonnamment préservé. La légende raconte que Raimondo de Sangro aurait injecté à deux personnes récemment défuntes une substance inconnue qui aurait pétrifié tous les organes. On pense aussi à une reconstitution hallucinante de précision faite à partir de différentes substances, dont la cire d'abeille. Le mystère est, encore à ce jour, sauvegardé.

12. Finissons-en avec les élucubrations au sujet de la fameuse signature R. Mutt qui orne l'urinoir, et lisons Duchamp : « Mutt vient de Mott Works, le nom d'une grande entreprise d'instruments d'hygiène. Mais Mott était trop proche, alors j'en ai fait Mutt, car il y avait des bandes dessinées journalières qui paraissaient alors, *Mutt and Jef*, que tout le monde connaissait. Il y avait donc, dès l'abord, une résonance. Mutt, un petit gros rigolo, Jef, un grand maigre... Je voulais un nom indifférent. Et j'ai ajouté Richard... Richard, c'est bien pour une pissotière ! [...] Mais même pas ça, R. seulement : R. Mutt. » Cela ne s'invente pas ! (Interview avec Otto Hahn publiée dans *VH 101*, n° 3, 1970, p. 59.)

13. Serge Rezvani, *L'origine du monde*, Arles, Actes Sud, 2000.

14. Longtemps propriété du psychanalyste Jacques Lacan, *L'Origine du monde* de Gustave Courbet ne fut présentée au public qu'en 1996 (!) lors de l'exposition «Féminin-Masculin. Le sexe de l'art» au Centre Georges-Pompidou. La vidéo réalisée par Zoran Naskovski, inspirée du tableau de Courbet, présentée au Centre Georges-Pompidou en 2001, montre une version plus *hard* : une séance d'onanisme sur fond de concerto de Mozart !

III. Une question de chronologie

1. Arthur Danto, «Greenberg, le grand récit du modernisme et la critique d'art essentialiste », *Les Cahiers du musée d'Art moderne,* n° 45/46, 1993, p. 19.

2. On consultera notamment Catherine Millet, *L'art contemporain en France*, Paris, Flammarion, 1987 ; Denys Riout, *Qu'est-ce que l'art moderne ?*, Paris, Gallimard, coll. «Folio essais », n° 371, 2000 ; Lionel Richard, *L'aventure de l'art contemporain*, Paris, Éd. du Chêne, 2002.

3. Voir ci-dessous, p. 152.

4. *L'artiste, l'institution et le marché*, Paris, Flammarion, 1992 ; rééd. coll. «Champs », 1997.

5. En 2001, par exemple, 726 œuvres de 274 artistes sont entrées dans la collection. Sur ces 274 artistes, 102 sont français, 25 américains, 24 allemands et 18 britanniques (source : base de données des acquisitions du Fnac 2000-2001, consultable sur internet).

6. Voir ci-dessous, p. 170.

7. Née en 1968, Simone Decker investit les lieux où elle expose, parfois la rue elle-même, par des photographies en trompe-l'œil.

8. Nés respectivement en 1971 et 1976, Ronan et Erwan Bouroullec créent des formes dépouillées, sobres, minimalistes, inspirées de l'esthétique nippone.

9. Voir ci-dessous, p. 301.

10. On évitera tout rapprochement abusif avec les séries de chiffres et de lettres soigneusement calligraphiées par Heinrich Josef Grebing, soigné pour schizophrénie et assassiné par les médecins nazis en 1940 (Heidelberg, collection Prinzhorn).

11. Nom que l'artiste donne à ses tableaux.

IV. Les années 60 : l'explosion artistique

1. Jean Fourastié, *Les Trente Glorieuses ou la révolution invisible de 1946 à 1975*, Paris, Hachette, coll. «Pluriel», 1998 (1ʳᵉ éd. en 1979).

2. Pierre Restany, *Premier manifeste* des Nouveaux Réalistes, repris dans *Le Nouveau Réalisme*, Paris, UGE, coll. «10/18», 1978, p. 282.

3. Pseudonyme d'Armand Fernandez.

4. P. Restany, *op. cit.*, p. 283.

5. Colonne haute de 30 mètres en fonte métallisée, érigée en Roumanie en 1937-1938.

6. *Art after Philosophy*, I et II (1969) ; traduit dans *Artpress*, nᵒ 1, décembre 1972-janvier 1973.

7. Plus récemment, en 1995, On Kawara a publié un portfolio contenant trente dessins réalisés dans les années 50, sous le titre *Thanatophanies*. Il s'agit effectivement d'apparitions de morts, semblables à des masques mortuaires, représentant des têtes d'individus difformes, victimes de malformations consécutives aux radiations atomiques. Ce réalisme quasi photographique n'a, certes, plus rien à voir avec l'art conceptuel.

8. L'exposition inaugurale «Arte povera — in Spazio» eut lieu à la galerie La Bertesca.

9. Une autre origine de la dénomination «art pauvre» est proposée par Jean-Louis Pradel : le terme viendrait du *Living Theatre* de Julian Beck et de Judith

Malina. (Cf. Jean-Louis Pradel, *L'art contemporain*, Paris, Larousse, 2004.)

10. Voir la rétrospective consacrée à Giuseppe Penone, au Centre Georges-Pompidou, 21 avril-23 août 2004. L'exposition montre des œuvres plus récentes de l'artiste, notamment des sculptures de verre, de marbre, de bronze ou des tableaux réalisés avec des épines d'acacia.

11. Une telle sculpture invisible et inversée sera conçue en 1977 pour la *Documenta* de Kassel : un puits foré sur près de 1 000 mètres de profondeur traversant (en partie seulement!) la couche terrestre.

12. En 1976, Christo dresse une muraille très spectaculaire de 40 kilomètres de long, en toile de nylon, en Californie du Nord (*Running Fence*).

13. Les premières mises en scène d'Otto Muehl remontent à 1962.

14. Thierry de Duve, *Résonances du ready-made*, Nîmes, Jacqueline Chambon, 1989.

V. Les années 70 : « Quand les attitudes deviennent formes »

1. Catherine Millet, *L'art contemporain*, Paris, Flammarion, 1997.

2. Cf. l'ouvrage de Lucy R. Lippard, *The Dematerialization of the Art Object from 1966 to 1972*, Berkeley, Los Angeles et Londres, University of California Press, 1973.

3. Jean Clair, *Art en France. Une nouvelle génération*, Paris, Éd. du Chêne, 1972, p. 132-133.

4. *Ibid.*, p. 5-6.

5. Pierre Restany, *L'autre face de l'art*, Paris, Galilée, 1979.

DEUXIÈME PARTIE

LE DÉCLIN DE LA MODERNITÉ

1. Le terme « modernisme », employé ici à propos de la conception de l'art moderne chez Clement Greenberg, désigne une radicalisation, voire une exacerbation de la modernité, relative, notamment, à la pureté du matériau et à l'abstraction formelle.

VI. *Clement Greenberg et le déclin de la critique moderniste*

1. Clement Greenberg, « Avant-garde et kitsch », publié dans *Art et culture. Essais critiques*, Paris, Macula, 1988, trad. Ann Hindry, p. 13. Traduction légèrement modifiée pour souligner le terme « pur », concept essentiel dans la conception greenbergienne.
2. Ce changement de perspective, chez Benjamin, intervient en fait quelques mois après la première version de l'essai sur l'œuvre d'art. Dès 1936, dans un texte intitulé « Le Narrateur », Benjamin souligne le risque d'appauvrissement de l'expérience que font courir les nouvelles techniques de communication. (Cf. Walter Benjamin, « Le Narrateur », dans *Écrits français*, Paris, Gallimard, coll. « Folio essais », n° 418, 2003, p. 249-298.)
3. Sur l'attitude d'Adorno à l'égard du jazz, plus complexe et ambiguë que ne le laissent entendre ses jugements parfois catégoriques, nous renvoyons à l'ouvrage de Christian Bethune, *Adorno et le jazz, Analyse d'un déni esthétique*, Paris, Klincksieck, 2003.
4. *Op. cit.*, p. 12.
5. Gotthold Ephraïm Lessing, *Laocoon*, Paris, Hermann, 1990, trad. J.-F. Groulier.

6. Clement Greenberg, *op. cit.*, « Picasso a soixante-quinze ans » (1957), p. 76.

VII. *Theodor W. Adorno et la fin de la modernité*

1. Il s'agit du *Commentary Magazine,* revue d'opinion fondée en 1945 par l'*American Jewish Commitee.*

2. Cf. *Art press*, hors série n° 16, 1995, « Clement Greenberg, l'indéfinissable qualité », interview par Saul Ostrow, p. 30.

3. T. W. Adorno, *Théorie esthétique*, Paris, Klincksieck, 1995, p. 217 : « Il se peut que certaines œuvres musicales comme le *Concerto pour piano* de John Cage, qui s'imposent comme loi une contingence impitoyable, et donc quelque chose qui ressemble à un sens, celui de l'expression de l'horreur, comptent parmi les phénomènes clés de l'époque. »

4. Rosalind Krauss, critique et historienne de l'art, longtemps proche de Greenberg, se sert de cette image dans *The Originality of the Avant-Garde and Other Modernist Myths* (1985), trad. franç. *L'originalité de l'avant-garde et autres mythes modernistes,* Paris, Macula, 1993.

5. Allusion au titre de l'ouvrage de Serge Guilbaut, *Comment New York vola l'idée d'art moderne,* Nîmes, Jacqueline Chambon, 1989.

VIII. *Le récit postmoderne*

1. Groupe fondé en 1970 (association selon la loi de 1901) à Bagnolet sur le plateau des Malassis, réunissant Gérard Tisserand, Lucien Fleury, Jean-Claude Latil et Michel Parré.

2. Du nom de cette jeune femme, professeur de lettres, qui s'était suicidée après avoir été accusée de détournement de mineur du fait de sa relation amoureuse avec l'un de ses élèves.

3. Les sculptures de Duane Hanson (1925-1996), réalisées en polyester à partir de moulages puis peintes avec minutie, paraissent d'autant plus réalistes et saisissantes qu'elles prennent pour thème des personnages et des actions de la vie quotidienne vue sous un angle critique : clochards, accidentés, boxeurs, ménagère avec son caddy, policier, etc.

4. John Kacere (1920-1999) doit surtout son succès public à ses reproductions fidèles de sous-vêtements féminins sur des corps dont on ne voit que la partie concernée.

5. Voir ci-dessus, p. 96.

6. Les premiers tableaux de David Hockney, tels les *Tea-Paintings* (1960-1961), sont réalisés, de l'aveu même de l'artiste, sous l'influence du *pop art*, influence dont il se libère peu à peu à la fin des années 60.

7. Achille Bonito Oliva établit une curieuse relation de cause lointaine à effet tardif entre la guerre du Kippour, en 1973, l'embargo du pétrole, la crise économique momentanée du capitalisme occidental et l'effondrement progressif du marxisme et du communisme. De ces événements résulte, selon lui, une « situation de catastrophe généralisée » — disparition de l'idéologie moderniste, fin du déroulement linéaire de l'histoire —, contexte bénéfique pour refonder le statut et le rôle social de l'art.

8. Achille Bonito Oliva, « A proposito di Transavanguardia », revue mensuelle *Alfabeta*, n° 35, 1982, trad. « Trans-avant-garde », *Babylone*, UEG, coll. « 10/18 », 1983, p. 55.

9. Paolo Portoghesi publie en 1980 son ouvrage inti-

tulé *Au-delà de l'architecture moderne*, Paris, L'Équerre, trad. Geneviève Cattan.

10. Jean-François Lyotard, *La condition postmoderne*, Paris, Éd. de Minuit, 1979, p. 7.

11. *Ibid.*, p. 14.

12. «"Post-moderne" indique simplement un état d'âme, ou mieux un état d'esprit», déclare le philosophe dans «Règles et paradoxes», *Babylone, op. cit.*, p. 69.

13. Jean-François Lyotard, *Le postmoderne expliqué aux enfants. Correspondance 1982-1985*, Paris, Galilée, coll. «Débats», 1988, p. 23. En dépit de leurs divergences, Jean-François Lyotard et Jürgen Habermas ont, l'un et l'autre, dénoncé le néo-conservatisme de la postmodernité. Certes, la position radicale de Lyotard : «guerre au tout, témoignons de l'imprésentable, activons les différends», apparaît difficilement compatible avec l'horizon consensuel d'une rationalité intersubjective. En réalité, la validité des thèses habermasiennes concernant l'instauration d'une communication idéale est d'ordre théorique, voire proche de l'utopie. La critique de l'idéologie demeure bien sous-jacente à sa conception, même si l'intersubjectivité langagière présuppose effectivement une entente possible au-delà des conflits politiques, sociaux, linguistiques et psychiques.

De la typologie «postmoderniste» élaborée par Habermas, et notamment de la différenciation entre trois formes de conservatisme, seule la dernière catégorie, celle des postmodernes néo-conservateurs, semble bien ancrée dans le paysage idéologique contemporain.

Dans sa conférence de 1980 consacrée au «projet inachevé de la modernité», Habermas dénonce vivement les positions du sociologue Daniel Bell, en particulier l'idée selon laquelle les avant-gardes et la modernité, désormais épuisées, auraient provoqué la désagrégation du système administratif et économique de la société bourgeoise capitaliste. Cette critique de la modernité, considérée comme responsable d'une « perte de cohérence de la culture » et comme propagatrice d'une « attitude antinomique à l'égard des normes morales », sonne, chez Bell, comme un rappel ou plutôt comme un retour à l'ordre. Ce traditionalisme plaide vigoureusement en faveur d'une restauration des valeurs bourgeoises ; il vilipende le mercantilisme du capital et tout à la fois s'en accommode, dénonce l'hédonisme des classes moyennes mais le tolère pour l'élite. Cette posture, en apparence contradictoire, se retrouve aujourd'hui dans les conceptions artistiques des nostalgiques du passé ou des conservateurs « modernistes », tels Jean Clair ou Marc Fumaroli.

14. Gilles Lipovetsky, *L'ère du vide. Essai sur l'individualisme contemporain*, Paris, Gallimard, 1983 ; rééd. coll. « Folio essais », n° 121.

15. Jürgen Habermas, *L'espace public*, Payot, 1978, trad. M. B. de Launay. Ouvrage rédigé par Habermas en 1962.

16. Anne Cauquelin, *L'art contemporain*, Paris, PUF, coll. « Que sais-je ? », 1992, p. 125.

TROISIÈME PARTIE

LA CRISE DE L'ART CONTEMPORAIN

IX. *Les enjeux du débat*

1. Voir ci-dessus, p. 71.
2. Voir ci-dessous, p. 274-275.
3. Le philosophe anglais John Langshaw Austin (1911-1960) établit une distinction entre les énoncés performatifs, qui constituent simultanément l'acte

auquel ils renvoient («Je vous marie» ou «Je te baptise» sont des propositions qui se confondent avec l'action énoncée), et les énoncés constatifs, affirmations qui se réfèrent au vrai ou au faux. (Cf. Austin, *Quand dire c'est faire*, Paris, Éd. du Seuil, 1962, rééd. 1979).

X. *Le procès de l'art contemporain*

1. Cf. Yves Michaud, *op. cit.*, p. 2.

2. Nous disions en 1995 : «La haine prend fréquemment un aspect globalisant que ne possède pas la prédilection, plus sélective. C'est cette forme totalisante qui surprend actuellement dans les attaques virulentes contre l'art contemporain» (*La critique. Crise de l'art ou consensus culturel ?*, Paris, Klincksieck, p. 74).

3. Rainer Rochlitz, pour qui les œuvres d'art actuelles peuvent et doivent être l'objet d'une argumentation esthétique et philosophique, reconnaît en 1994 qu'«à la différence de l'art moderne classique, l'art contemporain, quels que soient les moyens déployés, est presque toujours décevant» et que «rien de véritablement luciférien n'est plus possible dans ce cadre balisé» (*Subversion et subvention. Art contemporain et argumentation esthétique*, Paris, Gallimard, coll. «Nrf essais», 1994, p. 222). «Luciférien», c'est ainsi que François Mauriac qualifiait Picasso qu'il tenait en mésestime. Qui, aujourd'hui, oserait parier sur le mutisme définitif de Satan ?

4. Gilles Lipovetsky parle des temps hypermodernes succédant à l'ère postmoderne. L'âge hypermoderne serait celui du libéralisme, de la fluidité médiatique, de l'hyperconsommation, mais aussi de l'hyperanxiété qui affecte des individus plus libres en apparence, bien que prenant de moins en moins de décisions qui gèrent col-

lectivement leur existence. Cf. *Les temps hypermodernes*, Paris, Grasset, 2004.

5. Cf. « Le complot de l'art », « Rebonds », dans *Libération* du lundi 20 mai 1996 et la note 7 *infra*.

6. *Ibid.*

7. Dès le début des années 90 se constitue le « front anti-art contemporain », selon l'expression employée par l'historien d'art Paul Ardenne, auteur de *L'âge contemporain. Une histoire des arts plastiques à la fin du xxᵉ siècle*, Éd. du Regard, 1997.

« N'importe quoi » est, de très loin, le grief qui revient le plus fréquemment sous la plume ou dans la bouche des détracteurs de l'art actuel. La pertinence de cette expression tient à sa simplicité d'emploi. Elle appartient au langage courant ; on en use souvent pour désigner de façon péjorative ce que l'on juge dépourvu de sens ou bien ce qui dépasse notre capacité de compréhension.

En 1991, l'article qui ouvre le dossier de l'art contemporain donne le ton : « L'art aujourd'hui, c'est n'importe quoi ; tout le monde peut peindre et personne ne sait juger. Ici on empile des chaises, là on installe un édredon avec des taches de peinture, là encore on dispose un peu partout des bandes de couleur régulièrement tracées […] » (Jean Molino, « L'art aujourd'hui », *Esprit*, nᵒ 173, juillet-août 1991, p. 72 et suiv.).

L'auteur se fait l'écho, de façon ironique, des *leitmotive* désobligeants qui mettent en cause l'art actuel. Il ne les reprend pas, semble-t-il, à son compte. Il lui importe surtout de dresser un état de la situation présente et de comprendre pourquoi et comment notre époque en est arrivée à vivre sous la menace d'un péril imminent : « […] nous allons être submergés, engloutis, écrasés sous les œuvres d'un art qui n'est même plus beau et dont nul ne se chargerait aujourd'hui de tracer les frontières » (*ibid.*, p. 73).

Mais dire de l'art contemporain qu'il est n'importe quoi — sous-entendu : n'importe qui peut en faire autant — suppose que l'on réponde à la question de savoir par rapport à quoi l'on déclare que telle ou telle chose est n'importe quoi. Et, dans le cas présent, il convient d'évaluer l'état actuel des choses par rapport aux siècles passés, à la Renaissance, au xixᵉ siècle, à la modernité, époques où l'art était encore de l'art et l'œuvre d'art une œuvre d'art. Faut-il pour autant se complaire dans la nostalgie ? Certes non, explique l'auteur, car « nous sommes aujourd'hui plus près que jamais d'un art pour tous » (*ibid.*, p. 106). Les clivages culturels tendent à disparaître, les frontières entre l'art majeur et l'art mineur s'effacent, la fracture entre la culture élitiste et « la culture du pauvre » se résout lentement mais sûrement ! En définitive, selon l'auteur, le règne du n'importe quoi, s'il est bien une preuve de la mort de l'art, représente une chance pour la démocratie culturelle : « C'est vrai, il y a de tout partout et c'est le règne du n'importe quoi, mais j'ai le droit de choisir ce qui me plaît, j'ai le droit et le devoir de porter des jugements de valeur et de dire que ça c'est mauvais et que ça, en revanche, c'est bien [...] » (*ibid.*, p. 107).

Il s'agit là d'un texte inaugural, mesuré, pensé, érudit et dans l'ensemble convaincant. Il y est dit, en somme, qu'il convient de faire contre mauvaise fortune bon cœur. Personne n'est en mesure d'endosser la responsabilité d'une évolution qui conduit du Moyen Âge à une société postmoderne livrée au marché, à la technoscience, à la publicité, aux médias.

Mais, curieusement, de « l'art aujourd'hui » — intitulé de l'article — il n'est pas vraiment question. On note une étonnante absence de référence aux artistes actuellement en activité ; c'est à peine si l'on soupçonne une allusion à Buren. Cette réticence à mentionner de façon précise, ne serait-ce qu'à titre d'exemple, cer-

taines œuvres contemporaines vaut à elle seule pour
défiance. L'art contemporain vivant, celui des
années 80-90, est traité comme une catégorie générique,
abstraite, un fourre-tout ou plutôt — selon le mot de
l'auteur — comme un « fatras » d'où pourrait bien —
voilà qui rassure ! — émerger, à la longue, une « grande
œuvre ».

Pourtant peu suspect d'ignorance à l'égard de la
création contemporaine, l'historien d'art Marc Le Bot
s'en prend également avec vivacité à la production
actuelle. Dans le numéro de la revue *Esprit* publié
en 1992, il dénonce l'héritage désastreux de Marcel
Duchamp, qualifié de « maître à penser du n'importe
quoi ». L'auteur des *ready-made*, objets reproduits à plusieurs exemplaires, exaspère la logique de l'institution
muséale. Celle-ci ne prouve-t-elle pas qu'elle est prête à
célébrer le culte d'une relique-déchet, tel un urinoir,
pourvu que l'artiste — « gourou exemplaire de l'art
contemporain » — y appose sa signature ! Ainsi Joseph
Beuys, Yves Klein et Daniel Buren apparaissent-ils aux
yeux de Marc Le Bot comme les zélateurs d'un système
en déperdition, pseudo-artistes, vedettes médiatiques,
nouveaux dandies du xxe siècle qui peuvent « toucher à
tout, un pissoir ou une boîte de merde, sans se salir les
mains » (Marc Le Bot, « Marcel Duchamp et "ses célibataires, même" », *Esprit*, no 179, février 1992, p. 6).

Du « n'importe quoi », il est également question dans
le texte de Françoise Gaillard, publié dans le même
numéro de la revue. Si l'art contemporain se soumet
docilement à l'impératif du « Fais n'importe quoi »
— titre de l'article —, c'est tout simplement parce que
les conditions dans lesquelles il est produit ont subi une
profonde mutation dans les années 80. Dans un espace
social soumis à la communication et à la commercialisation, l'art est contraint de renoncer aux intentions
contestataires et subversives qui animaient encore les

anciennes avant-gardes. Que l'art soit devenu complaisant, voire complice d'une société libérale et consensuelle s'inscrit donc dans une logique de fin de la modernité, de dépassement des utopies et des impasses dans lesquelles elle s'était fourvoyée : « Il ne reste à l'artiste (postmoderne ?) qu'à jouer le jeu et à accepter le cynisme ou l'opportunisme qui sont les seules attitudes que notre société lui laisse et lui reconnaisse. Il ne reste au critique qu'à se lamenter sur la fin de l'art. »

Prenant le contre-pied de la thèse énoncée par Marc Le Bot, Françoise Gaillard finit par exonérer Duchamp de la lourde responsabilité d'avoir provoqué l'irrémédiable décadence de l'art. Au bout du compte, il ne s'agit plus de vitupérer contre l'art contemporain, ni d'en faire une apologie. Il suffit de constater que l'art contemporain est bien un produit de l'époque mais sans qu'on sache précisément quelles œuvres et quels artistes sont placés sous cette étiquette. Le décor idéologique et culturel est planté, mais manquent les acteurs, hormis Jeff Koons, bizarrement qualifié d'« artiste éponyme » des années 80 (Françoise Gaillard, « Fais n'importe quoi », *Esprit*, février 1992, p. 57).

Le nom d'Andy Warhol est, avec celui de Marcel Duchamp, celui qui revient fréquemment sous la plume de ceux qui fustigent l'art contemporain.

En 1991, le critique d'art Jean-Philippe Domecq s'en prend avec une virulence toute particulière au « phénomène Warhol », qualifié de « farce intellectuelle ». Intitulé « Un échantillon de bêtise moderne : la fortune critique d'Andy Warhol » (*Esprit*, juillet-août 1991), l'article dresse effectivement une sorte de bêtisier de l'art contemporain et dénonce la célébration par le milieu des experts de la nouveauté pour la nouveauté, qui conduit à encenser « une pauvreté plus pauvre que pauvre », une nullité élevée au rang d'« art de notre temps ». La condamnation porte tour à tour sur l'indi-

gence de l'œuvre elle-même — les célèbres sérigraphies
de Marilyn Monroe, de Mao, les boîtes de *Campbell's
Soup*, celles des tampons à récurer Brillo, — sur
l'«endoctrinement culturel» de l'époque, sur le rôle
des institutions artistiques, sur le «maffieux d'art» Leo
Castelli, sur le *star system*, sur le marketing publicitaire
et promotionnel qui lance sur le marché un «nouveau
kitsch d'avant-garde», et enfin sur le consensus pieuse-
ment respecté par les journalistes et les critiques d'art.

La dénonciation vise assurément une cible bien large
puisqu'elle concerne en fait le mode de production
artistique dans les sociétés occidentales postindustrielles. Et le procès intenté par Jean-Philippe Domecq
porte essentiellement sur les réseaux, les musées, les
galeries, la mercantilisation outrancière, le consensus
culturel, l'impuissance ou la démission de la critique
d'art, bref, sur les sphères opaques du monde de l'art,
hermétiquement closes aux yeux du grand public.

Le débat esthétique sur les critères d'évaluation est
donc, là aussi, escamoté, comme asphyxié sous les
attaques de plus en plus virulentes à l'encontre de l'art
actuel.

Dans le numéro cité de la revue *Esprit* de février 1992,
Jean-Philippe Domecq s'en prend de nouveau nommément à quelques artistes réputés, censés incarner la nullité qui frappe «95 % de l'art d'actualité». Au premier
chef, Daniel Buren et ses «rayures», auteur de «super-
cheries» aussi grotesques que celles d'Andy Warhol, de
Julian Schnabel, de Frank Stella, de James Rosenquist,
de Supports-Surfaces (Jean-Philippe Domecq, «Buren :
de l'autopublicité pure, Dubuffet : du brut snob et la
suite», *Esprit*, février 1992, p. 16 et suiv.). Dans le
numéro d'*Esprit* d'octobre 1992 — troisième dossier
consacré aux critères esthétiques —, c'est le plasticien
Jean-Pierre Raynaud, rendu célèbre par sa maison de
céramique blanche, ses pots de fleurs et ses panneaux

de sens interdit, qui fait les frais de la vindicte, ironique plutôt qu'agressive, de Domecq.

Les dossiers de la revue *Esprit* marquent le début de la polémique sur l'art contemporain. Ceux de Jean-Philippe Domecq surprennent par leur virulence mais l'offensive contre la création actuelle se généralise de façon tout aussi brutale, notamment dans la presse écrite. Ainsi, *Télérama* consacre un numéro hors-série au « grand bazar » de l'art actuel (« Art contemporain : le grand bazar », octobre 1992). Olivier Céna dénonce vivement « le blanc souci du rien ». Aucune production actuelle ne semble trouver grâce auprès de ce critique d'ordinaire si attentif aux œuvres mêmes. On retrouve également Marc Le Bot (« L'art n'a aucune valeur »), Jean Clair (« Espèce de tas de charbon ») et Jean-Philippe Domecq (« La course-poursuite des avant-gardes »). Celui-ci s'exprime presque simultanément dans *Le Monde des débats* contre la « manie du nouveau », un propos qu'il développe un peu plus tard dans un ouvrage au titre éloquent, *Artistes sans art* (Paris, éd. Esprit, 1994).

Ces attaques contre l'art contemporain, vues sous l'angle de certains de ses acteurs les plus connus, ont incontestablement le mérite de jeter un « pavé dans la mare ». Sans doute les critiques de Jean-Philippe Domecq, procureur véhément et à charge, ne sont-elles pas totalement dépourvues de fondement. En 1992, il tente de revenir sur l'importante question de la critique, de la liberté d'appréciation de chacun, indépendamment des modes, des contraintes institutionnelles et médiatiques : « Le consensus sur l'art contemporain, l'interdit de se prononcer, d'apprécier, de juger, l'obligation d'acquiescer au Récent, l'embaumement à prix coûteux d'un art contemporain qui ne nous parle que d'art contemporain sont tels que le malheureux qui ose rire passe pour violent, "terroriste, négateur". » Sachant qu'on ne peut donner une définition *a priori* de l'art, il suggère qu'on réhabilite une critique d'art centrée sur les œuvres et non plus sur la question de la question de l'art : « Il faut donc souhaiter que plus de critiques tiennent les deux bouts de la chaîne : d'une part la réflexion spécialisée, historiquement précise [...], mais aussi qu'ils posent aux œuvres, ou trouvent en elles, les questions existentielles (de la joie à l'angoisse, de la réflexion à la vision, plaisir et pensée) [...] que tout un chacun vise lorsqu'il va chercher de l'art » (« L'art contemporain contre l'art moderne ? Ce que nous cherchions et ce que nous voulons faire », *Esprit,* nº 185, octobre 1992, p. 5 et suiv.).

Jean-Philippe Domecq évoque là un programme séduisant qui concerne l'expérience esthétique propre à chacun, aussi bien à l'expert qu'au profane. Il n'apparaît pas qu'il s'y soit conformé. On peut dénoncer l'« officialisation » académique de Daniel Buren, détester ses rayures envahissantes et répétitives, maudire les colonnes du Palais-Royal, mais rien n'interdit de faire l'hypothèse qu'elles plaisent aussi à certains. On peut aussi déplorer les commandes publiques passées à Jean-Pierre Raynaud, déclarer que ses pots de fleurs agacent, que ses carreaux de faïence blanc ennuient. Il en est toutefois qui s'en satisfont. Bref, il y avait et il y a toujours matière à débat. Mais l'outrance des propos et le caractère volontairement provocant de Domecq n'ont pas été perçus comme une invitation sereine à la discussion.

Dans l'ensemble, hormis quelques vives réactions sporadiques, les partisans de l'art contemporain accusent le coup et leur réplique se révèle curieusement assez timorée.

Un cycle de conférences sur le thème « L'art contemporain en question », organisé à la Galerie nationale du Jeu de Paume entre septembre 1992 et mars 1993, entend répondre aux dossiers de la revue *Esprit.* L'embarras dans lequel se trouvent les défenseurs de l'art actuel est visible et compréhensible. Les condamnations abruptes, les «jugements de dégoût» portés à l'encontre d'artistes contestés aux œuvres discutables ne sont-ils pas aussi l'expression des sentiments du public ou, du moins, de ses réactions supposées? Y a-t-il vraiment lieu de faire l'apologie d'un art victime, selon toute vrai-semblance, d'une désaffection massive?

Georges Didi-Huberman — historien d'art, inter-prète minutieux d'œuvres minimalistes — choisit la réplique offensive et dénonce le «ressentiment moral et idéologique» ainsi que le «désir de vengeance» des détracteurs soucieux, selon lui, de masquer leur propre incapacité à comprendre les créations contemporaines sous une «rhétorique de l'exécration».

Rainer Rochlitz, auteur en 1994 d'un ouvrage remar-qué, *Subversion et subvention. Art contemporain et argumen-tation esthétique* (*op. cit.*, note 5 *supra*), tente d'élever le débat sur le plan réflexif. Prenant acte de la disparition des normes traditionnelles d'évaluation et de la déso-rientation de la critique, il propose une liste de nou-veaux critères esthétiques pouvant donner lieu à un débat public sur la qualité des œuvres contemporaines. S'il prend acte du rôle ambigu de l'institution et des pouvoirs publics — subventions accordées à des œuvres censées être subversives — ainsi que de la démission d'une critique d'art trop souvent complice d'un tel sys-tème, il maintient que l'art «reste accessible à une argumentation rationnelle au sujet de sa pertinence, de sa signification et de la réussite esthétique» (Rainer Rochlitz, *L'art sans compas. Redéfinitions de l'esthétique,* Paris, Éd. du Cerf, 1992, p. 238).

Rédactrice en chef d'*Art press,* revue délibérément engagée dans la défense de l'art actuel, Catherine Millet se dit convaincue que l'histoire (de l'art moderne et contemporain) continue dans l'attente d'œuvres ambi-

tieuses capables de refuser à la fois l'éclectisme et la
« culture zapping » (« Ce n'est qu'un début, l'art continue », *Art press*, hors-série, n° 13, 1992, p. 8 et suiv.).

Mais il n'en demeure pas moins que le débat, ouvert
brutalement par les uns, et apparemment souhaité par
d'autres, n'a pas véritablement lieu.

En 1994, Philippe Dagen, critique d'art au journal *Le
Monde*, fait le point sur l'état de la confrontation. Il
constate l'absence d'avancées significatives et note que,
face aux attaques dont il est l'objet, l'art contemporain
« doit reconnaître sa diversité et sa fragilité » (« Arts.
Dernières nouvelles du front. Face à ses détracteurs,
l'art contemporain doit reconnaître sa diversité et sa
fragilité », *Le Monde*, 29 avril 1994).

Contre la fronde déclenchée par ceux qui, à des titres
divers, vilipendent l'art contemporain, le front des
défenseurs ne parvient pas à développer, à l'évidence,
une argumentation fondée sur des exemples probants,
notamment sur des « œuvres ambitieuses », capables,
à la fois, d'échapper aux contraintes institutionnelles,
médiatiques ou marchandes du système qui le gère,
et de plaire au public. Or ce sont précisément ces
contraintes que dénoncent aussi les contempteurs de la
modernité et de la contemporanéité artistiques. En
1996, le débat quitte alors le terrain artistique et vire à
l'affrontement politique et idéologique. Une déclara-
tion inattendue de Jean Baudrillard, quelques articles
ou interviews parus dans la presse — *Krisis, Le Figaro,
L'Événement du Jeudi*, et *Le Débat* — ainsi qu'un colloque
à l'École nationale supérieure des Beaux-Arts en avril
1997 remettent le feu aux poudres.

Le comble de l'abstraction et du discours généraliste
est atteint, dans un article du sociologue Jean Baudrillard intitulé « Le complot de l'art » (« Rebonds »,
Libération, 20 mai 1996). Le texte s'inscrit dans la série
des diagnostics souvent pertinents que l'auteur porte,

depuis de nombreuses années, sur l'état de la société occidentale et sur le monde contemporain. Le complot de l'art renvoie à cette « complicité occulte et honteuse » que l'artiste, ironique et cynique, noue avec les « masses stupéfiées et incrédules ». Baudrillard dénonce avec virulence la duplicité d'un art qui s'approprie non seulement la réalité la plus triviale, la banalité, le déchet, la médiocrité, mais aussi les formes et les styles du passé qu'il s'emploie à recycler à l'infini en une production médiocre : « Toute la duplicité de l'art contemporain est là : revendiquer la nullité, l'insignifiance, le non-sens, viser la nullité alors qu'on est déjà nul. Viser le non-sens alors qu'on est déjà insignifiant. » Au lecteur est laissé le soin de deviner qui se cache derrière les allusions.

Certes, il est question d'« innombrables installations et performances ». Mais lesquelles ? On devine quelques cibles : la Trans-avant-garde, la postmodernité ! On croit déceler, en vrac, le nouveau réalisme, le *pop art*, l'art corporel et ses excès parfois exhibitionnistes ou pornographiques. De qui peut-il s'agir ? On guette l'indice, on attend le nom des coupables encore en activité ou bien récemment disparus : une Gina Pane, une Marina Abramovic, des Gilbert & George, une Orlan ou bien une Cindy Sherman, à la rigueur... mais en vain. En revanche, aucune incertitude concernant le *pop art*. Pour ce dernier, un nom : Andy Warhol « vraiment nul, en ce sens qu'il réintroduit le néant au cœur de l'image. Il fait de la nullité et de l'insignifiance un événement qu'il transforme en une stratégie fatale de l'image ».

La remarque de Baudrillard peut aussi être interprétée comme un éloge, bien que cet hommage n'engage pas à grand-chose vis-à-vis de la situation actuelle ; le *pop art* est, il est vrai, l'un des premiers mouvements artistiques contemporains mais il n'est guère représentatif, à lui seul, de l'ensemble de la production artistique depuis plus de quarante ans.

Hormis cet exemple qui remonte aux derniers soubresauts de la modernité, l'article de Jean Baudrillard ne traite pas véritablement d'art, d'artistes, ni d'œuvres. Ce discours « anonyme » trouble le débat plutôt qu'il ne l'éclaire. On peut le regretter. Mettre en cause le système culturel asservi au marché et à la spéculation, critiquer le consensus régnant dans les vernissages, les accrochages et les expositions, dénoncer le « bluff à la nullité » qui dupe en permanence le public, voilà des thèmes qui ne sont pas véritablement hors de propos. Il leur manque malheureusement la force démonstrative des preuves. Notons que, quelques semaines plus tard, Baudrillard dissipe les malentendus provoqués par son accusation de nullité de l'art contemporain. Soucieux de ne pas être taxé de conservatisme ou d'attitude réactionnaire, il déclare dans *Le Monde* du 9 juin 1996 : « Je n'ai pas la nostalgie des valeurs esthétiques anciennes. »

L'affaire est toutefois loin d'être close.

En novembre 1996, la revue *Krisis*, organe de la Nouvelle Droite française, publie un numéro intitulé *Art/non-art* ? Participent notamment au dossier Marc Fumaroli, historien d'art, professeur au Collège de France et académicien, Jean Clair, directeur du musée Picasso, le sociologue Jean Baudrillard et Jean-Philippe Domecq. Les us et coutumes en vigueur dans l'Hexagone ainsi que le clivage traditionnel entre la « droite » et la « gauche » interdisent en principe toute forme de transfert qui risque de valoir pour trahison, compromission ou caution accordée à des thèses diamétralement opposées à celles que l'on défend. Cette scission engendre des effets de cohérence : la « gauche », qualifiée parfois de progressiste, est favorable à la modernité, aux avant-gardes et à l'art contemporain, tandis que la « droite », conservatrice ou traditionaliste, y est hostile. Vision simpliste et réductrice mais non sans conséquences! Que Jean Baudrillard traite l'art contemporain de « nul » dans le quotidien *Libération* peut surprendre et irriter mais n'a rien de scandaleux. Critiquer les fonctionnaires de la culture et le rôle de l'État dans *Le Figaro*, à la manière de Marc Fumaroli, est conforme à la posture politique du journal. Dénoncer la médiocrité de la création actuelle, comme le fait Jean-Philippe Domecq dans le cadre d'un dossier ouvert par la revue *Esprit*, suscite des réactions indignées mais n'a rien d'illégitime. En revanche, que des intellectuels de droite et de gauche, réunis pour la circonstance, s'expriment à l'identique et de concert dans une revue idéologiquement proche des positions de l'extrême-droite, cela brouille quelque peu les cartes au risque des pires amalgames.

C'est donc la forme, ou si l'on préfère la manière, qui suscite le plus de réactions car, sur le fond, rien n'est dit qu'on ne sache déjà.

Marc Fumaroli reprend l'essentiel des thèses développées dans son ouvrage *L'État culturel. Essai sur une religion moderne* (Paris, de Fallois, 1991), dans lequel il déplorait la dérive de la politique culturelle de la France depuis André Malraux : « L'État culturel est par définition et intention protecteur, protectionniste et dirigiste au nom du salut national. C'est aussi dire que, par essence, et en dépit de l'équivoque dont il joue entre le sens noble et classique du mot "culture" (*cultura animi*) et le sens actuel, qui revient à une manipulation des mentalités, il est, "politique culturelle", une variante de la propagande idéologique. » Tout en condamnant sans réserve les deux idéologies terroristes — le communisme et le fascisme — qui ont asservi les arts au cours du xxe siècle, Marc Fumaroli réitère ses griefs contre un art contemporain devenu, selon lui, l'idéologie officielle du ministère de la Culture, notamment sous la direction du socialiste Jack Lang : « La plus grande fierté de l'actuelle administration est la Fête de la Musique, qui tient à la fois d'un Mai 68 orchestré d'en haut et de la Fête de *L'Humanité*. L'intention affichée est de "développer les pratiques musicales" des Français. Il est difficile d'imaginer une pédagogie plus étrange de l'harmonie et de la mélodie que ce brouhaha simultané déclenché au même moment dans des villes entières. C'est en réalité une juxtaposition en public des baffles de chaînes hi-fi et des micros de walkman. » Et Fumaroli de dénoncer un État doctrinaire, autoritaire et protectionniste ainsi que le centralisme démocratique des arts responsable de la désaffection du public français et étranger vis-à-vis de l'art d'aujourd'hui.

Si elle prend également pour cible la politique « dirigiste » des Frac, et la « petite *nomenklatura* de "commissaires" dogmatiques et compromis avec le marché » (lire la réponse de Jean Clair, « Esthétique et politique », dans *Le Monde* du 8 mars 1997, à l'article de Philippe Dagen, « L'art contemporain sous le regard de ses maîtres censeurs », également dans *Le Monde*, du 15 février 1997), la « colère » de Jean Clair vise aussi, tout à la fois, l'art contemporain, désormais dans une « impasse », dépourvu de « sens et d'existence », inéluctablement condamné à l'agonie, la perte du métier, du savoir-faire, du coloris, du dessin, et les artistes souffrant aujourd'hui de daltonisme.

Ces prises de position se situent dans le droit-fil d'une critique plus générale de la modernité entreprise dès 1983 dans *Considérations sur l'état des beaux-arts*. Jean Clair déplorait déjà, à l'époque, le rôle funeste des artistes modernes et de leurs successeurs, l'art contemporain étant considéré comme le dernier avatar des avant-gardes du XXᵉ siècle. Dans son essai *La responsabilité de l'artiste : les avant-gardes entre terreur et raison*, publié justement en 1997, sa critique se radicalise. Il soutient une thèse paradoxale : l'art moderne, et les avant-gardes en général, honnies par le nazisme et le stalinisme, furent en réalité complices des totalitarismes. Non seulement l'avant-garde n'aurait témoigné d'aucune « liberté suprême de l'esprit » mais elle aurait été, au contraire, le « banc d'essai de l'intolérance spirituelle et de la violence physique ». Elle aurait consenti à l'abstraction, contribuant ainsi à l'émergence d'un art international. Dès lors, l'art actuel, « instrument d'une rationalisation barbare et planétaire », mélange d'« expressionnisme abâtardi » et d'« argot universel », ne saurait trouver son salut qu'en réhabilitant la tradition et en se régénérant au contact de la nation et de la patrie.

Point de conservatisme nostalgique du grand art, du grand style et du goût chez Jean-Philippe Domecq qui, dans *Krisis*, réitère ses attaques contre le milieu de l'art contemporain. Le mérite de Domecq est d'affirmer haut et fort que l'on peut être « situé politiquement plutôt à gauche » — comme le rappelle *Krisis* — et malgré tout clouer au pilori une partie de la création actuelle. S'il ne met pas en cause explicitement la politique culturelle de l'État, il ne dit rien non plus des œuvres susceptibles d'échapper à l'opprobre généralisé.

Une même imprécision caractérise, là aussi, les déclarations de Jean Baudrillard. Ses rares références concernent les purs produits commerciaux de l'industrie culturelle et du *star system* — tels les films *Basic Instinct*, *Barton Fink* —, difficilement classables dans la catégorie « art contemporain ». Le cas de la peinture est expédié, sans ambages, en quelques lignes : « Il y a une grande difficulté à parler de la peinture aujourd'hui parce qu'il y a une grande difficulté à la *voir*. Parce que la plupart du temps, elle ne veut plus exactement être regardée, mais visuellement absorbée, et circuler sans laisser de traces. »

À ces attaques contre l'art contemporain les réactions ne se font pas attendre. Dans son ouvrage *La haine de l'art* (Paris, Grasset, 1997), Philippe Dagen s'emploie à répondre aux différentes critiques formulées par Marc Fumaroli, Jean Clair et Jean Baudrillard. Il rappelle, fort justement, que le rejet de l'art contemporain n'est pas récent et doit être mis au compte d'un antimodernisme dont souffre chroniquement la France depuis le début du XXe siècle. Contrairement aux thèses de Marc Fumaroli condamnant l'État culturel et le soutien jugé exorbitant qu'accorderaient les pouvoirs publics à la création actuelle, Dagen fait valoir la disproportion existant entre le budget alloué à la conservation du patrimoine et les sommes « infimes » accordées à la création contemporaine.

Toutefois, quel que soit le bien-fondé des arguments de l'auteur, l'ouvrage, convaincant dans la description de l'état des lieux, n'est guère de nature à apaiser les esprits. La virulence de la polémique incite aux propos excessifs, tels ceux qui assimilent les critiques dirigées contre l'art contemporain à des relents d'idéologie fasciste.

Le dossier spécial publié par la revue *Art press* (n° 223, avril 1997), « L'extrême-droite attaque l'art contemporain », fustige vertement ceux — notamment Jean Baudrillard, Jean Clair, Jean-Philippe Domecq et l'artiste Ben — qui ont commis la maladresse de se compromettre dans la revue *Krisis*. Le ton des articles n'incite guère à la détente !

C'est dans cette ambiance, à la fois d'exaspération et de déprime, égayée — si l'on peut dire — par quelques échanges d'insultes et d'injures *via* la presse écrite, que se tient, en avril 1997, à l'École nationale supérieure des Beaux-Arts de Paris, un colloque sur le thème

« L'art contemporain : ordres et désordres », sous l'égide du ministère de la Culture.

Dans l'esprit du délégué aux Arts plastiques, Jean-François de Canchy, il s'agit de réagir aux attaques subies par la création artistique actuelle, de répondre aux critiques formulées notamment par Jean Clair et Jean Baudrillard et, si possible, de calmer le jeu. Sans grand succès.

Le philosophe américain Arthur Danto assiste, sidéré, aux règlements de compte. Il note : « [...] le débat, qui s'était limité jusque-là à une série d'échanges de vue passionnels par journaux et revues interposés, dégénéra en une dispute publique à l'école des Beaux-Arts de Paris. Les partisans des différentes positions en lice essayèrent chacun de défendre sa vision des choses devant une foule d'à peu près mille personnes très indisciplinées, qui noyaient les discours sous les cris de "nazis !", "fascistes !" et autres insultes du même genre » (*La Madone du futur*, « Art de Yasmina Reza », *op. cit.*, p. 415).

L'effarement de l'observateur occasionnel est compréhensible. Venu des États-Unis, là où l'expression « art contemporain » ne pose aucun problème de nature artistique, éthique, politique ou idéologique, Arthur Danto se trouve confronté à une situation pour le moins étrange. Comment ne serait-il pas déconcerté devant les remous provoqués par un art — celui d'aujourd'hui — dont il proclame la fin depuis quatre décennies ? Un art vilipendé de toutes parts sans qu'il soit, d'une quelconque manière, ni traité sur le plan esthétique ni sous l'angle d'une critique centrée sur son objet, à savoir sur les œuvres !

Car, de fait, les diatribes politico-idéologiques échangées par les protagonistes ne laissent guère le temps d'évoquer le thème du colloque. L'affrontement entre Thierry de Duve et Jean Clair sur l'affaire *Krisis* s'éter-

nise. La vraie réplique de De Duve à son adversaire
interviendra à Bruxelles, en 2000, lors de son exposition « Voici. 100 ans d'art contemporain ». Quelques
artistes présents — Jean-Marc Bustamante, Alain
Séchas, Jochen Gerz, Catherine Beaugrand, Sylvie Blo-
cher — tentent de recentrer le débat sur des questions
proprement artistiques et esthétiques. En vain. On cite
le nom d'artistes actuels, absents au débat : Christian
Boltanski, Sarkis, Anne et Patrick Poirier, Georg Baselitz, Fabrice Hybert, Bertrand Lavier...

De leurs œuvres il n'est pas question. Une exploration de l'œuvre de ces artistes eût pourtant permis de
replacer le débat sur ses rails. On peut regretter, par
exemple, que rien n'ait été dit de cette tendance nommée les « Mythologies personnelles » à laquelle on asso-
cie souvent, depuis les années 70, les noms de Christian
Boltanski, d'Annette Messager, d'Anne et Patrick Poirier, de Sophie Calle, de Gina Pane et d'Orlan, hormis
le fait que ces artistes peuvent s'inscrire également dans
d'autres courants. Mais le monde de l'art se parle à lui-
même. Il est vrai que le délégué aux Arts plastiques,
Jean-François de Canchy, avait pris la précaution d'an-
noncer dès l'ouverture du colloque : « Le débat que
vous allez engager maintenant est légitime. Ce débat
est nécessaire. Attention ! Il doit rester cantonné à l'intérieur de nos murs, des enceintes de nos écoles, des
centres d'art, de nos musées. Ce débat doit rester entre
nous, professionnels de la vie culturelle, artistes, critiques, marchands, conservateurs. »

Et le débat public se clôt par un huis clos...

Le colloque marque effectivement l'apogée de la
querelle autour de l'art contemporain et, du même
coup, annonce la fin de la discorde. La revue *Esprit*, dans
son numéro d'août-septembre 1999, pose à nouveau le
problème, trop longtemps occulté, de l'évaluation des
œuvres contemporaines ; un problème qui — lit-on

dans l'un des articles — «ne consiste pas à préférer un chef-d'œuvre à un autre, mais à distinguer un chef-d'œuvre d'une œuvre médiocre, afin de déterminer quelle œuvre mérite d'être conservée dans la mémoire de l'humanité» (Alain Séguy-Duclot, «Redéfinir l'art pour ne pas manquer la création», *Esprit*, n° 8-9, 1999, p. 108).

La solution cependant risque fort de se faire attendre. Curieusement, en effet, l'auteur croit pouvoir confirmer la mort de l'esthétique «après deux cent cinquante ans d'une longue et douloureuse agonie». Dans le même temps, il juge essentiel que l'on parvienne à «redéfinir l'art» afin de ne pas «manquer la création artistique au XXIe siècle», sans toutefois préciser à qui revient pareille tâche. Gageure assurément, sauf à considérer qu'un esthéticien ou un philosophe de l'art, réchappé du désastre, parvienne miraculeusement à *tout* redéfinir. Car si la récente dispute a eu un mérite, c'est bien celui d'avoir démontré l'impossibilité d'isoler l'art de ses implications sociale, culturelle, institutionnelle, politique et idéologique. Redéfinir l'art signifierait aussi redéfinir le rôle de l'institution privée ou publique, la mission du musée, des galeries, des centres d'art, de l'État, sans oublier la fonction primordiale des médiateurs opérant au sein du monde de l'art : historiens d'art, critiques, journalistes, conservateurs, marchands, etc. Mission assurément désespérée !

Dans le même numéro de la revue *Esprit*, l'un des protagonistes les plus actifs et les plus virulents de la crise de l'art contemporain, Jean-Philippe Domecq, fait le point sur les querelles passées («De quelques préjugés contemporains», *Esprit*, n° 8-9, 1999, p. 109-115). Il réitère ses griefs contre un art obsédé par la rupture à tout prix, taraudé par la transgression systématique, obnubilé par une *tabula rasa* rageuse et autodévorante. Plutôt que de s'astreindre à redéfinir une pratique

devenue aujourd'hui indéfinissable, Domecq demande
qu'on en finisse avec les injonctions, les mots d'ordre,
les prescriptions de tous ordres et surtout que l'on
mette un terme à la course frénétique au nouveau : « À
se libérer de l'impératif catégorique du Récent, la création gagnera en liberté. » Mais est-il vraiment dans le
seul pouvoir des artistes de modifier le statut de l'art
sous le régime actuel du système marchand et de la
démocratisation culturelle ? L'auteur constate que ce
régime est celui du nivellement des valeurs et de l'indifférenciation artistique et esthétique réduisant le
jugement de goût à une simple excitation égocentrique.
Il rappelle, à juste titre, que « l'égalité des droits culturels n'a jamais induit on ne sait quelle "égalité" des productions artistiques ». Il a certainement raison de
dénoncer l'illusion du choix individuel, libre de tout
conditionnement et de toute manipulation dans une
société de masse et de marché. Point d'artistes de
renom et internationalement cotés qui ne bénéficient
de la promotion et du service après-vente assuré par les
institutions, les galeries, les musées, les biennales et les
médias. Domecq vise notamment Andy Warhol, Jasper
Johns, Frank Stella, Sol LeWitt, Joseph Kosuth, Tony
Smith, Joseph Beuys, Yves Klein, Daniel Buren, Jean-
Pierre Raynaud. Le public est ainsi convié à suivre la
tendance dominante, guidé par les experts et les professionnels de la culture, sans qu'il ait besoin d'une
quelconque théorie générale sur la fonction de l'art ou
sur des critères esthétiques qui, au demeurant, ne sont
plus de sa compétence.

8. Voir, notamment, le dossier du *Magazine littéraire*
intitulé « Philosophie & art : la fin de l'esthétique ? »,
n° 414, novembre 2002.

XI. Comment interpréter la crise ?

1. Yves Michaud, *op. cit.*, p. 3

2. Nicolas Bourriaud, *L'esthétique relationnelle*, Paris, Les Presses du réel, 1998.

3. *Ibid.*, p. 7.

4. Voir ci-dessous, p. 183.

5. Voir ci-dessous, p. 281.

6. N. Bourriaud, *op. cit.*, p. 8.

7. Valérie Arrault note pertinemment : « Ce qui, dans les ambitions de l'esthétique relationnelle, rompt en définitive sous l'examen critique, c'est la portée subversive de ces pratiques si ultra-banales qu'elles ne sont pas inactives mais au contraire activement idéologiques. Elles jettent par conséquent un doute sur les réussites de la désaliénation souhaitée, et donc sur la réalité de la fusion réparatrice enfin réalisée entre l'art et la vie » (« De la difficulté d'une esthétique émancipatrice », in *L'Université des arts*, Paris, Klincksieck, 2003, p. 39).

8. Avec Jérôme Sans. La présidence du Palais de Tokyo est confiée à Pierre Restany.

9. Janvier 2004.

10. Brian O'Doherty, *White Cube* : *The Ideology of the Gallery Space*, University of California Press, 1986. Peintre et critique d'art d'origine irlandaise, installé à New York, il est l'auteur de plusieurs ouvrages sur la peinture américaine d'après guerre. Ses articles, rassemblés sous le titre *Inside the White Cube*, dénoncent fréquemment l'idéologie des lieux d'expositions — galeries et musées — à laquelle doivent se soumettre les artistes.

11. Nathalie Heinich, *Le triple jeu de l'art contemporain*, Paris, Éd. de Minuit, 1998.

12. *Ibid.*, p. 338.

13. *Ibid.*, p. 345.

14. *Ibid.*, p. 350.

15. *Ibid.*, p. 13-15.

16. Alain Quémin, *L'art contemporain international*: *entre les institutions et le marché* (*le rapport disparu*), Nîmes, Jacqueline Chambon, 2002. Commandité par le ministère des Affaires étrangères, ce rapport montre — enquêtes et chiffres à l'appui — le peu de poids que représente la France dans le système international de l'art. Ce rapport n'avait jamais été rendu public avant sa publication par Yves Michaud aux Éditions Jacqueline Chambon.

QUATRIÈME PARTIE

LE DÉBAT PHILOSOPHIQUE
ET ESTHÉTIQUE

XII. Changement de paradigmes

1. Flint Schier, *Visual Theory*: *Painting and Interpretation*, New York, 1991. Cité dans la traduction de Christian Bounay par C. Harrison et P. Wood, *Art en théorie, 1900-1990*, Paris, Hazan, 1997, p. 1214-1215.

2. Morris Weitz, « The Role of Theory in Aesthetics », *The Journal of Aesthetics and Art Criticism*, XV, p. 27-35. Traduit par Danielle Lories dans *Philosophie analytique et esthétique*, Paris, Méridiens-Klincksieck, 1988, p. 27-39. Sur les rapports entre la théorie de l'art européenne et la philosophie analytique, on peut consulter l'ouvrage de Danielle Lories, *Expérience esthétique et ontologie de l'œuvre*, Bruxelles, Académie royale de Belgique, 1989, ainsi que Dominique Chateau, *La Question de la question de l'art*, Paris, Presses universitaires de Vincennes, 1994.

3. M. Weitz, *op. cit.*, p. 28.

4. Né à Vienne en 1889, naturalisé anglais, Ludwig

Joseph Wittgenstein, titulaire de la chaire de philosophie à l'université de Cambridge, est mort dans cette même ville en 1951. Ses *Investigations philosophiques* marquent un net tournant dans ses préoccupations philosophiques qui délaissent les questions métaphysiques pour se consacrer à l'analyse du langage et à la pratique linguistique dans les diverses activités humaines. Sa théorie des «jeux de langage» — chaque action : mentir, chanter, critiquer, philosopher, etc., renvoie à des actes linguistiques spécifiques — a influencé de façon décisive la philosophie analytique anglo-saxonne.

5. M. Weitz, *op. cit.*, p. 33.

6. Les ouvrages de Danielle Lories et de Dominique Chateau cités plus haut analysent minutieusement ces contradictions.

7. « *No subject, no image, no taste, no beauty, no message, no talent, no technique, no idea, no intention, no art, no feeling.* »

8. Harold Rosenberg, *La tradition du nouveau*, Paris, Éd. de Minuit, 1962 ; voir également, *La dé-définition de l'art, op. cit.*

9. Clement Greenberg, «L'art en Amérique», *Les Cahiers du musée national d'Art moderne*, n° 45-46, Centre Georges-Pompidou, 1993, p. 12.

10. Clement Greenberg, «The Situation at the Moment», *Partisan Review*, janvier 1948, p. 82. Cité par Serge Guilbaut, *Comment New York vola l'idée d'art moderne, op. cit.*, p. 216.

11. Voir le chapitre VI ci-dessus, p. 113 et suiv.

12. Discours prononcé en 1952. Cité par Ch. Harrison et P. Wood, *op. cit.*, p. 640, trad. Antoine Hazan.

13. Cité par Serge Guilbaut, *op. cit.*, p. 250. L'auteur fait ici référence à une proposition formulée par douze sénateurs américains en avril 1950. Le plan Marshall, mis en place par les États-Unis en 1947, avait pour objectif le rétablissement économique de l'Europe et

l'endiguement de la pression soviétique. Dans les années 80, certains, notamment les socialistes européens, dénoncèrent ce programme considéré par eux comme un moyen d'assujettissement économique et culturel de l'Europe à la politique américaine.

14. Henry Geldzhaler, cité par Benjamin Buchloh, « L'art unidimensionnel d'Andy Warhol », dans le catalogue d'exposition *Andy Warhol*, Paris, Centre Georges-Pompidou, 1990.

XIII. *Le monde de l'art*

1. Arthur Danto, « The Artworld », *Journal of Philosophy*, 1964, trad. franç. « Le monde de l'art », dans Danielle Lories, *Philosophie analytique et esthétique, op. cit.*, p. 183-198 ; *La transfiguration du banal*, Paris, Éd. du Seuil, 1989.

2. Voir l'« Avant-propos », ci-dessus, p. 9.

3. « Le monde de l'art », art. cité, p. 193.

4. *Ibid.*, p. 195.

5. *Ibid.*, p. 193.

6. A. Danto, *La transfiguration du banal, op. cit.*, p. 46.

7. Jasper Johns expose son premier tableau-drapeau en 1954. À la fin des années 60, et jusqu'en 1972, il assume le rôle de conseiller artistique de John Cage et de Merce Cunningham, entouré de Frank Stella, Andy Warhol, Bruce Nauman et Robert Morris. Il obtient le prix de la Biennale de Venise en 1988.

8. *La transfiguration du banal, op. cit.*, p. 321-322.

9. Ce que confirment ses recensions d'artistes, au demeurant passionnantes, rédigées sur plusieurs années, et publiées sous le titre *La Madone du futur, op. cit.*

10. Né en 1926, George Dickie est professeur émérite à l'université de Chicago.

11. George Dickie, *Art and the Aesthetic. An Institutional Analysis*, Ithaca et Londres, Cornell U.P., 1974.

12. George Dickie paraît coutumier de ce genre de contradiction. Soucieux de démontrer la validité d'une définition purement institutionnelle de l'art, il lui est arrivé de faire la curieuse hypothèse selon laquelle un conservateur de musée aurait tout loisir d'exposer « en tant qu'art » les peintures réalisées par un singe. On peut évidemment douter que l'« artiste » en question se considère soi-même comme faisant partie du « monde de l'art » !

13. Allusion à l'importance accordée par Baudelaire à « l'époque, la mode, la morale, la passion » !

14. Citations extraites de *Art en théorie, 1900-1990*, par Charles Harrison et Paul Wood, *op. cit.*, p. 987-990.

15. *Ibid.*, p. 992-993.

16. Jerome Stolnitz, *Aesthetics and Philosophy of Art Criticism*, Boston, Houghton-Mifflin Co., 1960. Cité par D. Lories, *Philosophie analytique et esthétique, op. cit.*, p. 13.

17. Les ouvrages de Beardsley et de Margolis ne sont pas traduits en français. Là aussi, nous renvoyons à l'excellente présentation par Danielle Lories de ces auteurs et des extraits de textes qui les concernent.

18. Danielle Lories, *Expérience esthétique et ontologie de l'œuvre*, Bruxelles, Académie royale de Belgique, 1989, p. 10.

19. Cf. *Langages de l'art, op. cit.*, introduction de Jacques Morizot, p. 5.

20. L'expression est de Jean-Marie Schaeffer.

21. Jean-Marie Schaeffer, *L'art de l'âge moderne. L'esthétique et la philosophie de l'art du XVIIIe siècle à nos jours*, Paris, Gallimard, coll. « Nrf essais », 1992.

22. *Ibid.*, p. 357.

23. Jean-Marie Schaeffer, *Les célibataires de l'art. Pour une esthétique sans mythes*, Paris, Gallimard, coll. « Nrf essais », 1996, p. 11-12.

24. Gérard Genette, *L'œuvre de l'art*, t. II, *La relation esthétique*, Paris, Éd. du Seuil, 1997, p. 11.

25. Gérard Genette, *L'œuvre de l'art*, t. I, *Immanence et transcendance*, Paris, Éd. du Seuil, 1994.

26. Yves Michaud, *La crise de l'art contemporain, op. cit.*

27. *Ibid.*, p. 197

28. *Ibid.*, p. 200.

29. *Ibid.*, p. 198-199.

30. Richard Shusterman, « Analyser l'esthétique analytique », dans *L'esthétique des philosophes*, Paris, Place publique Éditions et Dis Voir, 1996, p. 23. Shusterman est professeur de philosophie à la New Temple University de Philadelphie. Cf. *L'art à l'état vif. La pensée pragmatiste et l'esthétique populaire*, Paris, Éd. de Minuit, 1992, et *Vivre la philosophie*, Paris, Klincksieck, 2002.

XIV. Les critères esthétiques en question

1. Emmanuel Kant, *Critique de la faculté de juger*, Paris, Gallimard, coll. « Folio essais », 1985, trad. A. J.-L. Delamarre, J.-R. Ladmiral, M.B. de Launay, J.-M. Vaysse, L. Ferry et H. Wismann, § 8.

2. *Ibid.*, § 40.

3. Cf. G. Genette, *L'œuvre de l'art*, t. II, *op. cit*, p. 125 . « La deuxième question de fait, inhérente à la position subjectiviste, est celle que Kant ne voulait pas trancher par des données de fait, mais par une réponse de principe et *a priori* : c'est celle du *sensus communis*, ou identité de disposition esthétique parmi les hommes. Poser cette question sur le plan d'une enquête empirique n'est évidemment pas conforme au propos kantien, qui visait une universalité absolue du jugement esthétique. » Genette ne prend pas en compte le fait que, pour Kant, le sens commun et, donc, une problématique universalité ne sont l'un et l'autre que des hypothèses empiriquement non démontrables.

4. *Ibid.*, p. 144

5. Jean-Marie Schaeffer, *Les célibataires de l'art*, Paris, Gallimard, 1996, p. 214.

6. G. Genette, *L'œuvre de l'art*, t. II, *op. cit.*, p. 271-272.

7. Le terme «ontologie» ne renvoie pas, ici, à une théorie de l'Être, ni à son sens métaphysique habituel. L'ontologie décrit ce qui est, ce qui existe et s'intéresse à la nature et aux propriétés qui permettent de dire d'un objet qu'il est ce qu'il est. Roger Pouivet précise . «L'ontologie est l'étude du mode d'existence, de la nature et de l'identité des choses. S'il en est un, quel est le mode d'existence commun à un tableau, une cathédrale, une symphonie et un roman? Et qu'est-ce qui nous assure que nous avons bien affaire à une telle œuvre? Les œuvres picturales sont non seulement reproduites, mais restaurées. Qu'admire-t-on alors dans la chapelle Sixtine, l'œuvre de Michel-Ange ou celle des restaurateurs? [...] Les *Variations Goldberg* jouées sur un piano, même par Glenn Gould [*sic*], est-ce encore l'œuvre de Bach? [...]. Répondre à ces questions, c'est très exactement faire l'ontologie de l'œuvre d'art.» (Cf. Roger Pouivet, «Pas d'esthétique sans ontologie!», *Magazine littéraire*, nº 414, novembre 2002, p. 39.)

8. Genette remarque : «Il n'est pas nécessaire, pour obtenir le statut d'œuvre d'art, de "mériter" une appréciation positive, mais seulement de manifester qu'on la sollicite.» Cette objection n'est guère pertinente. L'intention d'un prétendu artiste soucieux de proposer son œuvre à la reconnaissance — de préférence à une appréciation positive — peut aussi résulter d'une illusion mégalomaniaque, ou bien, comme l'on dit familièrement, d'une erreur d'aiguillage à l'origine. Cf. G. Genette, *L'œuvre de l'art, op. cit.*

9. Thierry de Duve, *Au nom de l'art. Pour une archéologie de la modernité*, Paris, Éd. de Minuit, 1989.

10. J.-M. Schaeffer, *Les célibataires de l'art, op. cit.*, p. 34.

11. Schaeffer note que «la valeur provocatrice de *Fon-*

taine de Duchamp est liée [...] pour partie au fait que, contrairement à ce que laisse entendre l'artiste, il ne s'agit pas d'un objet neutre, mais d'un objet génériquement marqué comme exclu du monde de l'art». Or, Duchamp ne parle pas d'«objet neutre» mais dit qu'il l'a choisi dans l'indifférence au goût, sous-entendu au bon goût.

12. J.-M. Schaeffer, *op. cit.*, p. 214.

13. Il s'agit d'une franche réfutation de la position kantienne : «Lorsque quelqu'un me lit un poème de sa composition ou me conduit à un spectacle qui pour finir ne satisfait pas mon goût [...], je me boucherai les oreilles, ne voudrai entendre ni raison ni raisonnement et préférerai croire fausses toutes les règles des critiques [...] » (Kant, *op. cit.*, § 33).

14. Rochlitz emprunte les termes de «profondeur» et de «nouveauté» à Donald Judd (1928-1994), sculpteur minimaliste et critique d'art américain. Judd rejette toute figuration et privilégie les figures géométriques, les formes minimales et la couleur (rouge cadmium). Parmi ses œuvres les plus connues : *Les Piles* (*Stack*, 1973), en acier inoxydable et Plexiglas rouge.

15. Rainer Rochlitz, *L'art au banc d'essai. Esthétique et critique*, Paris, Gallimard, coll. «Nrf essais», 1998.

16. Jeff Wall, artiste canadien, né en 1946, utilise de façon originale le dispositif photographique à partir de caissons lumineux qu'il nomme «Transparents» : une source lumineuse éclaire les photos, de grand format, évoquant aussi bien le cinéma ou la télévision que les panneaux publicitaires. Ses mises en scène traitent de la vie quotidienne, tantôt saisie dans son extrême banalité, tantôt en référence aux graves problèmes de la société américaine.

Gerhard Richter, né en 1932, est considéré comme l'un des artistes majeurs de notre époque. Son œuvre, extrêmement diverse dans son style, ses procédés et ses matériaux, interroge notamment les relations entre la photographie et la peinture, la figuration et l'abstraction.

17. La faillibilité des critères proposés par Rochlitz a également été critiquée, cette fois à juste titre bien qu'avec des arguments différents, par Schaeffer (*Les célibataires de l'art*) et par Michaud (*La crise de l'art contemporain*).

18. R. Rochlitz, *op. cit.*, p. 150, 165 et suiv. La distinction qu'il établit entre les préférences idiosyncrasiques et le jugement subjectif est, ici, essentielle. Le jugement esthétique tente de dépasser les appréciations purement personnelles et prétend à une validité intersubjective.

19. *Ibid.*, p. 189.

20. *Ibid.*, p. 227.

21. Rainer Rochlitz, «Juger et argumenter : trois sources de la pensée de l'art», *Magazine littéraire*, n° 414, novembre 2002, p. 30-32.

22. Rochlitz, *Subversion et subvention, op. cit.*, p. 122.

23. Jacques Rancière, *Le partage du sensible. Esthétique et politique*, Paris, La Fabrique, 2000.

CINQUIÈME PARTIE

ART, SOCIÉTÉ, POLITIQUE

XV. Art, société, politique

1. Dans son *Petit traité d'art contemporain*, c'est ainsi que la philosophe Anne Cauquelin mentionne, de façon ironique, quelques exemples distrayants de pratiques artistiques actuelles. Cf. *Petit traité d'art contemporain, op. cit.*, p. 7.

2. Certains de ces travaux sont mentionnés dans l'ouvrage d'Edward Lucie-Smith, *Art Tomorrow. Regard sur les artistes du futur*, Paris, Terrail, 2002.

3. Des clichés d'Aziz et Cucher ont été présentés à l'Espace Peiresc de Toulon en 2003.

4. Son nouveau cycle, *Like Human Beings*, a été exposé à Berlin en 2003.

5. « Dominez tous les poissons de la mer et tous les oiseaux du ciel et toutes les formes de vie sur terre. » (Genèse, I, 26 et 28.)

6. Ainsi les installations interactives de Jeffrey Shaw (1944) (parcourir les villes d'Amsterdam, de Karlsruhe ou de New York, à vélo, sur écran d'ordinateur), de Christa Sommerer (1964) et Laurent Mignonneau (1964) (contrôler la pousse de plantes synthétiques, les déformer, les combiner, en créer de nouvelles, jouer sur écran tactile avec des créatures simulant des êtres vivants), de l'artiste australien Stelarc (1946), soumettant son propre corps à des technologies cybernétiques et créant ainsi un cyborg, un homme machine, etc.

7. « Postmoderne » est employé ici dans l'acception la plus communément admise d'« après-modernité » et non par référence au courant artistique des années 80.

8. « Un portrait idéologique de l'artiste fin de siècle », interview réalisée par Yves Hélias et Alain Jouffroy, *Le Monde diplomatique*, 22 janvier 1990.

9. Cf. Yves Michaud, *L'art à l'état gazeux. Essai sur le triomphe de l'esthétique*, Paris, Stock, 2003, p. 169 et suiv.

10. *Ibid.*, p. 102.

11. *Ibid.*, p. 98 et 99.

12. Cf. l'ouvrage de Roger Pouivet, *L'œuvre d'art à l'âge de sa mondialisation. Un essai d'ontologie de l'art de masse*, Paris, La Lettre volée, 2003. L'auteur souligne l'opposition traditionnelle entre un « art de masse », produit ou véhiculé notamment par les technologies audiovisuelles anciennes et récentes — télévision, vidéo,

internet, CD, CD-Rom, cinéma, photographie, etc. —, et les œuvres d'art «classiques». L'art de masse est, selon Pouivet, individualiste et antihumaniste, rarement novateur, tandis que les œuvres classiques sont humanistes, communautaires, et reposent, pour être comprises, sur la transmission d'un savoir et d'une tradition culturelle. De l'art contemporain, assimilé à l'art classique, et des pratiques actuelles, il est fort peu question.

13. Cf. Marc Jimenez, *Qu'est-ce que l'esthétique?*, Gallimard, coll. «Folio essais», nº 303, 1997, p. 429.

14. Groupe fondé en 1990 par Teresa Margolles, Arturo Angulo Gallardo et Carlos López Orozco.

15. Les clichés en 3 D de l'embryon humain obtenus à partir de l'échographie et fixés sur CD-Rom, bientôt remplacés par des vidéos gravées sur DVD, tendent assurément à banaliser et à populariser cette appropriation esthétique des techniques de pointe.

16. Informations disponibles sur www.scicult.com/artists/marileneoliver.

17. Ernest Breleur, «Il faut que l'art surprenne, qu'il soit imprévisible», *Recherches en esthétique*, revue du CEREAP, nº 3, septembre 1997, diff. Jean-Michel Place, p. 91 et suiv.

18. Natacha Merrit, *Digital Diaries*, Taschen, 2000. Voir également le site www.digitalgirly.com.

19. En 2003, Wang Du expose un tapis volant monumental de 102 mètres carrés, pesant près d'une tonne, en pure laine vierge de Nouvelle-Zélande, représentant l'explosion en vol de la navette *Columbia*, photo parue à la une de *Times Magazine*. Sa grande poubelle à informations, remplie de journaux, a été exposée au Palais de Tokyo lors de l'inauguration du musée.

20. Voir p. 48.

21. Les conditions dans lesquelles l'anatomiste allemand se procure les cadavres restent floues. Peut-être est-ce l'une des raisons pour lesquelles certains pays,

dont la France, se montrent réticents pour accueillir les
« *Körperwelten* ».

22. L'authenticité de cette action est toutefois
contestée !

23. Voir l'exposition « Hardcore. Vers un nouvel
activisme », de Jérôme Sans, au Palais de Tokyo, Paris,
du 27 février au 18 mai 2003.

24. Jeff Koons (né en 1955) fit scandale en exposant
une série de sculptures et de tableaux grand format rela-
tant ses exploits sexuels avec sa femme, star du porno
italien, la Cicciolina. On lui doit aussi, dans un tout
autre genre, son gros chien *Puppy* (1992 ; acier, bois,
terre, plantes) qui accueille les visiteurs au musée Guggenheim de Bilbao.

25. On pense, notamment, aux nombreuses exac-
tions commises en Irak, où des prisonniers furent pho-
tographiés et filmés dans des mises en scène d'un
esthétisme sordide. Comment ne pas évoquer également ce que tout internaute a pu voir sur le web aux
mois de mai et juin 2004, à savoir la décapitation
d'otages ? Ce qu'écrit — sans ponctuation — Thomas
Bernhard à propos des écrivains vaut aussi pour les
artistes : « Ce qu'écrivent les écrivains n'est pas bien sûr
contre la réalité oui oui ils écrivent bien sûr que tout est
épouvantable que tout est corrompu et déchu que tout
est catastrophique et que tout est sans issue mais tout ce
qu'ils écrivent n'est rien contre la réalité la réalité est si
mauvaise qu'elle ne peut pas être décrite aucun écrivain
n'a déjà décrit la réalité comme elle l'est vraiment c'est
ce qui est épouvantable » (*Heldenplatz, op. cit.*).

26. Cf. *Modèles critiques*, Paris, Payot, 1984, trad.
M. Jimenez et E. Kaufholz, p. 135-136.

27. T.W. Adorno, *Théorie esthétique*, Paris, Klincksieck, trad. M. Jimenez, 1995, p. 365.

28. L'installation a été interdite en août 1995 à New

York sous le prétexte du risque d'explosion par dégagement de méthane provenant de la décomposition des cadavres.

29. Michel Onfray, *Archéologie du présent. Manifeste pour une esthétique cynique*, Paris, Grasset/Adam Biro, 2003, p. 53.

30. M. Onfray, *op. cit.*, p. 69.

31. Cf., *ibid.* p. 105. L'idée que l'art contemporain « appelle un contrat de communication, un échange, un agir communicationnel, une transmission », est assurément essentielle.

32. De son vrai nom Henri Van Herreweghe, Panamarenko (« Pan Air Lines and Company »), artiste belge, est né en 1940. Il réalise d'étonnantes machines issues de recherches entre l'art, la technique et la science, qui tiennent à la fois des inventions de Léonard de Vinci et de l'imagination de Jules Verne : avion-bicyclette ailé, gigantesques insectes, hélicoptères, dirigeables, squelettes d'oiseaux (*Persis Clambatta*, 2001), etc. Son « avion de papier » *U-Control III*, a été exposé à Paris, au musée des Arts et Métiers, en 2004.

33. Cf. Max Horkheimer dans la *Zeitschrift für Sozialforschung*. Le texte date de 1941, peu avant que Horkheimer et Adorno ne forgent l'expression « *Kulturindustrie* » et ne caractérisent le mécanisme de l'industrie culturelle dans la *Dialectique de la raison*.

34. *Ibid.*

35. Luigi Pareyson, *Conversations sur l'esthétique*, Paris, Gallimard, coll. « Bibliothèque de Philosophie », 1992. Le contexte de cette citation est le suivant : « Priver l'art de son caractère exceptionnel c'est le priver aussi de son universalité et de sa pérennité : l'art qui est à la portée de tout le monde, entièrement plongé dans la vie de son temps, présent dans les moindres aspects de la civilisation dont il fait partie, est un art tellement lié

à ses conditions historiques qu'il est destiné à mourir avec son époque et à devenir de plus en plus incompréhensible. »

36. Cf., notamment, Bernard Lahire, *La culture des individus. Dissonances culturelles et distinction de soi*, Paris, La Découverte, 2004.

37. Pierre Bourdieu (1930-2002), *La distinction. Critique sociale du jugement*, Paris, Éd. de Minuit, 1979.

38 Luigi Pareyson, *op. cit.*

39. *Ibid.*

Épilogue

1. L'expression est de Charles Le Brun.

2. Sur les divers aspects de ces discours en crise, cf. Marc Jimenez, *La critique. Crise de l'art ou consensus culturel ?*, Paris, Klincksieck, 1995.

3. On pense notamment à la *Documenta* de Kassel et aux Biennales de Venise, de São Paulo, mais aussi à celle de Kwangju, en Corée du Sud, qui n'a pas hésité, notamment, à accueillir en 1997 la fameuse œuvre — *Cloaca* — d'un artiste occidental comme Wim Delvoye. On se plaît à rêver d'une multiplication d'échanges bilatéraux.

4. Frédéric Bruly Bouabré, artiste mais aussi philosophe et poète, doit sa reconnaissance auprès du monde de l'art international aux « Magiciens de la terre ». Dossou Amidou sculpte et peint notamment des masques polychromes issus des rites *guedélé*.

5. Également sous le commissariat de Jean-Hubert Martin.

6. L'artiste Romuad Hazoumé, qualifié parfois de « dadaïste béninois », réalise des sculptures yorouba et

des « masques bidons » vaudous à partir de matériaux de récupération.

7. George Steiner, *Réelles présences*, Paris, Gallimard, coll. « Folio essais », n° 255, 1991, trad. Michel R. de Pauw, p. 275.

INDEX DES NOMS

INDEX DES NOTIONS,
MOUVEMENTS ET COURANTS

Table 399

Table 401

DANS LA COLLECTION FOLIO / ESSAIS

Composition Interligne.
Impression Société Nouvelle Firmin-Didot
à Mesnil-sur-l'Estrée, le 10 novembre 2006.
1ᵉʳ dépôt légal dans la même collection : février 2005.
Dépôt légal : novembre 2006.
Numéro d'imprimeur : 82262.

ISBN 2-07-042641-6/Imprimé en France.